KB065034

2022 개정 교육과정에 따른

초등국어교육론

황미향·윤준채·진선희·이수진·박창균 지음

보고사
BOGOSA

머리말

최근 국어교육의 생태계가 격변하고 있다. 기술의 발달에 따라 새로운 의사소통 매체가 등장하는가 하면, '지식'에서 '역량'으로 학교 교육의 추가 이동하는 등 이전 과는 질적으로 다른 변화가 일어나고 있다. 교실에서 교사와 학생, 또는 학생과 학생들의 의사소통이 목소리나 종이에 얹힌 언어 기호를 통해서만이 아니라 기술을 활용한 다양한 매체와 그에 얹힌 다양한 기호를 활용하고 이루어지고 있다. 아울러 지식을 잘 전달하는 교사보다는 주체적으로 학습하는 학생이 될 수 있도록 협력하는 교사를 요구하고 있다. 이 책은 이러한 변화에 적극적이고 유연하게 대응하여 초등 국어교육의 정체성을 보다 굳건하게 확립하고자 기획되었다.

이 책의 주요 독자는 초등 (예비) 교사들이다. 이 책을 통하여 초등학교 국어교육의 토대가 되는 이론을 이해하고, 미래의 초등 교육이 지향해야 할 바에 대한 단서를 얻음으로써 초등학교 교육 전문가로서 역량을 기를 수 있을 것이다. 교육은 이론적 탐구와 현장에서의 실천 두 층위가 있는데, 이 책은 이론을 중심으로 구성하였다. 이는 이론과 실천이 서로 유기적으로 관련되어 있지만 한 권의 책으로 모두 담아내기는 어렵다는 판단에서이다. 국어과의 하위 영역별 실행에 관하여서는 따로 집필을 계획하고 있다.

이 책은 모두 10개의 장으로 구성하였다. 장의 순서는 교육대학교의 한 학기 강의를 염두에 두고 펼쳤다. 국어교육학의 토대 이론과 초등 국어교육의 책무인 기초 문식성 교육을 앞세우고, 후반부는 교육과정, 교과서, 교수학습, 평가, 교수·학습 실행과 분석의 순으로 전개하였다. 이들 내용 중에는 초등 국어교육의 본령을 이루는 까닭에 교육과정 개정에도 불구하고 변하지 않는 부분도 있고, 패러다임의 변화에 따라 수정·보완 또는 삭제·첨가되는 부분이 있다. 이에 전자에 해당하는 일부 내용은 필자들이 이전에 집필하였던 원고를 참조하였다.

집필 과정에서 필자들은 여러 차례 협의를 통해 내용의 일관성과 정합성을 확보하려 노력하였지만 여전히 미흡한 부분이 있을 것이다. 초등 국어교육을 함께 고민하고 있는 독자들의 가감 없는 질정을 기다린다.

끝으로, 이 책이 출판될 수 있도록 애써 주신 보고사 김흥국 사장님과 편집 과정에서 여러모로 고생한 이소희 님께 감사를 드린다.

2024년 1월
저자 일동

차례

/ 제1장 /
국어과교육의 이론적 기초

1. 국어과교육의 개념과 성격

가. 국어과교육의 개념

우리는 아침에 눈을 뜨면서부터 잠자리에 들기까지 언어의 세계에서 생활한다. 가족끼리의 대화, TV와 라디오에서 들려오는 소리, 거리의 수많은 간판과 표지판, 학교 또는 직장에서 읽거나 쓰는 각종 책과 문서 등. 이들이 없다면 우리의 세계는 침묵과 무의미로 가득찰 것이다. 심지어 꿈을 꾸거나 머릿속에서 생각을 할 때도 언어는 존재한다. 인간의 사고와 언어는 강력하게 영향을 주고받기 때문이다.

언어가 우리 세계에서 큰 비중을 차지하는 만큼 언어가 개인뿐 아니라 인간 사회를 구성하고 유지하는 핵심 요소임은 말할 것도 없다. 피터스(Peters)는 교육을 하나의 전통 혹은 문화에 이미 입문한 사람들이 아직 입문하지 않은 사람들을 유도하는 '성년식'과 같은 것으로 보았다. 그의 교육 관점에서 보면 언어의 습득 과정 그 자체가 바로 문화로의 입문과정이며 교육의 과정이다. 비고츠키(Vygotsky)는 인간의 사고를 타인과의 대화가 내면화된 것이라고 보았다. 한 사람이 사회의 일원이 된다는 것은 같은 언어를 쓰는 담화 공동체의 구성원이 된다는 것이다.

많은 학자들이 주장하였듯이 언어는 사회화 또는 교육에서 매우 중요한 역할을 한다. 이런 언어, 그중에서도 모국어를 다루는 국어과교육이 개인적으로나 사회적으로나 중요하며, 성공적인 교육에 결정적 역할을 할 것임은 두말할 나위 없다. 그런데 개인적, 사회적으로 국어의 역할이 막중하고 교육과의 관련성 역시 밀접하다 보니 '국어'와 '교육'이 관련되는 현상은 매우 광범위하다. 정동화 외(1984)에 의하면 이러한 '국어'에 대한 '교육'의 현상은 국어생활, 국어교육, 국어과교육으로 분류할 수 있다. 국어생활은 말 그대로 국어를 사용하는 생활 전체를 일컫는다. 국어생활 도중에 우리는 부수적으로 국어에 대하여 배우게 되는데, 국어교육은 산발적인 것과 의도적인 '국어'에 대한 '교육' 전체를 일컫는 개념이다. 즉 국어교육이란 국어와 관련되는 일체의 가르치고 배우는 행위 모두를 말한다. 예를 들어 가정에서 부모가 자녀에게 언어 사용에 대하여 가르치는 것은 비교적 지속적이고 의도적인 국어교육 현상이다.

그런데 이 중 학교에서 이루어지는 공식적인 국어교육인 국어과교육에 주목할 필요가 있다. 국어과교육은 국어가 교육된다는 점에서는 국어교육과 다를 바가 없지만 학교에서 국어 시간에 교사와 학생 사이에서 국어과 교육과정을 매개로 하여 이루어진다는 점에서 그 성격을 달리한다(정동화 외, 1984: 9). 이러한 관점에서 국어교육의 개념에 대한 내포관계를 나타내면 (국어 생활)〉(국어교육)〉(국어과교육)으로 나타낼 수 있다(천경록 외, 2004: 17~18 참조).

위와 같은 관점에서 국어과교육에 대한 범위와 한계를 설정해 줄 수 있는 제한 요소를 다음 네 가지로 정리해 볼 수가 있다.

> 첫째, 국어과교육은 교육부가 고시하는 교육과정 중, '국어과' 교육과정에 따르는 것이어야 한다.
> 둘째, 일정한 자격이 인정된 전문가(교사)에 의하여 행해지는 것이어야 한다.
> 셋째, 학교의 교육계획에 따라 일정기간 지속적으로 행해지는 것이어야 한다.
> 넷째, 교육받은 사실이 장차 객관적으로(학력으로) 인정받을 사람들(학생들)에게 행해지는 것이어야 한다(정진권, 1989: 84 참조).

요약하자면 '국어과교육'은 국어와 관련하여 교육 공동체의 의도를 달성하기 위하여 공식적으로 정해진 교육과정에 따라 일정한 범위 안에서 교사와 학습자 사이에서 이루어지는 일련의 교육 계획과 실천을 가리킨다. 그런데 이때 공식적 교육과정 안에는 국어과교육뿐 아니라 수학, 사회, 과학 등 다양한 교과들이 공존한다. 이들 교과들은 사회 제도 안에서 공식적으로 인정받는 학교교육의 틀을 구성하는 중요한 요인이다. 교육과정의 편제는 교과, 창의적 체험활동으로 구성되어 있는데, 이 중에서 교과 시간이 절대적인 비중을 차지한다. 학습자가 학교에서 경험하는 학교교육의 대부분은 바로 교과교육이라고 해도 과언이 아니다. 즉 교과교육의 성패는 바로 학교교육의 성패나 다름없다고 말할 수 있다.

국어교육이 학교교육의 전체 틀 속에서 바로 서기 위해서는 두 가지의 요건을 충족시킬 수 있어야 한다. 하나는 수학이나 과학 등 다른 교과와 함께 공통적으로 갖는 '교육적 보편성'이고, 다른 하나는 이들 다른 교과와 구별되는 국어교육 나름으로의 '교과적 독자성'이다(최현섭 외, 2005: 25).

국어과교육을 포함하여 교과교육은 두 가지 특성을 동시에 가지고 있다. 첫째, 교과교육은 교육의 한 하위분야라는 점이다. 그런 점에서 교과교육의 목표는 당연히 교육의 목표를 지향해야 한다. 이것이 바로 국어과교육이 다른 교과와 공통적으로 갖는 '교육적 보편성'이다. 둘째, 교과교육의 두 번째 특성은 그 교과 나름의 고유한 지식이나 기능을 교육내용으로 갖고 있다는 점이다. 이들 다른 교과와 구별되는 국어교육 나름으로의 특성이 '교과적 특수성'이다. 이 두 가지 성격이 만나면서 국어과교육만의 '독자성'을 지니게 된다.

국어과교육이라는 현상은 주변의 여러 학문과 영역들로부터 영향을 받는다. 시대적 변화와 요구, 학문의 발전에 따라 국어과교육에서 보다 중요하다고 생각하는 것들이 달라지기 때문이다. 교육과정이 끊임없이 개정되며 변화되듯이 국어과교육의 목표, 내용, 방법, 평가 등이 달라지기 마련이다. 이때 영향을 미치는 주변 학문은 크게 '교육적 보편성'과 관련된 영역, '교과적 특수성'과 관련된 영역으로 나뉜다.

모든 교과교육의 공통적인 기반이 되는 교육철학, 교육심리학, 교육과정 이론, 교수·학습 이론, 교육평가 이론 등은 '교육적 보편성'과 관련된 영역에 영향을 미친다. 기본적으로 교육과 학습자를 보는 철학적 관점이 어떠한가에 따라 국어과교육에서 길러내려는 인간상이 달라질 것이며, 가르치는 방법이나 평가하는 방법 등도 달라지게 된다. 예를 들어 최근 구성주의 교육철학의 영향은 학습자를 능동적인 의미 구성의 주체로 바라보므로 국어과교육에서도 창의적인 언어 사용 능력의 함양을 목표로 한다. 또한 일방적인 강의식 수업이 아니라 학습자가 능동적으로 참여하는 다양한 수업을, 객관적 점수를 중요시하는 결과 평가가 아니라 학습 과정을 중요시하는 과정 평가를 강조하게 된 것들도 한 예이다.

국어교육이 갖고 있는 고유의 내용적 특성은 언어활동이라고 할 수 있다. 교과로서의 수학이 수에 관한 지식의 세계를 담당하고, 과학이 자연의 세계를 담당하듯, 교과로서의 국어는 언어활동의 세계를 담당하고 있다(최현섭 외, 2005: 27). 따라서 고유한 대상인 '국어'를 다루는 국어학, 문학, 언어사용학 등은 '교과적 독자성'과 관련된 영역에 영향을 미친다. 국어활동의 세계를 구현하는 내용은 크게 세 가지로 나누어진다. 첫째는 '언어 기능'과 관련된 것으로, 말하기, 듣기, 읽기, 쓰기 활동과 관련된 원리, 전략, 방법 등에 대한 내용으로 이를 연구하는 화법 이론, 독서 이론, 작문 이론을 언어사용학이라고 한다. 둘째, '문학'과 관련된 것으로, 문학 현상과 관련된 지식이나 작품 수용 능력, 창작능력 등에 대한 내용으로 이를 연구하는 것을 문학이라고 한다. 셋째, '국어지식'과 관련된 것으로, 국어의 여러 가지 규칙이나 현상, 그리고 국어가 지니는 가치에 대한 내용으로 이를 연구하는 것을 국어학이라고 한다.

모국어로서의 국어활동을 다루는 국어과교육은 교과교육 중에서도 매우 중요한 의미를 가진다. 초등학교에서 가르치는 교과목 중 가장 많은 수업 시간이 할애되어 있는 것이 '국어'이다. '국어'의 중요성은 어디에서 나올까?

첫째, 국어 능력은 학습의 기초 기능이며, 일상생활에서 필요한 의사소통의 기본 수단이라는 점이다. 국어 능력이 없이는 다른 교과를 공부할 수 없다. 뿐만 아니라 교사나 동료들과 기본적인 의사소통조차 어렵다. 이는 기초교육을 담당하고 있는 초등교육에서는 특히 더 중요한 의미를 지닌다.

둘째, 언어는 교육이 보편적으로 지향해야 하는 궁극적 목표인, '사고력 신장', '올바른 인성 함양'과 매우 밀접한 관계가 있다. 어떤 교과이든 일반적으로 지향하는 궁극적 목적은 사고력의 함양이다. 국어과교육에서는 다양한 언어활동, 국어의 탐구 활동, 문학 작품을 감상하고 비평하는 활동 등 추상적인 사고를 언어화하는 경험을 통하여 사고력을 함양시킨다.

또한 학교 교육의 궁극적인 목표 중 하나는 사람다운 사람 기르기, 즉 인성 교육이라고 할 수 있다. 개인이 어떤 언어를 사용하는지, 언어를 어떤 방식으로 사용하는지는 그 사람의 됨됨이를 보여준다. 국어과교육은 사고력 측면뿐 아니라 인성 교육 측면에서도 다른 어떤 교과 못지않은 영향력을 가진다.

셋째, 언어는 그 사회의 문화 수준을 결정하는 중요한 척도이다. 앞에서 언급하였듯이 언어는 사회화의 핵심적 요소이다. 어떤 공동체의 구성원들이 사용하는 언어는 그 집단의 전반적인 분위기나 이념을 드러내준다. 집단의 문화를 계승한다는 것은 구성원들이 사용하는 언어가 계승됨을 의미하기도 한다. 언어를 교육한다는 것은 표면적으로 드러난 언어뿐 아니라 언어에 내포된 문화를 교육한다는 의미이다.

나. 국어과교육의 특성

1) 도구성과 범교과성

국어과교육의 첫 번째 특성으로 꼽을 수 있는 것이 '도구성(道具性)'이다. 그렇다면 국어과교육은 무엇의 도구가 되는가? 우선은 의사소통의 도구가 됨을 꼽을 수 있다. 사회적 동물인 인간은 타인에게 자신의 이야기를 전달하고 또한 타인의 이야기를 들으려는 본능을 가지고 있다. 이런 인간의 본능이 사회적 관습과 다양한 문화를 발전시켜 왔다. 자신이 타인에게 이해받기를 원하고 또한 타인을 이해하고 싶어하는 의사소통의 욕구는 인간의 본질 중 하나이다. 사람 간의 의사소통에서 가장 많은 부분을 차지하는 것이 언어이다. 언어는 적은 노력으로 큰 효과를 볼 수 있는 가장 효과적인 의사소통의 도구이다. 국어과교육은 기본적인 의사소통 능력을 길러주어 사회 생활에 적응할 수 있도록 해 준다.

두 번째로 국어는 사고 활동의 도구가 된다. 흔히 언어는 사고의 그릇이라고 표현된다. 아무리 좋은 생각이라도 언어로 표현되지 않으면 효용성을 갖기 힘들다. 추상적인 사고를 타인 혹은 세상이 이해 가능한 형태로 만들고 영향을 끼칠 수 있게 하는 것이 바로 언어이다. 한편으로 인간은 자신이 알고 있는 언어의 범위 내에서 사고 활동을 한다고도 볼 수 있다. 이렇듯 사고는 언어로 표현되고 언어는 사고를 촉진하며 끝없이 상호작용한다. 모든 교과교육은 결국 사고교육으로 귀결되지만 특히 국어과교육은 사고하는 능력을 길러주기에 적합하다.

세 번째로 국어과교육은 학습의 도구가 된다. 학습자는 국어(혹은 국어 능력)을 통해서 대부분의 학습을 수행한다. 따라서 국어 능력의 수준은 전반적인 학습 능력의 수준을 상당한 정도로 규정한다. 이른바 내용 교과에서의 학습 요소는 그 교과에서만 중요하지만 국어과의 학습 요소는 국어과에서만 중요한 것이 아니라 모든 교과의 학습에 큰 영향을 미친다. 이것이 바로 국어과가 도구 교과이고 도구 교과이어서 국어과가 중요한 이유이다.

그렇다면 국어과교육에서 도구가 되는 요소는 무엇인가? 일차적으로는 말 혹은 글 그 자체가 도구가 된다. 다른 교과에서 가르치는 학습 내용들은 말이나 글을 통해서 학습자들에게 전달된다. 이런 점에서 언어 그 자체가 도구로서 작용한다. 이차적으로는 말 혹은 글을 부려 쓰는 힘, 즉 국어 사용 능력이 도구가 된다. 학습자들은 자신들이 보유하고 있는 말하고 듣고 읽고 쓰는 힘을 도구로 활용하여 학습을 한다. 이런 점에서 오히려 국어 사용 능력이 더 중요한 도구라고 할 수 있다.

국어과는 도구 교과로서의 성격을 지니고 있기 때문에 동시에 범교과성(汎敎科性)을 지니게 된다. 국어과에서 다루는 능력은 다른 교과에 영향을 미치며, 역으로 다른 교과에서의 언어를 통한 학습 활동은 국어 능력을 기르는 한 방편이 될 수 있다. 즉 범교과성이란 다른 교과를 통해서도 국어과교육이 이루어진다는 것이다.

말하기, 듣기, 읽기, 쓰기는 교육과정 전체를 통해서 이루어지는데, 이런 현상을 '범교과적 국어교육(language across the curriculum)'이라고 한다. 따라서 타 교과와 연계된 국어교육을 설계하여 실천하는 것도 매우 중요하다. 이러한 점은 특히 대부분의 교과를 한 선생님이 가르치는 것을 기본으로 하는 초등학교에서 실천 가능성이 더 높다.

2) 일상성과 잠재성

학습자는 제도적 학교교육을 받기 이전부터 듣고 말할 줄 알며, 대부분은 어느 정도 읽고 쓸 줄도 안다. 이와 같이 국어과교육에서 길러야 할 국어 능력의 대부분이 일상의 언어생활을 통해서 형성되는 것을 '일상성(日常性)'이라고 할 수 있다. 따라서 국어과교육은 일상생활에서의 언어 발달과 상호보완적으로 이루어지도록 계획되어야 한다.

국어 능력의 상당한 부분이 일상에서 먼저 습득되기 때문에 학교 국어과교육은 이를 고려하여야 한다. 학교에서의 국어과교육은 학습자들이 아는 것을 바탕으로 부족한 부분을 보완하고, 잘못된 것을 바로잡고, 불분명하게 알던 것을 명료하게 알

수 있도록 하는 역할을 수행해야 한다. 또한 학습자들의 언어적 경험과 이미 형성된 언어 능력이 천차만별이므로 수준이 매우 다양하다는 것도 고려해야 한다.

국어과교육은 일상적인 곳에서부터 시작된다. 즉, 누구나 언어를 배우지 못하고서는 수많은 경험들을 전수받지 못하므로 사람은 태어나면서부터 언어를 배운다. 학교를 들어오기 전에 이미 우리의 아이들은 일정한 정도의 의사소통 능력과 언어 능력을 구비하고 있다.

이 점이 국어과교육이 형식적으로는 '국어'에 대한 '교육'으로 진술되지만 국어과교육의 개념을 단순히 '국어'에 대한 '교육'으로 설정할 수 없는 어려움이 있다. 아이들은 일상적으로 '국어'에 대한 '교육'을 받고 있다. 하지만, 일상적인 '국어'의 '교육'을 사람들은 학교에서 배우는 국어교육으로 받아들이지는 않는다. 다른 사람들과 함께 살아가면서 자연스럽게 배우는 교육과 의도적으로 가르치는 것 사이에는 뚜렷한 차이가 있기 때문이다. 전자에는 교육이 부수적으로 일어나지만, 후자의 경우에는 교육 그 자체가 목적이 되기 때문이다(이홍우, 2007: 46).

일상생활에서 오랫동안 체득되는 국어교육의 효과는 웬만해서는 겉으로 잘 드러나지 않고 내면에 잠재되는 성질이 있다. 국어 능력은 오랜 기간에 걸쳐 일상생활에서 언어를 사용하며 습득되기 때문이다. 명제적 지식을 안다고 국어 능력이 당장 신장되지 않고 기능이나 태도의 변화를 수반해야 하는데 이는 한 두 번의 언어 사용으로 금방 나타나지는 않는다.

국어 능력이 즉각적인 효과를 드러내지 않는 잠재성을 지니고 있기 때문에 국어과에서 가르치는 교육의 내용들은 본질적으로 유사한 능력이지만 수준으로서 위계화되는 경우가 많다. 가령 글을 읽고 중심 내용 파악하는 능력을 길러 주는 것은 모든 학년들에게 공통되는 학습 내용이며 이들은 텍스트 혹은 전략 수준에 따라 위계화되어 있다. 따라서 국어과교육은 반복·심화를 추구하는 나선형 교육과정의 정신에 부합하는 면이 많다.

3) 총체성과 난체계성

한 가지 뚜렷한 성격을 지니고 있는 다른 교과와는 달리 국어과에서 가르치는 교육의 내용은 그 성격이 매우 다면적이다. 국어과는 말하고 듣고 읽고 쓰는 기능을 중요하게 여기는가 하면, 국어의 현상과 작용 원리에 대한 지식이 중요하기도 하고, 더 나아가 인간이나 삶에 대한 태도 혹은 세계관이나 가치관 등과 같은 이념 또한 무시할 수 없으며, 문화의 계승과 재창조 역시 놓칠 수 없는 중요한 내용이다.

이렇게 국어 능력은 지식, 기능, 태도, 이념, 문화 등 서로 다른 성격을 지닌 범주들이 복합적으로 작용하는 총체성(總體性)을 지니고 있다. 그리고 각각의 범주 안에서도 구성 요소들이 밀접한 연계성을 지니며 위계를 이루고 있을 뿐 아니라, 말하고 듣고 읽고 쓰는 언어 양상들 서로 간에도 밀접한 상호 관련성을 지니고 있다.

국어 능력이 이처럼 총체성을 지니고 있기 때문에 국어과교육은 학습 내용의 종류나 수준을 일목요연하게 정리하기 힘들다. 예를 들어 지식 하나를 다 배워야 다음 지식을 배울 수 있다거나 한 가지 기능을 완성해야 다음 기능을 배울 수 있는 것이 아니다. 국어 수행 활동을 위해서는 지식, 기능, 태도, 이념, 문화 등의 다양한 요소들이 어우러져야 하며 이는 명료하게 분리하거나 정의하기 어려운 형태, 즉 난체계성을 띠고 나타난다. 국어과교육은 국어 능력의 총체적이고 난체계적인 특성을 살리는 방향으로 나아가야 할 것이다.

4) 재귀성과 상향성

교육의 일반적인 모습은 '언어'로써 '지식'을 가르치는 것이다. 그런데 국어교육은 '언어'로써 '언어'를 가르치는 '재귀성(再歸性)'을 지닌다. 즉 두 가지 층위의 언어가 공존하게 된다. 이때 교육활동에서 실제로 교사와 학생이 사용하는 언어를 '수단 언어'라고 하고, 언어활동을 통하여 학생들로 하여금 도달하게 하려는 언어를 '목표 언어'라고 한다. 즉 수단 언어보다 목표 언어의 수준이 더 높으며, 국어과교육에서 지향하는 것은 목표 언어의 습득이다.

일반 교과에서는 지식을 학생들이 잘 이해할 수 있도록 가르치는 것을 목적으로 하기 때문에 그 지식을 가르치는 언어는 학생들의 현재 수준보다 높을 수 없다. 이에 비해 국어과는 언어로서 언어를 가르치는 재귀성을 지니고 있기 때문에, 수업에서 사용되는 언어가 학생들의 현재 언어보다 수준이 높아야 한다. 예를 들면 다음과 같은 경우이다.

〈그림 1〉 2015 국어과 교과서 5-1 3단원 일부 내용

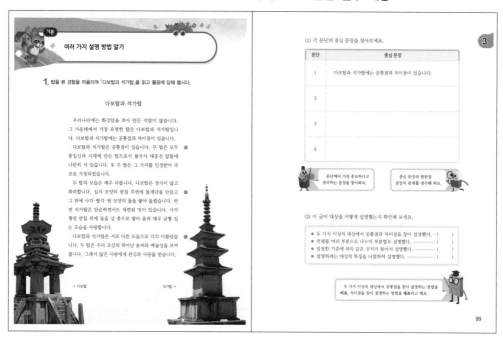

　　위 내용은 2015 국어과 교과서 5학년 1학기 3단원(98~99쪽)의 일부 내용이다. 이 차시의 학습 목표인 '여러 가지 설명 방법 알기'는 국어 수업의 목표 언어가 무엇인지를 드러낸다. 이 차시에서는 설명하는 방법으로 비교·대조의 방법을 알려주기 위해 그와 같은 방식을 활용한 제재의 예시를 보여주고 있다. '다보탑과 석가탑'이라는 제재는 비교·대조의 설명 방법을 잘 보여주는 예시이다. 다보탑과 석가탑이라는 대상을 효과적으로 설명하기 위해 두 탑의 공통점을 먼저 언급하고 이어서 어떤 점에서 차이가 나는지 설명하고 있다. 이 차시에서 '다보탑과 석가탑'을 학습 목표에 도달하기 위한 수단 언어, 이 제재를 통해 학습자가 알게 되는 비교·대조의 설명 방법을 목표 언어에 비유할 수 있다. 언어에 대한 언어라고 할 수 있는 목표 언어는 수단 언어에 비하여 메타적이고 추상적이므로 어렵다. 이렇게 보다 높은 수준의 언어를 추구하는 국어과교육의 성격을 '상향성'이라 볼 수 있다.

2. 국어과교육의 목표와 내용

가. 국어과교육의 목표

제도적인 국어과교육을 받기 이전에도 많은 학습자들이 듣고, 말하고, 읽고, 쓸 줄 안다. 그렇다면 군이 학교에서 국어과교육을 많이 받을 필요가 없다고 볼 수도 있다. 그러나 이는 '국어'라는 것을 매우 제한적으로 보고 국어과교육의 목표를 단지 기본적인 언어 기능에만 맞춘 까닭이다. 국어 능력은 단순히 듣고, 말하고, 읽고, 쓰는 기능만을 가리키지 않는다. 이는 언어의 광범위한 영향과 관련된다. 언어는 단지 음성과 문자 언어라는 단편적인 것이 아니라 일종의 사회 관습적인 체계(국립국어연구원, 1999)이기 때문이다. 언어는 이를 사용하는 사람이 어떤 사람인가를 결정하기도 하고, 일정한 언어를 사용하는 집단의 문화를 결정하기도 한다. 모국어로서의 언어는 인간의 본질, 사회의 본질과도 맞닿아 있다.

모국어로서의 국어를 다루는 국어과교육의 목표는 다층적이다. 언어가 인간의 삶과 밀접한 관계에 있어서 어디까지가 국어교육이고 어디부터는 국어교육이 아닌지를 구분하기 쉽지 않기 때문이다. 이는 국어과교육을 어렵게 하는 요인이지만, 한편으로는 국어과교육의 매력이기도 하다. 국어를 가르침으로서 인성 교육, 문화교육 등 여러 가지 부수적 효과를 누릴 수 있기 때문이다.

보편적으로 국어과교육의 궁극적인 목표는 언어 사용 기능을 신장시켜주는 것(노명완, 1988)임을 강조하는 방향이 있는가 하면, 언어를 통한 사고력의 신장, 인성의 함양, 문화적 고취 등을 강조하는 방향(이삼형 외, 2007)도 있다. 최근에는 국어과교육을 통하여 기를 수 있는 역량에 초점을 맞추는 방향도 있다. 여기서는 다층적인 국어과교육의 목표를 언어, 사고, 인성, 역량, 문화적 측면으로 구분하여 살펴보겠다(신헌재 외, 2015: 82~86 참조).

첫째, 국어과교육은 언어 기능의 신장을 목표로 한다. 언어사용 행위 그 자체를 다루어서 언어 사용기능을 신장하는 것(손영애, 2004)이 일차적인 목표이다. 이는 도구 교과로서의 국어과교육 특성이 가장 잘 반영된 목표이다. 국어 능력은 학습의 기초 기능이며, 일상생활에서 필요한 의사소통의 기본 수단이므로 가장 기본적인 목표라고 할 수 있다. 학습자가 언어 기능을 제대로 갖추지 못하였을 때는 다른 교과를 공부할 수 없음은 물론 일상생활에도 어려움을 겪을 수 있다.

그중에서도 초등학교 시기의 국어과교육은 학생의 삶에 필요한 기초적 국어 능력을 신장시켜야 한다. 초등 국어교육은 모든 국어과교육(중등, 대학)의 기초라는 뜻과 다른 교과교육의 기초라는 뜻을 함유한다(황정현 외, 1998: 11). 기본적 의사소통 능력을 키워주는 초등 국어과교육은 삶의 질과 직결된 목표를 지닌다. 초등학생 시절의 언어적 경험, 성공과 실패는 국어에 대한 평생의 태도를 결정한다고 해도 과언이 아니다.

학생은 앞으로 평생을 살아가며 필요한 국어 능력을 이 시기에 갖추어야 한다. 처음 겪게 되는 공동체 생활 속에서의 의사소통을 배움으로써 먼 미래, 사회인이 되고, 인간다운 삶을 살기 위한 기초를 밟게 된다(김병수, 2008: 80). 국어교육은 제도 교육의 범위를 넘어서 평생교육으로 작용하며, 초등 국어과교육은 언어에 대한 평생 교육의 기틀을 마련해준다.

둘째, 국어과교육은 사고력 신장을 목표로 한다. 언어는 교육이 보편적으로 지향해야 하는 궁극적 목표인 사고력 신장과 밀접한 관계가 있다. 국어과교육의 목표에서는 일찍부터 '사고력 증진'(노명완, 2003; 이삼형 외, 2007)을 강조해왔다. 말하기, 듣기, 읽기, 쓰기 등의 언어활동을 통하여, 그리고 국어에 대한 탐구 활동을 통하여, 나아가 문학 작품을 읽고 감상하고 비평하고 재구성하는 활동을 통하여 사고력을 길러줄 수 있기 때문이다. 특히 국어과는 인지적 사고력뿐 아니라 정의적 사고력도 균형있게 길러 줄 수 있다는 점에서 의미가 있다.

국어과교육은 '학습 방법에 대한 학습' 능력을 길러주어야 한다. 문자를 읽고 쓸 수 있는 기초 기능을 넘어서서 학생들에게 사고를 언어로 표현하고, 또 언어를 통해서 사고를 이해하는 고등 정신 기능을 신장시켜주는 것을 뜻하고, 국어 교과에서 기르고자 하는 언어 기능이 지식 자체가 아닌 지식의 활용 기능을 의미하며, 지식을 활용하는 기능은 범교과적으로 모든 학습 활동에서 요구되는 도구적인 지적 기능(노명완 외, 1988: 18~19)을 가리킨다.

흔히 메타적인 학습 능력으로 의사소통 능력, 문제해결력, 비판적 사고력, 정보 수집과 처리 능력 등을 꼽는다. 초등 국어과교육은 학습자가 주체적인 학습의 역량을 갖출 수 있도록 이와 같은 능력 신장을 목표로 해야 한다. 이는 단편적인 지식이나 기능에 초점을 맞춘 교육으로는 도달할 수 없음을 명심해야 한다.

셋째, 국어과교육은 인성 함양을 목표로 한다. 학교 교육의 궁극적인 목표 중 하나가 사람다운 사람 기르기, 즉 인성 교육이다. 모든 교과교육에서 인성 교육을 지향하지만 국어과교육은 바른 인성을 기르는 데 기여하는 대표적인 교과 중 하나이다. 국어 능력을 구성하는 것은 지식, 기능, 태도이다. 어떤 지식을 알고 기능을 갖추는 것만으로는 온전한 국어 능력이라고 보기 어렵다. 예를 들어 상황에 맞는 인사말을 알고 인사하는 방법을 안다고 해서 '상황에 맞게 인사하는 능력'이 있다고 보기 어렵다. 인사하는 습관과 태도가 더해져야 비로소 국어 능력을 갖추었다고 볼 수 있다.

개인이 언어를 대하고 사용하는 방식은 곧 세계를 대하는 태도와 직결된다. 인간은 언어를 통하여 세계에 의미를 부여하고 세계와 관계를 형성해 나가는 것이다. 국어과교육은 학습자가 바른 언어적 태도를 갖게 하여 평생 어떤 태도로 세상을 대하고 살아나갈지를 결정하는, 인성 함양의 역할을 목표로 해야 한다.

넷째, 국어과교육은 역량 함양을 목표로 한다. 사회 환경이 급변하고 기술이 급속도로 발전하며 미래 사회에 필요한 능력 역시 변화하고 있다. 교과교육을 통하여 해당 교과의 지식이나 기능을 익힐 뿐 아니라 융합적으로 널리 활용할 수 있는 역량을 신장시키는 것이 중요한 목표가 되었다. 역량이란 어떤 일을 해 낼 수 있는 힘을 의미한다. 미래 교육에서 필요한 것은 특정 교과에 국한된 능력이 아니라 학습자가 주도적으로 문제를 해결하고 탐구할 수 있는 자질과 힘을 길러주는 것이다.

2022 개정 국어과 교육과정은 국어과 교과 역량으로 '비판적·창의적 사고 역량, 디지털·미디어 역량, 의사소통 역량, 공동체·대인 관계 역량, 문화 향유 역량, 자기 성찰·계발 역량(교육부, 2022)'을 설정하였다. 이들은 교육과정 총론에서 미래 사회에 필요한 핵심역량으로 제시한 것들과 상통한다. 언어 기능, 문학, 문법, 매체 영역까지 다루는 국어과교육은 미래 사회에 필요한 역량들을 광범위하게 신장시킬 수 있는 교과이다.

다섯째, 국어과교육은 문화의 계승과 창조를 목표로 한다. 그 사회의 문화 수준은 사회 구성원의 문화 수준을 나타낸다. 따라서 개개인의 됨됨이를 보여주는 언어는 그 사회의 문화 수준을 결정하는 중요한 척도이다. 어떤 언어를 학습한다는 것은 언어뿐 아니라 그 언어를 사용하는 사회 또는 국가의 문화, 가치관, 관습 등을 함께 배운다는 의미이다. 모국어교육의 중요성이 여기서 나온다. 모국어교육이 어떻게 이루어지느냐에 따라 국가관, 사회관이 바뀌기 때문이다.

국어과교육은 문화적 소양을 길러준다. 언어는 공동체의 문화와 밀접한 관련을 맺고 있는 문화의 핵심이다. 하지만 문화는 삶의 가능성인 동시에 개인을 억압하는 기재로도 작용한다. 그러므로 문화는 새롭게 창조되어야 한다. 이런 관점에서 국어교육은 문화를 계승 발전시킬 수 있는 능력 향상을 강조한다(류덕제 외, 2014: 24). 인간이 언어를 사용한다는 말은 문화를 소유한다는 의미이다. 언어가 중심인 국어과교육은 문화 교과의 성격을 띠게 마련이다. 이런 특성을 잘 살리는 것이 언어문화가 집약된 문학교육이다. 문학교육은 모든 학교급의 국어교육에서 중요하지만 초등 국어과교육에서 가장 폭넓게 작용한다.

문학 작품은 초등 학습자의 인지적 발달 수준과 흥미에 가장 적합한 언어 자료이다. 학생들은 문학 작품을 읽으며 수많은 지식, 어휘력, 문법적 감각을 얻고 암묵적으로 언어 기능을 향상시킨다. 또한 몰입이 쉬운 초등학교 시절의 문학은 학생들의 행동 발달이나 그 인격 형성에 지대한 영향을 미치기 때문이다.

또한 초등 학습자에게 국어과교육은 민족적 자긍심을 길러주는 교과이기도 하다. 우리 민족에 대한 바른 이해나 민족적 자긍심은 어린 시절의 초등 교육에서 시행되는 것이 바람직하다(황정현 외, 1997: 16). 이를 가장 잘 담을 수 있는 것은 국어교육이다. 초등 국어교육은 '국어'라는 대상 자체에 담긴 민족의 정신과 얼을 가르침으로써 '언어'가 아닌 '국어'를 배우는 것으로 인한 민족적 자긍심을 어린 시절부터 길러주게 된다(김병수, 2008: 80).

이는 초등 국어과교육이 모국어교육으로서 외국어교육과 차별화되는 목표이기도 하다. 문학 작품뿐 아니라 초등 시기에 접하는 담화들은 특히 오랫동안 기억에 남으며 강한 영향력을 지닌다. 학습자가 자연스럽게 국어와 민족에 대한 긍정적 태도를 갖추도록 하는 것도 초등 국어과교육의 목적이다.

나. 국어과교육의 내용

국어과교육이 타교과와 비교하여 지니는 고유의 내용적 특성은 언어활동이라 할 수 있다. 교과로서의 수학이 수에 관한 지식의 세계를 담당하고, 과학이 자연의 세계를 담당하듯, 교과로서의 국어는 언어활동의 세계를 담당하고 있다(최현섭 외, 2005: 27). 전통적으로 국어교육의 내용 영역은 크게 언어 기능(이해·표현) 영역, 언어 지식(문법) 영역, 그리고 문학 영역의 셋으로 인식되어 왔다(최현섭 외, 1995; 이성영, 1995; 박영목 외, 1996; 황정현 외, 1997).

최현섭 외(1995: 16~19)에서는 국어 현상은 국어 사용 현상, 국어 지식 현상, 국어 예술 현상으로 나뉜다고 설명한다. 국어 사용 현상은 한국인이 한국어로 말하고 듣고 읽고 쓰는 방식으로 존재하며, 화법론, 독서론, 작문론 등으로 발전하는데 이를 '국어 사용학'이라 할 수 있다. 국어 지식 현상은 국어연구 활동과 그 결과의 축적으로 존재하며, 음운론, 형태론, 통사론, 의미론, 화용론 등으로 발전하고, 이를 '국어학'이라 한다. 국어 예술 현상은 국문학 창작 활동과 그에 대한 연구의 축적으로 존재하며, 문학 작품의 창작과 작품론, 작가론, 비평론 등으로 발전하며 이를 문학으로 부른다. 국어교육학은 국어 사용학, 국어학, 국문학에서 내용을 가져와서 국어교육을 수행한다.

박영목 외(2009: 54)에서는 국어교육 연구의 내용 체계를 다음 그림과 같이 나타내었다.

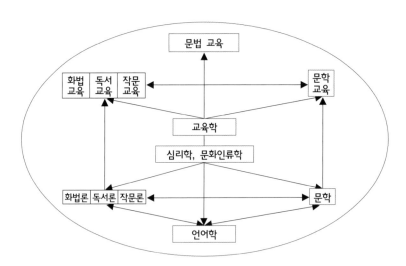

〈그림 2〉 국어교육 연구의 내용 체계(박영목 외, 2009: 54)

〈그림 2〉의 상단 부분은 국어교육의 주요 영역을 언어사용 교육(화법교육, 독서교육, 작문교육), 문법 교육, 문학교육으로 상정하면서, 언어 교육의 방법이나 평가를 위해서는 교육학 이론이 많은 시사점을 제공함을 나타내고 있다. 이들 세 영역의 교육이 이루어짐으로써 학습자의 언어사용 능력, 언어에 대한 이해와 탐구력, 문학 감상의 심미적 능력 등이 길러진다고 볼 수 있다.

또한 하단 부분은 국어교육의 이론적 기저가 되는 학문들을 나타내고 있다. 화법론·독서론·작문론의 언어사용학, 언어학, 문학의 이론들은 그 자체로서 국어교육의 이론을 구성하지 못한다. 현상을 설명함으로써 그것의 교육 이론의 많은 이론적 기초를 제공하지만 그 자체로서 교육 방법이나 평가 방법까지 제시하지는 못한다. 언어 교육의 방법이나 평가를 위해서는 교육학의 이론이 많은 시사점을 제공한다(박영목 외, 2009: 55). 언어사용학, 언어학, 문학의 이론들을 이해하는 데는 심리학, 문화인류학 등의 다양한 주변 학문이 도움이 된다.

이와 같이 언어활동의 세계를 구현하는 내용은 크게 세 가지로 나누어진다. 첫째는 '언어 기능'과 관련된 것으로, 듣기, 말하기, 읽기, 쓰기 활동과 관련된 원리, 전략, 방법 등에 대한 내용이다. 둘째, '문학'과 관련된 것으로, 문학 현상과 관련된 지식이나 작품 수용 능력, 창작 능력 등에 대한 내용이다. 셋째, '문법'과 관련된 것으로, 국어의 여러 가지 규칙이나 현상, 그리고 국어가 지니는 가치에 대한 내용이다(신헌재 외, 2015: 88). 최근에는 여기에 '매체'를 추가하기도 한다. 디지털 대전환이라는 시대적 특성과 다양한 미디어의 발달은 미디어 문식성, 즉 미디어를 이해하고 표현하는 능력을 필수적인 것으로 만들었다. 일상생활에서 미디어를 통한 소통이 필수적인 만큼 국어과교육의 중요한 목표 중 하나가 미디어 문식성을 길러주는 것이 되었다.

듣기, 말하기, 읽기, 쓰기의 언어 기능, 문학, 문법은 전통적으로 국어과교육에서 영역으로 인식되어 왔다. 이 영역 관념을 기반으로 국어과교육의 범위와 내용이 결정되어져 왔다고 해도 과언이 아니다. 영역별로 내용을 선정하는 관점은 오랫동안 교육과정에도 반영되어왔다. 교육과정 개정기마다 영역을 구분하는 방식을 보면 국어과교육의 내용에 대한 관점이 드러난다. 최근에 현대 사회에 필수적인 능력으로 미디어 문식성이 강조되면서 2022 개정 국어과 교육과정에는 매체 영역이 추가되었다.

초등 국어과교육의 내용을 구성하는 요인도 보편적으로 듣기 능력, 말하기 능력,

읽기 능력, 쓰기 능력, 문학적 능력, 문법적 능력을 기르기 위한 것으로 나누어진다. 그러나 초등 학습자가 중등학교나 대학의 학습자와 다른 특성을 지니고 있으므로 초등 국어과교육의 내용 구성에는 이런 학습자의 특성이 반영되어야 한다. 즉 '언어 기능', '문학', '문법'이 보편적인 국어과교육의 내용이라 할지라도 학교급에 따라 그 비중과 구체적으로 다루는 내용은 달라야 할 것이다. '문법' 영역의 경우 초등학생에게 명제적 지식으로 학습되기보다는 언어활동과 통합되어 자연스럽게 습득되는 것이 타당하다. '문학' 영역 역시 초등학생들이 문학을 향유하면서 자연스럽게 문학적 소양을 기르도록 해야 한다. 즉 일상의 언어생활과 유사하게 문법, 문학, 언어 기능 영역이 통합되어 지도될 때 가장 효과적일 것이다.

이재승(1998)은 초등학교 단계에서 가장 중요하고 비중을 많이 차지하는 것은 언어 기능 영역, 즉 듣기, 말하기, 읽기, 쓰기 영역임을 주장하였다. 문법 영역은 언어 기능 영역과 같이 하나의 독립된 영역으로 설정하기보다는 구체적인 지도 내용을 설정할 때 고려되어야 할 문제로 생각된다. 그는 초등 국어과교육의 지도 영역으로 표현·이해의 언어활동과 아동문학 활동을 들었으며, 그중에서도 구체적인 지도 영역은 실제적이고 의미있는 말하기, 듣기, 읽기, 쓰기 활동임을 강조하였다. 즉 같은 '언어 기능' 관련 내용이라도 학습자를 중심으로 실제성, 유의미성을 강조한 내용을 선정할 필요가 있다. 초등 국어과교육에서는 명제적 지식보다는 수행적 지식을 주요 내용으로 해야 하며, 교사의 전달에 의해서가 아니라 직접적인 언어활동을 통해 자연스럽게 습득되도록 해야 한다.

'문학' 관련 내용 역시 문학적 지식을 많이 가지게 하기보다는 풍부한 문학적 체험의 제공을 주요 내용으로 해야 한다. 또한 같은 문학 관련 내용이라도 초등 학습자의 발달 수준과 흥미에 맞는 아동문학을 통해 얻을 수 있는 것을 중점적으로 다룰 필요가 있다.

'언어지식(문법)'은 지식 체계 자체로 다루는 것보다 활동의 기반으로 작용하도록 꼭 필요한 내용만 선정할 필요가 있다.[1] 모국어 화자는 특정 언어지식(문법)을 몰라도

---

1 이에 대해서는 이성영(1996: 6)에서도 체계로서의 언어, 즉 문법이 모어교육에서 갖는 역할의 비중에 대하여 언급한 바 있다. 체계로서의 언어에 대한 연구 성과물은 대부분 모어 화자들이 의식·무의식적으

문제없이 언어 수행을 하는 경우가 많지만, 언어 사용 능력을 심화시키고 세련되게 하는데 필요한 언어지식(문법)이 있다. 초등 국어과교육의 내용은 언어활동과 문법의 자연스러운 통합에 기반을 두어야 한다.

지금까지의 논의를 바탕으로 하면 초등 국어과교육의 내용은 네 가지 층위로 나눌 수 있다. 우선은 '언어 기능'과 관련된 층위의 내용이 있다. 듣기, 말하기, 읽기, 쓰기 능력은 초등 국어과교육에서 가장 큰 비중을 차지한다. 듣기, 말하기, 읽기, 쓰기 능력은 학습자의 일상생활뿐 아니라 타 교과의 학습을 위해 꼭 필요하기 때문이다. 또한 '문학'과 관련된 층위의 내용, '문법'과 관련된 층위의 내용이 있다(신헌재 외, 2015: 90). 여기에 2022 개정 국어과 교육과정에도 반영된 바 점차 미래 사회 역량으로 중요성이 증대해지는 '매체'와 관련된 층위의 내용이 있다.

초등 국어과교육의 내용들은 이와 같이 영역과 내용 범주를 고려하면서 초등교육의 특성을 반영하여 선별해야 한다. 초등 국어과교육에서 다루어야 할 각 영역의 주요 내용 조건을 다음과 같이 설정할 수 있다(신헌재 외, 2015: 91~92).

첫째, '듣기'는 음성언어로서 이해의 영역이다. 듣기 능력은 이해의 정도를 기준으로 내용 확인적 이해, 추론적 이해, 비판적 이해로 나눌 수 있다. 초등 국어과교육의 내용은 세 가지 수준을 다 다루되 학년과 학습자 수준에 따라 그 비중을 달리하여 선정할 수 있다. 듣기 행위, 듣기의 다양한 상황에 대한 기본 지식, 올바른 듣기의 자세, 적극적으로 듣는 태도 등에 대한 교육도 필요하다.

둘째, '말하기'는 음성언어로서 표현의 영역이다. 말하기 능력은 표현의 과정에 따라 계획하기, 내용 생성하기, 내용 조직하기, 표현과 전달하기로 나누어 접근할 수 있다. 또한 초등 국어교육의 기초적 특성에 맞게 정확한 발성과 발음 교육도 중요하다. 역시 말하기 행위, 말하기의 다양한 상황에 대한 기본 지식, 올바른 말하기의 자세, 타인을 배려하는 말하기의 태도 등에 대한 교육도 필요하다.

셋째, '읽기'는 문자 언어로서 이해의 영역이다. 읽기 능력은 이해의 정도를 기준

로 이미 알고 있거나, 그 규칙에 맞게 자연스럽게 사용하고 있는 것들이다. 그리고 순수한 학적 체계를 위해서 필요한 개념들, 예컨대 음소, 형태소, 품사 등의 개념이나 그 분류 등은 모어교육에서 크게 의미가 없는 것들로 보인다.

으로 내용 확인적 이해, 추론적 이해, 비판적 이해로 나눌 수 있다. 문자 언어이므로 한글 해득, 어휘력의 신장도 중요한 과업이다. 읽기 행위, 읽기의 다양한 맥락과 장르에 대한 기본지식, 읽기 동기나 습관의 발달 등에 대한 교육도 필요하다.

넷째, '쓰기'는 문자 언어로서 표현의 영역이다. 쓰기 능력은 표현의 과정에 따라 계획하기, 내용 생성하기, 내용 조직하기, 표현하기, 수정하기로 나누어 접근할 수 있다. 또한 초등 국어교육의 기초적 특성에 맞게 한글 해득과 맞춤법, 띄어쓰기 등의 쓰기 관습을 지켜서 쓰는 능력도 중요하다. 역시 쓰기 행위, 쓰기의 다양한 맥락과 장르에 대한 기본지식, 쓰기 동기나 습관의 발달, 쓰기 윤리 등에 대한 교육도 필요하다.

다섯째, '문학'과 관련된 층위의 내용이 있다. 초등 학습자에게 문학의 중요성과 영향력이 얼마나 큰지는 굳이 논의할 필요가 없다. 그런데 초등 학습자의 발달 특성을 고려하면 문학의 학문적 지식 체계를 가르치기보다는 다양한 문학 작품을 접하면서 자연스럽게 문학 세계에 익숙해지도록 해야 한다. 즉 문학적 언어가 일상 언어와 다른 특성을 인식하도록 하는 기본적인 지도 내용이 필요하되, 문화적 소양을 길러주는 문학적 경험 자체, 문학 작품으로 하는 다양한 활동들도 모두 내용으로서의 가치를 지니고 있다.

여섯째, '문법'과 관련된 층위의 내용이 있다. 앞에서 언급하였듯이 국어지식은 지식체계를 독자적으로 다루는 것보다 듣기, 말하기, 읽기, 쓰기 활동과 연결하여 학습하는 것이 바람직하다. 예를 들어 띄어 읽기를 하기 위하여 문장 부호에 대하여 학습한다거나, 웃어른에게 편지를 쓰기 위하여 높임법을 학습하거나, 독자가 이해하기 쉬운 글을 쓰기 위하여 맞춤법에 맞는 낱말을 학습하는 식이다. 또한 민족적 자긍심을 가질 수 있도록 한글의 우수성과 기본 체계를 아는 것 역시 중요한 내용이다.

일곱째, '매체'와 관련된 층위의 내용이 있다. 여러 가지 매체에 무방비로 노출되는 초등 학습자들은 매체언어의 특징, 영향력, 비판적 이해력, 기초적인 표현력 등을 학습할 필요가 있다. 또한 매체에 대한 이론적 지식보다는 다양한 매체를 체험하고 일상에서 활용할 수 있어야 한다. 2022 국어과 교육과정에서는 "'국어' 학습자는 다양한 매체를 효과적으로 사용함으로써 일상생활은 물론 학교생활을 포함한 사회생활에서 요구되는 지식과 정보를 수용하고 생산(교육부, 2022)"할 것을 요구하고 있다.

3. 초등 국어과교육의 중요성

초등 국어교육은 초등교육이라는 보편성과 국어교육이라는 특수성 사이의 변증법적 탐구 양식을 통해 실현되어 드러난다고 볼 수 있다(김병수, 2008: 78). 즉 초등 국어과교육은 두 가지 특성을 동시에 가지고 있다. 첫째, 국어과교육의 한 하위분야로서 보편적인 국어과교육의 특성을 지니고 있다. 둘째, 초등 학습자를 대상으로 한다는 점에서 중등이나 고등 수준의 국어과교육과는 다른 특성을 지니고 있다.

제도교육의 각 단계들을 초등교육과 중등교육, 그리고 고등교육으로 구분하고 있는 것을 보면, 각 단계의 교육은 서로 차별화된 역할과 기능을 분담하면서 상호 연계를 맺고 있는 것으로 생각할 수 있다. 초등교육이 고유한 역할과 본질적 특성을 지니고 있다면, 초등교육은 그것만이 지닐 수 있는 차별화된 목적을 추구하면서 그 목적을 실현하기 위한 내용과 방법을 마련하고, 그 성과를 평가하는 원리에 맞도록 운영되어야 한다(엄태동, 2003: 34).

초등학교 시기에 배우는 모든 교과 내용은 학습자 인생의 기초를 마련하는 것인데 그중에서도 기초적이고 도구적인 성격을 지닌 국어 교과는 초등교육의 특성이 가장 잘 반영되는 핵심 교과라고 볼 수 있다. 초등 학습자에게 국어과교육이 얼마나 중요한지를 기초 교육으로서의 중요성, 학습하는 방법의 교육으로서의 중요성, 학습자의 삶에 밀착된 교육으로서의 중요성, 확장 가능한 교육으로서의 중요성으로 나누어 살펴보려 한다(이수진, 2014; 이수진, 2015 참조).[2]

---

2 이수진(2014)에서는 초등 국어과교육의 특성을 기초교육, 학습자의 삶에 밀착된 교육, 확장 가능한 교육의 세 가지로 설명하였으며, 이수진(2015)에서는 학습하는 방법의 방법으로서의 특징을 강조하였다. 이 책에서는 이를 통합하여 네 가지로 제시하였다.

가. 기초교육

우리는 관습적으로 교육적 발달의 시기를 유아, 초등, 중등, 고등교육 시기로 나눈다. 초등교육의 시기는 중등, 고등교육의 기초가 되는 것은 물론이고 인성 교육, 민주시민교육 등 한 사회 구성원으로서의 정체성을 형성하는 매우 중요한 시기이다. 초등교육 시기에 도달해야 할 발달의 수준은 학습의 기초, 공동체의 기초, 나아가서는 삶의 기초(김정효 외, 2005)가 된다. 초등교육은 생애교육의 주춧돌이라고 해도 과언이 아니다. 초등교육의 목적은 주로 '기초성'이라는 관점에서 논의되고 있다(권동택, 2003; 김정효 외, 2005). 김정효 외(2005)는 초등교육의 목표를 '학습의 기초', '공동체의 기초', '삶의 기초'로 나누고 있다. 삶의 기초는 교육목적의 기저를 이루고, 그 위에 공동체의 기초가 보다 명시적이며 집중적으로 의도되어지고, 보다 더한 강도로 학습의 기초라는 교육 목적이 공식적 교육의 목적으로 드러내고 있다. 세 가지 목표는 배타적이 아니라 서로 겹쳐 있는 상태이므로 초등교육의 가장 핵심적 목표는 학습의 기초로 드러나는 것이다. 이렇듯 초등교육의 특성 중 첫 번째를 꼽자면 기초교육으로서의 특성을 들 수 있다.

초등 국어과교육은 '기초'라는 초등교육의 특성을 가장 잘 반영하는 교과이다. 국어 교과 자체가 타 학문을 위한 도구 교과의 성격을 지닌데다가, 초등 국어과교육은 한글 해득을 비롯한 기초 문식성 교육을 포함하고 있어서 학습과 의사소통 능력을 길러주는 도구 교과로서의 중요성이 더 두드러진다.

이런 특성은 초등 국어교육이 학교생활뿐 아니라 학습자의 삶의 질과도 관련있음을 시사한다. 초등 국어교육은 학습자가 평생 지닐 모국어 능력의 대부분을 결정하며 학습자가 한평생 모국어에 대해 어떤 자세와 태도를 가지는지 결정해주는 역할을 한다. 학습과 의사소통의 기초일뿐 아니라, 인생의 기초라고 해도 과언이 아니다.

결국 초등 국어과교육은 삶, 공동체, 학습의 기초소양을 갖추게 하는 교과이다. 이경화(2012: 31~32)는 국어교육의 대상이 되는 아동과 시기적 특수성에 초점을 두어 초등 국어교육이 '국어와 학습에 대한 입문기'로서 지니는 의미를 설명하였다. 그에 의하면 초등 국어교육은 기초 문식성을 다지는 '국어' 학습의 입문기이자, 체계적인 형태의 국어 학습 활동을 시작하는 국어 '학습'의 입문기이다. 초등 국어교육이

'국어와 학습에 대한 입문기'라는 것은 매우 의미심장하다. 초등 국어교육은 학습자의 생애에서 교과로서의 국어를 처음 접하는 시기이다. 유치원에서 학습자가 접한 국어교육은 놀이와 일상생활에 가까우므로 교과로서의 국어를 처음 인식하는 것은 초등학교에 입학한 이후이다.

'국어와 학습에 대한 입문기'로서 초등 국어교육의 특성은 유치원 교육에 비해 문자 언어의 변화된 위상과 비중에서 드러난다. 초등교육에 입문한 개별 초등 학습자의 성패는 문자 언어 문화에 얼마나 잘 적응하냐에 달려있다고 해도 과언이 아니다. 초등 입학 전까지의 학습이 음성언어와 신체활동을 통해 주로 이루어졌다면 초등교육 이후로는 주로 문자 언어를 통해 이루어지기 때문이다.

유치원에서의 학습이 주로 놀이를 통해 이루어졌다면 초등학교에서는 교과서를 중심으로 언어에 의한 정확한 학습을 요구한다. 예를 들어 5세 누리과정에 제시된 쓰기에 대한 교육 내용은 '관심 가지기'의 수준이지 결코 정확한 쓰기 학습을 요구하지 않는다. 그러나 초등학교 1학년부터는 정확한 읽기와 쓰기에 대하여 요구하기 시작한다. 초등 국어과교육이 기초교육으로서 중요한 이유가 바로 이런 기초 문식성 교육을 책임지고 있기 때문이다.

나. 학습하는 방법의 교육

엄태동(2003)은 초등교육은 교육의 세계에 입문하고자 하는 초보자로서의 초등학생을 대상으로 하므로 '학습하는 방법의 학습', 즉 메타학습이 되어야 함을 강조하였다. 초등교육의 목적은 메타학습을 통하여 학습자가 주체적인 학습의 역량을 갖추도록 하는 데에 있다는 것이다. 또한 이와 관련하여 학습자의 소질을 탐색하는 것 또한 초등교육의 목적이다.

학습자에게 초등교육 기간은 문식성 발달의 결정적 시기이고, 이 시기의 국어과교육은 기초학습능력의 대부분을 구성한다. 특히 이때 읽기, 쓰기능력이 제대로 발달되지 않는다면 고등 국어교육은 물론, 다른 교과교육도 제대로 이루어질 수 없다. 뿐만 아니라 평생 무엇인가를 학습하는 능력 자체가 심각하게 훼손될 수 있다. 초등학교 시기의 국어과교육은 '학습하는 방법의 학습'으로서 의미가 크다.

물론 문식성은 평생에 걸쳐 발달하지만 발달의 정도나 효율성 면에서는 큰 차이가 있다. 이삼형(2011: 30)은 독서가 평생의 과업이어야 함에 대해서는 이의를 달 수 없는 명제라고 해도 그것이 바로 독서교육이 평생 동안 이루어져야 한다는 주장으로 직결되는 것은 아니라고 설명했다. 중점적으로 읽기교육을 받는 학교교육 기간에 생애 독자로서의 기초가 대부분 다져진다는 것이다.

이는 뇌과학에서도 인정된 사실이다. 읽기와 쓰기에 기능하는 뇌 부위가 아주 급격히 성장하는 시기가 있는데 대체로 9세 이전이라고 한다(이영수, 2007). 즉 초등학교 때 받은 읽기·쓰기교육의 질이 한평생 지닐 문식 능력의 대부분을 결정할 수 있다는 것이다.

초등 국어과교육의 중요한 역할은 학습자를 문자 언어의 세계에 입문시키는 것인데, 학습자에게 이것은 제도화된 사회, 즉 교육공동체 속에 안정적으로 편입되었음을 의미한다. 이는 한글을 해득한 어린이들이 그렇지 못한 동료 어린이나 더 낮은 연령의 어린이들에게 느끼는 우월감을 보면 알 수 있다. 처음 한글을 해득한 어린이들은 자기가 글을 읽을 수 있고 쓸 수 있다는 사실을 과시하고 싶어 한다. 글을 읽고 쓸 수 있다는 것은 분명 사회의 일원이 되어간다는 표지이다.

이는 어린이뿐 아니라 성인의 경우도 마찬가지여서 한글 해득을 하지 못한 성인들이 늦은 나이와 어려운 환경에도 불구하고, 글을 배우고 싶어 하는 의지를 보여주는 경우가 많다. 이들에게 문식성을 갖추는 것은 단순히 글을 읽고 쓸 줄 안다는 기능적 사실 이외에도 사회의 떳떳한 일원이 되었다는 상징적 의미이다.

초등학교에 입학한 학습자에게는 문어적 의사소통에 익숙해지는 것이 중요한 과업인데, 학습자들이 스스로 학습할 수 있는 능력을 얻어야 하기 때문이다. 이는 언어교육이 일상적 의사소통 교육을 넘어서 사고교육으로 확장되기 위해서도 꼭 필요하다. 초등 입학 전 구체적 조작 활동이나 음성언어를 통해 이루어졌던 학습이 초등교육을 기점으로 본격적인 사고의 교육으로 전환된다. 읽기와 쓰기 행위는 인간이 고등 사고 능력을 발휘하는 대표적인 활동으로 인정받고 있다.

다시 말해서 읽고 쓰는 능력의 교육은 문자를 읽고 쓸 수 있는 기초 기능을 넘어서서 학생들에게 사고를 언어로 표현하고, 또 언어를 통해서 사고를 이해하는 고등 정신 기능을 신장시켜주는 것을 뜻하고, 국어 교과에서 기르고자 하는 언어 기능이 지식 자체가 아닌 지식의 활용 기능을 의미하며, 지식을 활용하는 기능은 범교과적으로 모든 학습활동에서 요구되는 도구적인 지적 기능(노명완 외, 1988: 18~19)을 가리킨다.

초등 국어과교육은 '학습 방법에 대한 학습'이기도 하다. 학습자가 새로운 것을 학습하는 형태는 여러 가지가 있으나, 가장 효율적이고 빈번하게 사용되는 방법은 자료에서 새로운 정보를 추출하고 재구성하는 것이다. 정혜승 외(2008)에서는 읽기와 학습이 다르지 않음을 논의하였고, 박순경(1999)은 교육활동을 일종의 해석활동으로 본다면, 반드시 교육내용 즉 '원문(text)'에 대한 읽기를 전제로 한다고 하였다. 곧 학습전략은 읽기전략으로도 볼 수 있다는 것이다. 그런데 학습자의 해석활동을 표현하기 위해서는 쓰기능력이 전제되어야 한다. 쓰는 능력이 얼마나 정확하고 효율적인가에 따라서 학습의 정도가 크게 달라지므로, 학습에는 읽기뿐 아니라 쓰기능력도 필수적이다.

단적인 예로 초등학교에 입학한 학습자에게는 지필평가, 즉 시험이라는 방식이 큰 난관일 것이다. 처음에는 문제를 읽고 답을 쓰는 행위에 익숙하지도 않을 뿐더러 왜 중요한 지도 이해하기 어렵다. 지필평가를 위해서는 문항 지시문과 지문을 읽고 무엇을 요구하는지 이해해야 한다. 그리고 문항에서 요구하는 답을 글로 표현해낼 수 있어야 한다. 흔히 '시험에 강하다'라고 하는 것은 문항에서 요구하는 것을 잘 해석해내고 그에 맞게 답을 구성하는 능력이 뛰어남을 의미한다. 초등 학습자의 학습 성패는 지필평가에 얼마나 유연하게 적응하는지와도 관련된다.

따라서 '학습 방법의 교육'으로서 초등 국어과교육의 가치는 말할 나위 없이 중요하다. 글을 읽어서 새로운 정보를 수집하고 학습한 것을 재구성하여 글로 표현하는 방법을 숙련시키는 것이 초등 국어과교육의 주요한 목적 중 하나라고 볼 수 있다.

다. 학습자의 삶에 밀착된 교육

초등 국어과교육은 '학습자의 삶에 밀착된 교육'이다. 학습자의 삶에 실제적인 도움이 되어야 하며 학습자의 흥미와 자발성을 중요시하는 교육이어야 한다. 국어교육의 목적이 의사소통 능력 신장이라는 것은 기초교육으로서의 성격과도 관련되지만 학습자의 삶을 위한 교육이라는 것과도 관련된다.

초등국어수업에서 교사는 아이들이 언어를 통해 의사소통을 할 수 있도록 하는 것만이 아닌, 말 속에 담긴 정신과 내면을 아동의 삶 속에 확장시키고 활성화시키도록 격려하는 사람이며, 국어 교과 의미는 '의사소통'과 '내면의 형성'에 있다. 그래서 국어 교과는 '토의 수업'의 형태로서 서로 다른 전제를 가지는 아이들이 서로의 생각을 공유해 가면서 '상호 이해', '공감해 가는 문화'를 나타낸다(김병수, 2002).

김병수(2008: 81~89)는 초등 국어교육의 중요한 특징으로 삶과 경험을 다루는 '일상성'을 강조하였다. 일상성은 초등 국어교육이 일상생활에서 국어적인 것, 국어적인 삶의 의미를 아이들에게 가르치고 있다는 것이다. 이는 교사가 국어 교과와 아이들 사이의 의사소통이 된다는 것을 의미하며 교과관련내용을 지향하는 중등국어와의 차이점을 엿볼 수 있다. 수업의 결과로 아이들은 일상생활에서 필요한 국어적 능력을 갖게 된다. 국어적 능력은 일상생활에서 활용될 수 있을 때 진짜 자기 지식이 되고 능력이 된다. 그러면서 이 배움이 자신 개개인의 삶에 어떤 의미가 있는지에 대해 진정한 이해를 갖는다.

초등 학습자들에게 국어과교육은 중요한 의미를 가진다. 자신의 삶의 방식을 가장 잘 드러내는 관점이면서 방법인 '국어 의사소통'을 다루는 '국어과교육'은 타인과 '서로 더불어 사는 삶'을 살 수 있도록 하는데 직접적으로 기여하는 중요한 역할을 담당하기 때문이다. 다시 말해 초등 학습자에게 국어과교육은 자신의 일상과 삶에 의미를 부여하고 정체성을 찾아가는 과정이기도 하다.

국어 교과는 단순히 언어 그 자체에 대한 교육을 넘어서 문화적, 사회적, 정치적 가치를 다양하게 담고 있어서 자아의 정체성 형성과 밀접한 관련을 맺고 있다. 따라서 학습자는 다양한 언어 텍스트를 통하여 다양한 가치와 의미를 경험한다. 가치와 의미는 학습자 개인의 판단 문제와 밀접한 관련을 지닌다. 판단의 과정에서 보다 포괄적인 통찰을 제공할 때, 우리는 그 사람의 안목이 뛰어나다는 말을 한다. 개인의 안목은 개인의 정체성과 관련이 있으며 타인의 관점과 생각을 공감적으로 수용하고 비판적으로 이해할 때 확장된다. 대상을 공감적으로 수용하고 비판적으로 이해하는 과정이 곧 성찰의 과정이다(류덕제 외, 2014: 18).

라. 확장 가능한 교육

초등 국어과교육은 '확장 가능한 교육'이다. 이는 초등 국어교육이 단지 기초교육에만 머무르지 않고 이후의 고등교육과 연계되어야 함을 나타낸다. 초등 국어과교육은 단순히 교과내용만 교육되는 것이 아니라, 일상이나 타교과와 광범위하게 통합되어 학습자에게 결정적이고 강력한 영향을 미칠 수 있다.

앞으로의 미래 교육에서 강조하는 문제 해결력, 초인지적 능력, 창의성, 인성의 신장, 문화 창조 등에 초등 국어교육은 매우 중요한 위치를 차지한다. 언어가 사고, 문화와 상호작용하며 밀접하게 영향을 미치기 때문이다. 국어 교과는 고등 수준의 사고 능력을 신장시킬 수 있을 뿐 아니라, 학습자의 인성 형성, 언어 사용자들의 문화 형성에도 큰 영향을 미친다. 초등 국어교육에서 학습자들이 어떤 제재에 접하고 어떤 활동을 하는가에 따라 학습자의 인성과 문화가 달라질 수 있다.

또한 언어의 사용은 끝없는 문제해결 과정이며 창조의 과정이다. 언어는 항상 특정한 상황 속에서 이루어지므로 실제의 언어 사용은 수많은 문제에 부딪힌다. 언어 사용자는 주어진 문제의 상황에서 자신의 목적을 해결하기 위하여 상황을 분석하여 최적의 표현을 하며 언어를 창조하게 된다.

/ 제2장 /
아동의 언어 발달

1. 인간 언어의 특성

가. 인간의 사고와 언어

인간의 삶에서 언어의 역할은 두말할 필요 없이 중요하다. 언어는 인간의 사고와 소통의 도구이고, 문화 창조 및 전승의 도구이기 때문이다. 인간의 삶과 문명 전반이 언어를 바탕으로 한 사고와 소통의 과정 및 결과라고 보아도 지나치지 않다. 인간에게서 모국어 능력은 인간답게 살아갈 가장 중요한 기반 중의 하나이다.

사고는 인간의 인지적·정서적 의식을 모두 포괄하는 개념이다. 흔히 사고의 개념을 논리적·개념적 사고를 중심으로 하는 인지적 정신 활동으로 단순화하여 규정하는 것은 적절하지 않다. 실제로 인간의 의식 과정은 정서적이거나 심미적인 정신 활동이 주도할 때가 많기 때문이다. 인간의 사고는 논리적, 개념적 성격뿐만 아니라, 감정이입이나 투사, 미적 사고 등 정서적 특성과 아울러 작용하며 정서적 감응에 바탕을 둔 경우가 훨씬 더 많다.

인간의 언어와 사고의 관계에 대한 이론으로는 '언어 우위설', '사고 우위설', '언어와 사고의 상호작용설'이 있다. 사피어(Sapir)와 워프(Whorf) 등 '언어 우위'의 입장에 있는 학자들은 사고의 차이를 낳게 하는 원인으로 언어의 차이를 주목한다. 이들은 두 언어 간의 어휘 차이가 그 언어를 사용하는 사람 간의 사고 차이를 일으킨다고 본다. 즉 인간이 사용하는 언어가 그들의 사고방식을 결정한다고 보는 입장이다.

'사고 우위'의 입장에 있는 학자로는 피아제(Piajet)와 스타인버그(Stieinberg)가 유명하고, 언어 습득 장치(language aquisition device)를 주창한 촘스키(Chomsky)와 스키

마(schema) 이론을 주장한 바틀렛(Bartlett)도 이 입장을 기반으로 한다. 이들은 인간의 사고가 언어에 앞서 존재하며, 사고가 언어 학습이나 언어 능력을 좌우한다고 보았다. 이들에 따르면 같은 언어를 사용하는 사용자라도 사고의 상이성을 드러낼 수 있다.

언어와 사고의 상호작용설은 '언어적 사고' 요소를 강조하는 주장이다. 언어적 사고는 언어 요소와 사고 요소가 분리되기 어려우며 그 둘의 관계뿐만 아니라 맥락 속에서 다양한 요인과 상호 교섭적으로 의미를 구성해내고 창조해 나가는 특성을 강조하는 말이다. 인간의 사고 능력이 확장되면서 언어를 확대하고, 언어 능력이 확장되면서 사고를 확장 해 나가는 관계에 있다고 본다. 비고츠키(Vygotsky)가 대표적이다.

이상의 언어와 사고의 관계에 대한 논의에서 확인할 수 있는 점은 언어와 사고가 쉽게 분리할 수 없는 밀접한 관계라는 점이다. 이는 곧 모국어 능력이 사고 능력의 다른 말임을 의미하는 것이기도 하다. 특히 국어과교육에서 지향하는바 '국어 능력'은 학습자의 '사고 능력'을 포괄하는 의미임을 분명히 알 수 있다.

모든 인간은 자신의 모국어로 사고하며 그것으로써 세상을 이해하고 표현하며 소통한다. 그런데 인간의 소통 또한 그 가장 큰 기반이 언어이다. 언어는 인간이 세상 만물과 살아가면서 보고 겪는 사건이나 사물들을 구분하고 변별하며 구획하여 표현하고 이해하는 것을 가능하게 해준다. 언어를 활용한 의미의 고정이나 구획, 그리고 그것으로 인한 세상 만물의 변별이 불가능하다면, 인간에게 이 세상은 혼돈 속에 뒤범벅되어 있을 것이다. 그뿐만 아니라 혼돈 속에서 효율적으로 사고하거나 소통할 수도 없을 것이다.

이러한 점에서 인간의 사고는 바로 언어가 있기에 가능하며, 인간은 언어를 활용함으로써 더 효율적으로 사고할 수 있고 소통할 수 있다. 이는 곧 모국어 능력을 기반으로 사고 능력 및 소통 능력을 기를 수 있음을 의미한다. 결국 언어와 사고의 긴밀한 관계는 인간이 세상의 모든 일과 사물과 생각과 마음을 언어로 인식하고 저장하며 이해하고 표현하지 않을 수 없도록 만든다.

비고츠키는 이러한 인간의 언어적 사고가 고등 수준의 사고 발달을 동반한다는 점을 강조하였다. 하레(Harré)에 의해 체계화된 비고츠키의 이론 모형은 인간이 형식적·비형식적 삶과 교육의 상황 속에서 언어의 규칙과 의미 및 사회적 지식을 수용하고 변형하는 일련의 과정을 거쳐서 자신의 생각을 언어로 표현하게 된다고 보았다. 즉, '공적-사회적 차원'에서 '사회적-사적 차원', '사적-개인적 차원'을 거쳐 개인적-공적 차원으로 관습화해 나간다.

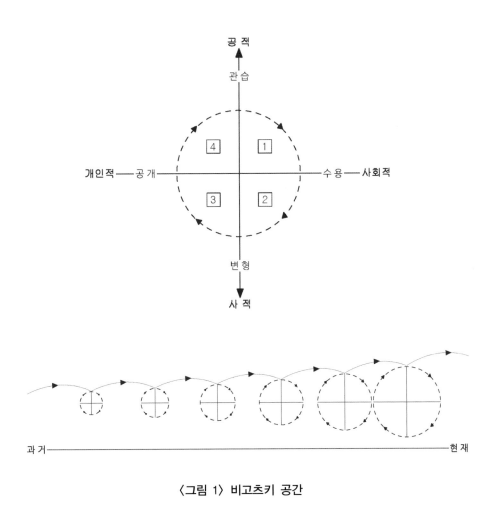

〈그림 1〉 비고츠키 공간

인간은 자신이 바라보는 세상을 다른 사람에게 언어로 전달하거나 전달받는 사고 및 소통 활동을 함으로써 세계에 대한 이해의 폭과 삶의 깊이를 확장해 나간다. 언어적 소통의 결과는 인간이 새로운 지식을 창조해 내고 새로운 언어와 문화를 창조하며 확대된 삶을 살아가도록 한다.

나. 인간의 문화와 언어

인간은 소통을 통하여 개개인이 가진 세계 인식의 한계를 극복하며 살아간다. 인간은 각자 자신의 지각에 의해 자신이 지각한 만큼의 세계만을 인식하며 살아간다. 모든 인간은 자신을 중심으로 사고하기 때문에 자신만의 세계를 구성하며 살아간다고 볼 수 있다. 물론 인간 종으로서 같은 문화를 누리는 사람 간의 공통점을 전제로 하더라도 개개인이 바라보는 세계는 저마다 다르다. 그 누구도 있는 그대로의 객관적 현실을 온전하게 인식할 수는 없다는 것이 정설이다. 이러한 한계를 극복할 수 있게 하는 것이 바로 여러 인간의 소통과 대화이다. 앞서 인간의 사고와 언어에 관한 논의에서 비고츠키의 공간이 설명하는 바는 인간이 서로 소통함으로써 언어와 사고를 확대한다는 것이다. 세계를 바라보는 다양한 관점이 상호 소통을 통해서 개개인의 세계 인식의 지평을 확장해 나가게 된다. 이러한 소통을 통한 세계 인식의 확장은 타인과의 소통뿐만 아니라 자신 스스로에 대한 내면적 소통도 포함하고 있다.

인간 소통의 핵심 도구가 바로 언어라는 점이 국어과교육의 중요성을 한층 더한다. 한 개인은 삶의 경험을 감각뿐만 아니라 언어로 인식하고 기억하며 그것으로 다른 경험과 관련짓는 언어적 소통을 하며 살아간다. 이러한 소통은 한 개인의 경험을 확장하고 의미를 구성하고 보완하도록 만든다. 이를테면 삶의 과정에서 겪는 경험을 기억하고, 그것을 지금의 상황에 알맞게 재구성하며, 반성적으로 고찰할 때에도 언어가 활용된다. 오늘의 경험을 기억하고 미래의 경험을 꿈꿀 때도 바로 언어가 그것을 가능하게 한다. 인간이 삶을 살아가며 타인과 상호작용 하거나 자신 내적으로 구성해내는 과정 등 거의 모든 의미 구성 과정에는 언어가 작용한다. 언어화되어서야만 소통이 될 수 있고, 그 의미가 소통되고 확장되며 제대로 기능을 하게 된다. 심지어는 음악, 미술 등 다른 감각 기관을 활용하는 기호로 의미화된 것을 소통할 때에도 그에 대한 감동을 언어화하여 표현할 때 소통이 가능해진다.

인간의 언어적 소통은 같은 언어권의 문화 창조 및 전승의 역할을 담당한다. 한 문화권에서 언어는 시공간적 한계를 초월한 소통을 가능케 할 뿐 아니라, 그 문화의 확장 및 전승의 기반이 된다. 세계사에 빛나는 발달된 문화가 갖는 대표적 특징은 그 문화권의 언어(특히 문자 언어) 발달을 기반으로 하고 있음은 널리 알려진 일이다. 이는 문화의 창조 및 전승, 발전의 가장 크고 중요한 수단은 바로 언어임을 입증하는 사례이다.

언어는 기호이다. 기호가 갖는 특성 및 한계를 가지고 있다. 언어는 기호이기에 사물이나 사건을 있는 그대로 일대일로 표현할 수 없는 추상성을 가진다. 이를테면 '돌멩이'라는 어휘는 여러 가지 다양한 성분과 모양으로 이루어진 돌멩이 각각의 전체를 대표하는 추상적 기호이지, 이 세상에 존재하는 모든 돌멩이 각각에 대해 따로 따로 언어화하지는 못한다. 이 세상의 모든 은행잎은 똑같은 형태와 모양과 색깔을 가진 것이 없지만, '은행잎'이라는 하나의 어휘 기호로 표현된다. 하나의 어휘가 이러할진대 한 문장으로 표현되는 행위는 무수히 다양할 수밖에 없다. 또 언어는 같은 것을 여러 가지로 분절하여 표현하거나, 역사와 사회의 변화에 따라 언어의 의미와 말소리 및 표기의 관계가 변화하는 특성도 가진다. 인간은 바로 이러한 언어를 통해서 새로운 생각을 무한하게 새롭게 만들어낼 수 있다.

한편 언어의 한계로 지목되는 기호적 특성은 인간의 언어 사용을 매우 고등 수준의 사고 과정을 통한 문화 창조로 이어주는 기능을 수행한다는 역설을 보여준다. 바로 인간이 기호적 언어를 사용하면서 실재(實在)를 상상하거나, 실재를 보면서 언어 기호를 생각해야 하기 때문이다. 인간은 언어로 진리·실재를 이해하고 표현하지만, 진리·실재란 언어 자체가 아니라 그 언어가 전하고 받아들이는 의미에 담겨있다. 그리하여 진리를 이해하고 표현하고 소통하기 위한 언어 사용은 언어의 기계적 사용이 아니라 맥락(脈絡) 속에서 언어 수행자와 상황과 환경에 의해 복합적으로 구성해내는 의미를 소중히 여길 수밖에 없다. 이렇듯 인간의 진정한 의미의 소통을 위한 언어 사용에서는 기본적 사고 능력뿐만 아니라 고등 수준의 창조적 사고력과 상상력이 요구된다.

인간은 언어로 사고하고 표현·이해하며 소통하는 과정에서 그 의미를 다양한 맥락과 더불어 해석하거나 암시하지 않을 수 없다. 언어의 의미는 고정된 말소리나 글자 자체에만 있는 것이 아니라 그것이 존재하고 활용되는 맥락 속의 다양한 요소들과 더불어 구성되는 것이기 때문이다. 인간은 언어로 의미를 소통하는 과정에서 맥락에 기대고 맥락을 활용하며 지속적으로 새로운 의미를 창조해 나간다. 언어는 거대한 문화의 창조와 전승을 가능케 한 핵심 요인이다.

2. 영유아의 언어 발달과 국어교육

영유아기 언어 발달은 통합적으로 이루어진다. 흔히 구분하는 듣기, 말하기 등 음성 언어 능력과 문자 언어 능력이 긴밀한 상호 연관 속에서 통합적으로 발달해 나가는 시기가 영유아기이다. 하지만 여기서는 논의의 편의상 음성 언어 발달과 문자 언어 발달로 구분하여 살펴보고 국어 교육적 시사점을 살펴본다.

가. 음성 언어 발달

1) 듣기·말하기

아기의 첫 언어는 울음이다. 영아가 울음으로 무언가를 표현할 때 부모는 울음에 대해 적절한 반응을 보여주어야 한다. 혼자 울도록 오래 내버려 두거나 무시하는 것은 정서적으로 좋지 않을 뿐 아니라, 의사소통에 대한 이해 차원에서도 좋지 않다. 말을 하지 못하는 아기도 울음이나 재채기, 트림하기 등의 소리를 내는데, 이때 부모가 옆에서 적절한 말이나 소리로 대응을 해주거나 안아주는 등 반응을 보여주는 것은 의사소통의 기본인 상대에 대한 관심과 배려를 익히는 과정이면서 자아 존중감을 형성하는 일이다.

이후 행복하거나 만족한 느낌이 들 때 주로 모음과 관련되는 목 울리기(cooing)를 하고, 생후 3~4개월이 되면 다양한 모음과 자음으로 옹알이(babbling)를 시작한다. 생후 6~9개월이 되면 자음과 모음의 조합이 반복되는 표준적 옹알이(canonical babbling)를 한다. 이 시기에도 부모나 가족이 아기의 옹알이를 들어주고 대꾸하고 반응을 보이며 이야기를 나누는 교감을 하는 것이 필요하다.

생후 12~18개월 사이에 대부분 영아는 '엄마' 또는 '아빠'를 지칭하는 어휘를 말한다. 처음에는 자음에서 시작하여 모음으로 끝나고 같은 소리를 반복하기도 한다. 가족의 호칭이나 '멍멍', '야옹' 같은 친숙한 동물의 이름을 사용하기 시작한다. 이때부터 만 2세 무렵까지 사용하는 어휘 수는 폭발적으로 늘어난다.

영아가 음성 언어를 습득하는 시기에는 여러 가지 말소리를 내는 능력도 필요하지만, 여러 소리 간의 차이를 지각할 수 있어야 한다. 다른 소리와 말소리를 구분하는 능력은 태어날 때 가지고 있지만, 말소리 간의 차이와 그 의미의 차이를 지각하고 내는 능력은 가족과의 상호작용이나 가족의 언어생활에서 영향을 받으며 습득한다.

만 2세경에는 두 개의 어휘를 연이어 문법적 관계가 있는 문장으로 발화한다. 이때부터는 더 복잡한 문장을 구사하게 된다. 다만 조사나 시제를 나타내는 어미 등을 생략하고 사용하기에 이때의 아동 언어를 전보문(telegraphic speech)이라고도 한다.

아동이 말을 배우는 시기에 가족이나 주변 사람의 반응은 매우 중요하다. 영유아가 말을 배울 때 주변 사람의 반응에 따라 일정한 '기대'를 형성하는데, 그 기대에 따라 말하기 과정이나 태도를 학습하면서 성장하기 때문이다. 영유아가 말을 할 때 부모나 가족이 적절한 반응을 보이고, 눈을 맞춰 웃어주고, 안아주거나 적절한 보상을 준다면 그에 맞추어 말하기를 하게 된다. 그러나 무관심하거나 부정적인 반응, 일관성이 없는 반응을 보이면 말하기에 대한 기대를 형성하지 못하게 되어 불안을 느끼고 말하기 상황을 회피하게 된다. 즉 말을 배우는 과정에서 학습된 무기력(learned helplessness)을 갖게 된다. '학습된 무기력'이란 아이가 자신의 기대와 달리 실패와 좌절을 자주 경험하게 됨으로써 특정 행동에 의욕을 잃고 회피하거나 수동적으로 되는 현상을 말한다.

영유아기의 언어 습득 과정에서 학습된 무기력은 초등학교에 입학한 이후 말하기 불안 증세로 나타나기도 한다. 심할 경우 평생 다른 이들 앞에서 말하기를 꺼리거나 말을 할 때 더듬는 등 불안증을 보이기도 한다. 말하기 불안이란 '말하기 과정에서 조마조마하거나 불안함을 겪는 정신적 심리적, 신체적 상태'를 말한다. 심장이 두근거리고 손에 땀이 고이거나, 안절부절못하거나, 말문이 막히는 등 불안 증세를 보이면 말을 할 때 머뭇거리거나 더듬게 되어 말하기 상황을 회피하게 된다. 누구나 상황에 따라 조금씩 말하기 불안을 겪을 수 있지만, 말하기 불안 증세가 심하면 의사소통

장애뿐만 아니라 학업 부진을 유발하게 되어 일상생활이나 학교생활에 좋지 않은 영향을 미친다.

바로 이러한 점에서 학령 전 국어교육에서 더 중요한 것은 음성 언어 교육이다. 특히 말을 처음 배우는 영아기에 그들이 내는 소리에 가족이나 주변 사람이 관심과 애정을 가지고 긍정적 반응을 보여주는 것만으로도 교육적 효과가 크다. 부모와 가족의 관심이 아이가 평생을 살아가는 동안 대화 등 말하기·듣기 상황에서 상대와의 관계를 잘 이해하고 개선하는 능력을 갖게 할 뿐 아니라, 자아 존중감을 길러 자신 있게 말하는 능력을 기르도록 한다.

유아기에 길러야 하는 국어능력 가운데 중요한 또 한 가지는 낱말이나 문장을 듣는 능력이다. 낱말이나 문장의 발음이나 의미를 구별하며 듣도록 주의 집중을 하도록 해야 한다. 또 말에 귀를 기울여 듣고 말하는 사람의 눈빛이나 표정, 몸짓, 분위기를 잘 파악하고 내용과 의미가 무엇인지를 판단하도록 해야 한다.

잘 듣는 능력을 길러주기 위해서 부모와 가족은 유아의 말을 잘 들어줄 필요가 있다. 유아의 발음을 정확하게 구별하며 들으며 가끔은 확인을 하는 모습을 보일 필요가 있다. 또 낱말이나 문장의 의미를 명확하게 식별하기 위해서는 말하는 사람의 표정이나 눈빛 등에 주의를 기울여야 한다는 것을 알도록 해야 한다. 가족 간의 대화에서 상대의 말에 주의 집중하는 태도를 보여주고, 유아가 말을 할 때에도 귀를 기울여 청취하는 태도를 보여줄 필요가 있다.

유아기에 생각이나 느낌을 바르게 말하는 태도를 길러주어야 한다. 자신이 알고 있는 생각이나 감정을 낱말이나 문장으로 정확하게 말하되 듣는 사람을 바라보면서 말하도록 한다. 자신의 말이 다른 사람들에게 정확하게 전달되도록 하기 위해서는 정확하게 발음하면서 말해야 한다는 것을 알도록 한다. 대화의 시공간이나 상대의 연령 및 성별, 친소 관계 등 여러 가지 상황에 따라 사용하는 어휘나 태도가 달라질 수 있음을 경험하도록 한다.

유아는 말하고 듣는 경험을 통해 말하고 듣는 능력을 획득한다. 유아와 가족 친지 간의 다양한 대화 경험의 장을 마련하는 것도 유아기의 중요한 국어교육 내용이다. 대가족이 모여 생활할 때는 다양한 연령대의 가족과 다양한 대화를 나눌 수 있었기에 유아의 대화 경험은 그만큼 더 풍부할 수 있었다. 옛날이야기를 많이 해 주시는 할머니가 있고, 생활의 장이 더 넓은 삼촌이나 고모가 있다면 더 다양한 대화에 참여하거나 여러 가지 유형의 대화 장면을 볼 기회가 있다. 핵가족 시대에는 이러한 점을 고려하여 친지와 가족 행사에 자주 참여하여 여러 가지 상황에서 인사를 하고 대화를 하는 등의 활동을 하도록 해야 한다.

특별히 부모와 자녀 간의 풍부한 대화가 필요하다. 다정한 대화 속에서 자녀의 어휘나 발음에 대한 교정 지도가 가능하며, 자유롭지만 정확한 의사 표현을 할 수 있는 능력을 길러줄 수 있다. 이때도 아이가 대화에서 무시되거나, 부정적인 반응을 많이 경험하게 되면 이후 말하기 불안 증세를 보일 수 있음을 유의할 필요가 있다. 이를테면, "네가 뭘 안다고 나서니?", "또 필요 없는 말을 하는구나.", "잠자코 있어." 등의 부정적 반응이나 무반응, 부모의 기분에 따라 비일관된 반응이 아이들의 자아존중감 형성에 영향을 주고 평생 말하기 태도 형성에도 큰 영향을 미친다.

유아기 듣기·말하기 교육, 특히 말하기 불안 증상의 예방을 위하여 부모가 해야 할 중요한 역할은 아이의 말을 공감적으로 끝까지 들어주는 일이다. 가족의 의견을 이야기할 때 아이도 의견을 말할 수 있게 하고, 아이가 말을 할 때 눈을 맞추고 고개를 끄덕이거나 "으음, 그래서?", "그래." 등의 반응을 보여 아이의 말에 집중하고 있음을 보여주어야 한다. 또 아이가 말을 잘 할 수 있도록 적절한 질문을 하며 격려할 필요가 있다. 예를 들면 "좀 더 이야기 해 볼래?", "더 자세히 말해 볼래?" 등의 질문이나 아이가 생각을 다듬을 수 있는 시간을 가지도록 잠시의 침묵을 끝까지 기다려주는 일이 필요하다. 그리고 아이의 말을 다 듣고 난 후에 부모가 그 내용을 잘 이해했음을 드러내기 위해서 들은 내용을 다시 진술하거나, 해석하여 다시 진술하는 등의 역할을 하는 것이 필요하다.

유아기 아동의 어휘력 향상을 위하여 일상생활에서 활용하는 장난감, 생필품 등 여러 가지 물건의 이름, 쉽게 볼 수 있는 생물과 무생물의 이름, 상품명이나 건물 및 다리의 이름 등을 정확한 발음으로 말해주고 정확한 발음으로 이름을 부르도록 지도할 필요가 있다. 정보 그림책이나 카드를 활용할 수도 있지만, 가급적 다양한 경험 가운데에서 실제 사물을 보며 이름을 부르고 익히도록 하는 것이 더 좋다.

2) 문학 경험하기

부모가 동화를 들려주거나 읽어주는 활동은 유아기 듣기·말하기 능력 향상에 큰 도움이 된다. 동화에 나오는 다양한 상황을 경험하면서 여러 가지 어휘를 듣고 발음을 구별하며 의미를 판별하는 기회를 갖게 해준다. 또 다양한 상황 속에서 즐겁게 낱말과 문장을 이해하게 된다는 점에서 효과적이다. 자연스럽게 동화의 내용에 대해 부모님께 질문하거나 대화를 나눌 수 있게 된다. 또 유아에게 흥미 있고 정서적으로 알맞은 동화를 읽어주거나 들려줌으로써 몰입하여 듣는 태도나 능력을 길러주는 데도 매우 효과적이다. 아이가 흥미를 가지는 이야기나 동화를 선정하여 들려준다면 아이는 자신도 모르게 몰입하는 경험을 할 수 있게 된다.

부모가 동화를 읽어주거나 들려줄 때 기계적으로 글자를 소리 내어 읽어주는 것보다는 동화 속의 등장인물의 성격이나 상황에 따라 목소리의 크기나 강약, 어조를 조절하여 재미있게 들려주어야 한다. 유아용 동화 속의 대화나 설명·묘사 등에는 대체로 같은 문장이나 낱말 등이 반복적으로 사용된다. 여러 번 반복되는 말이나 낱말이 나올 때는 아이에게 뭐라고 말할지 예측하게 하거나 따라 말하게 하는 등 이야기에 참여하거나 이야기 내용을 따라 행동을 해보며 듣도록 한다. 예를 들면, 『아기돼지 세 마리』에서 늑대는 "아기돼지야, 아기돼지야, 나 좀 들여보내줘."라는 똑같은 말을 반복한다. 물론 아기돼지들의 대답도 반복된다. 세 번째 나올 즈음에는 "늑대가 와서 뭐라고 말했을까?"라고 아이에게 말해보게 하여 수동적으로 듣는 것이 아니라 적극적으로 참여하며 듣게 한다.

몰입하여 듣는 능력은 개인의 삶 전반에서 매우 중요한 능력이며 태도이다. 다른 사람의 말을 듣는 능력은 어른에게도 부족하기 쉽다. 하물며 전조작기의 자기중심적 성향에서 아직 벗어나지 못한 유아기에는 강제로 학습시킬 수 없는 능력이기도 하다. 하지만 아이는 스스로 몰입할 수 있는 재미있는 이야기나 동화를 발견하면 끊임없이 반복해서 읽어달라고 요청하기도 한다. 이는 아이가 이미 알고 있는 이야기 내용을 여러 번 확인하면서 다시 듣는 즐거움을 느끼기 때문인데, 아이의 요구대로 몇 번이고 반복하여 읽어주는 것이 좋다. 실제로 이러한 몰입하는 듣기 태도의 근간은 학교에 입학하기 이전에 대부분 형성되며 학교 교육보다는 가정에서의 교육을 통해 이루어진다.

3) 구두언어 중심 문자 교육

국어교육을 말(음성 언어)을 주로 다루는 듣기·말하기 교육과 글(문자 언어)을 주로 다루는 읽기와 쓰기 교육으로 구분하여 말하기도 한다. 하지만, 엄격한 의미에서 말과 글을 분리하여 다루는 일은 일상에서는 많지 않으며, 특히 영유아기의 언어 습득 과정에서는 음성 언어의 습득과 문자 언어의 습득은 매우 밀접하게 연관되어 있다. 영아기에 가장 먼저 '듣기' 능력을 습득하고 그것을 바탕으로 말하기, 읽기, 쓰기 능력을 발달시키기 때문이다. 듣는 능력이 부족하면 말하기, 읽기, 쓰기 능력을 습득하기가 더 어려울 수 있다. 또 음성 언어 발달의 장애는 문자 언어 발달에 지장을 초래하기도 한다.

이를 뒷받침하는 가장 눈에 띄는 증거 가운데 하나는 문자 언어 읽기 과정에 대한 성인과 입문기 아동의 차이점이다. 성인은 문자 언어를 시각적으로 지각하면 곧바로 그 의미를 구성한다. 이에 반해 입문기 아동은 기호로 된 문자 언어를 음성 언어로 바꾸어 청각적 자극으로 바꾼 후에 의미를 구성한다. 이는 소리로 들어야 의미 구성이 되는 단계가 있음을 보여준다. 영유아기에 음성 언어로 된 어휘나 문장의 의미구성 능력을 제대로 습득하지 못한 상태에서는 입문기에 이르러 읽기와 쓰기 등의 문자 언어의 의미 구성을 할 때 어려움을 겪을 수 있다.

영유아기 교육은 매우 통합적이기 때문에 가정에서의 모든 활동은 국어교육과 관련이 있다. 영유아기에 습득하는 모든 지식이나 지각 능력이 모두 다 국어능력획득에 작용한다. 굳이 국어교육을 분리하여 설명하자면, 영유아기에는 구두언어 중심 국어교육이 이루어지지만, 그것이 단순히 구두언어 교육이기만 한 것은 아니라는 점을 기억할 필요가 있다. 영유아기의 구두언어 발달은 문자 언어 발달과 밀접한 관련이 있으며, 인지 능력과 상상력과도 직결된다.

나. 문학적 상상력 발달과 국어교육

상상력은 국어 교과 내의 문학 영역에서 중요하게 다루는 능력이고, 무엇보다도 언어가 상징 기호이기에 국어능력의 전반을 이루는 중요한 요소이기도 하다. 유소년기의 상상력 발달은 언어 발달과 정비례 관계에 있다는 학계의 보고를 유심히 볼 일이다. 언어 발달이 상상력 발달에 도움이 됨을 입증하는 것으로는 유아어 수준에서 언어 발달이 지연되면 상상력 발달 속도가 더디고, 놓아는 때로 상상력이 매우 빈곤하거나 퇴화한다(허승희 외, 1999: 189)고 한다.

상상력을 발달시키기 위해서는 다양한 경험의 장을 확대하는 것과 언어적·비언어적 상징 활동을 확대하는 것이 필요하다. 동화나 동시를 듣거나 말하며 즐기기, 극 놀이하기 등이 여기에 해당한다.

1) 동화나 동시 듣거나 말하며 즐기기

동요나 동시를 듣고 그 내용을 이해하고 즐거움을 느끼도록 하는 것도 유아기 때의 중요한 국어교육 내용이다. 동요나 동시는 언어 사용의 정수(精髓)를 보여준다고 말할 수 있는데, 아이가 언어 발달의 초기에 동요나 동시를 이해하고 즐기면서 획득하게 되는 언어 능력은 평생 살아가며 사용하는 언어의 근간이 된다. 우리말의 가락과 빛깔과 향취를 가장 잘 담고 있는 동시나 동요에 쓰인 아름답고 좋은 언어를 아이들이 익히고 그 재미를 느끼며 평생 아름답고 바른 언어 사용자가 되도록 할 필요가 있다.

유아기 아이들에게 적합한 동요나 동시는 그리 길지 않고 단순한 것이 알맞다. 말놀이 수준의 동시·동요를 선택하되, 장면이 선명하고 어휘나 문장이 반복되어 리드미컬한 호흡으로 언어를 구사한 동시를 선택하는 것이 좋다. 동요는 시디(CD) 등 매체를 활용하여 멜로디와 함께 즐겁게 반복적으로 들으며 따라 부르도록 한다. 동시는 부모와 함께 간단한 동시를 외우거나 말놀이를 하며 반복하여 읊조리도록 한다. 의성어나 의태어 등 동시에 담긴 내용을 몸으로 흉내 내어 보게 하거나 장면을 상상하여 그림으로 그려보는 것도 할 수 있다.

아이들은 동화나 동시를 반복해서 듣기를 좋아한다. 이때 아이는 자신이 알고 있는 이야기 줄거리를 확인하며 들으며 이야기 속 세계를 상상하며 알아간다. 아이는 자신이 알아낸 이야기를 말로 표현할 때도 상상력을 발휘하여 이야기의 전체와 부분을 결합하고 경험을 체계화하거나 확대하고 재구조화한다. 이러한 이야기 이해와 표현 경험은 이후 창조적 능력으로 이어진다. 가정에서 그림동화나 동시를 읽어줄 때 가장 중요한 점은 읽어주는 부모도 스스로 즐거움을 느껴야 한다는 것이다. 읽어주는 사람이 즐거움을 느끼지 못하면 아이의 흥미를 오히려 반감할 수 있다.

가정에서 유아와 함께 그림동화를 읽을 때는 무릎 위에 앉히거나 몸을 맞대고 앉는 등 신체 접촉을 통한 정서적 일치감과 안정감을 주는 것이 좋다. 그림동화를 읽어주기 전에 표지 그림이나 책 제목, 삽화가와 저자를 짧게 소개하면서 내용을 예측해보게 하거나 등장인물을 상상해보게 하여 함께 읽을 그림동화에 흥미를 갖도록 한다. 읽는 이는 등장인물의 성격에 알맞게 적합한 목소리와 편안한 호흡으로 읽어주되, 천천히 똑똑한 발음으로 읽어주는 것이 좋다. 아이의 언어적 수준과 상상력, 주의 집중 시간 등을 고려하여 긴 문장은 축약하고, 꼭 필요하지 않은 문장은 생략할 수 있으며, 어려운 낱말은 이해하기 쉬운 말로 고쳐서 읽어줄 수 있다. 읽는 이가 일방적으로 읽어주기보다는 아이의 표정이나 몸짓 등 반응을 감지하며 읽어주는 것이 좋다.

2) 놀이하기

가정에서 아이들이 마음껏 놀이를 하도록 하는 것도 영유아기의 중요한 국어교육 활동이다. 아이의 놀이를 긍정적이고 열정적으로 도와주고 모델이 되어주는 성인의 역할은 중요하다. 성인이 놀이를 먼저 시작해주고, 놀이 활동을 격려해주는 것은 아이가 행복하게 말을 배우고 상상력을 기르도록 안내하는 일이다. 영유아의 부모와 형제, 조부모, 삼촌, 사촌은 가정에서 아이들과 놀이를 해주는 것만으로도 교육 활동을 하는 사람들이다. 주변 성인의 도움을 받는다면 일상생활의 모든 시간이 말하고 상상하는 놀이의 시공간이 될 수 있다. 알고 있는 그림동화 속 등장인물을 흉내 내거나, 만화 영화의 내용을 흉내 내거나, 시장, 가게, 목욕탕, 병원 등의 시설에서 경험한 것을 흉내 내거나 상상한 것을 표현하며 맡은 역할에 알맞은 대사를 하거나 행동을 취하는 등이 모두 영유아의 언어 발달과 상상력 발달에 도움이 되는 활동이다. 아이들이 종이 인형 놀이, 소꿉놀이, 가족 놀이, 병원 놀이, 학교 놀이, 시장 놀이 등을 할 때 성인이 함께 놀이에 참여한다면 아이들은 더욱 흥겹게 자신의 국어능력을 키워갈 것이다.

다. 문자 언어 발달과 국어교육

본격적인 문자 언어 교육은 초등학교에 입학한 후에 이루어진다. 유아기까지의 음성언어 발달은 학령기의 문자 언어 발달과 매우 밀접한 관계가 있다. 유아기의 음성언어 교육은 문자 언어 교육을 위한 준비의 과정이기도 하다. 그 점을 전제로 하고 여기서는 문자와 직접 관련된 읽기와 쓰기 교육을 중심으로 살펴보기로 한다.

1) 읽기

유아기에 보는 그림책은 여러 가지 종류가 있다. 생물과 무생물, 상품이나 인공물 등의 그림과 그 이름이 적힌 그림 카드형 정보 그림책, 그림만으로 혹은 글과 그림이 함께 이야기를 전개해 나가는 그림동화, 그리고 동시 그림책도 있다. 입문기 읽기 능력의 발달은 단계적으로 이루어진다. 첫 번째 단계는 그림 읽기 단계이다. 그림 읽기 단계는 먼저 이야기가 형성되지 않은 그림 읽기, 즉 그림의 이름을 말하거나 간단하게 설명하는 그림의 행동을 말하는 단계를 거쳐서 이야기를 형성하는 그림 읽기 단계로 나아간다. 이때는 그림을 읽으면서 대화체로 말하거나 독백의 형식으로 말하는 능력을 갖게 된다.

두 번째 단계는 문어식 읽기를 시도하는 단계이다. 이때는 문어식 읽기와 말하기 가 혼합되어 나타난다. 책의 내용과 비슷하게 말하거나 단어나 내용을 암기하여 읽 는 단계가 여기에 해당한다.

세 번째 단계는 글자를 읽는 단계이다. 글자를 인식하면서 그것을 소리 내어 읽으 며 의미를 형성한다. 글자나 단어를 중심으로 읽기를 시도하며 잘 알지 못하는 글자 는 생략하거나 알고 있는 다른 단어로 대체하여 문장과 거의 유사하게 읽기도 한다. 유아기는 글자를 읽기 이전 단계로 글자를 읽지는 못하지만 여러 가지 읽기 관련 지식 및 지각력을 발달시키는 단계이다. 음성 언어 능력을 중심으로 세계에 대한 다양한 지식을 쌓고 지각 능력을 발달시켜야 한다.

유아가 부모와 함께 그림책이나 그림동화를 읽으며 글자를 정확하게 읽어야만 하는 것은 아니다. 그림의 내용에 알맞은 '글자'라는 것이 존재한다는 것을 알면 된 다. 그리고 책이란 '읽는 것'이고 '재미있는 것'이고 '유용한 정보가 있는 것'이라는 인식을 갖도록 하면 그것이 바로 유아기의 읽기 교육이다.

유아기에는 독서에 흥미를 갖고 책을 읽는다는 것의 가치를 높게 갖도록 해야 한다. 책을 드는 방법, 책장을 넘기는 방법, 책이 가진 편리함과 즐거움을 알도록 하는 것이 유아기의 읽기 교육이다. 이를 위하여 부모와 아이가 함께 그림동화의 그림을 중심으로 읽으며 책장을 넘기고, 그림을 중심으로 대화를 하며, 때에 따라 필요한 정보를 습득하기도 하고, 그것이 아이에게 즐거움을 줄 수 있으면 된다.

더불어 가정의 문식 환경을 조성할 필요가 있다. 우선 가족이 책이나 글을 읽는 모습을 자주 보여줄 필요가 있다. 물건을 싼 포장지의 글자를 읽거나, 신문을 읽거나, 사전에서 필요한 자료를 찾거나, 물건 사용 설명서를 읽으며 물건을 사용하거나, 재미있는 이야기를 읽고 그것을 다른 이에게 들려주는 등 글자를 읽는 것이 인간의 삶에서 다양한 문제 상황을 해결하는 유용한 일이며 재미있는 일이라는 인식을 주어야 한다. 또 그림책이나 그림동화를 비롯하여 다양한 책을 비치하고 정리하며 활용하는 환경을 조성하는 것이 필요하다.

2) 쓰기

쓰기 능력 발달도 여러 단계를 거쳐 이루어진다. 첫 번째 단계는 긁적거리기 단계이다. 이때는 글자의 형태는 나타나지 않으나 세로 선이나 가로 선을 그린다. 두 번째 단계는 한두 개의 자형이 우연히 나타나는 단계이다. 세 번째 단계는 의도적으로 한두 개의 글자 형태를 쓰는 단계이다. 네 번째 단계는 가끔 자모의 방향이 틀리지만 글자 형태를 나타내는 단계, 다섯 번째 단계는 단어 쓰기 단계, 여섯 번째 단계는 문장 쓰기 단계이다. 유아기에는 본격적인 문자 쓰기의 이전 단계이다.

유아에게 특별히 쓰기 교육을 하지 않으면 쓰기 능력 발달의 두 번째 단계 정도에 머무는 것이 보통이다. 일반적으로 유치원 교육과정에서는 본격적인 문자 쓰기 교육을 하지 않는 것이 원칙이다. 다만 글자라는 것이 존재하고 그것이 어떤 역할을 하는지 알며 말과 글의 관계를 알 수 있도록 한다. 가정에서는 글로 써서 소통하는 모습을 자주 보여줄 필요가 있다. 가족끼리 메모지에 의견을 적어서 소통하거나, 편지를 주고받아 읽으며 서랍이나 정리함 등에 부모가 직접 이름을 써서 붙이는 모습, 개인의 책이나 가방 등 물건에 가족 개개인의 이름을 써 붙이는 모습 등을 보여줄 필요가 있다. 또 유아 자신의 소지품에 본인의 이름을 부모가 대신 써주고 따라 읽어보도록 하는 등 쓰기를 인식할 수 있는 활동에 참여하도록 하는 것이 필요하다.

글자를 쓸 수 있는 손과 손가락과 팔의 협응 능력을 기르기 위해서 그림을 그리거나 글자는 아니라도 글자 흉내를 내보도록 하는 것도 필요하다. 물건을 만들거나 그림을 그리는 등의 활동은 모두 문자 쓰기를 위한 준비 단계의 교육이 된다. 문자를 쓸 수 있는 다양한 도구 활용의 모습을 보여주는 것도 유아기의 문자 교육 내용이다. 연필과 색연필, 싸인펜 등의 도구를 바르게 잡고 사용하는 방법이나 자세를 가족이 보여줌으로써 학령기에 문자 쓰기에 더 쉽게 다가갈 수 있다.

3. 초등학생의 언어 발달

여기서는 초등학생의 언어 발달 특성을 알아본다. 특히 초기 문해력의 발달과 이후 문자 언어 수행 능력의 발달, 문학 상상력의 발달 정도를 살펴본다.[1]

가. 아동의 초기 문해력 발달

초등 국어과교육은 초등학생, 만 5세에서 만 11세까지 학습자의 발달 특성에 맞춘 교육 활동의 설계와 실행이 강조된다. 국어과교육 중에서도 학습자의 발달 및 경험 특성에 따라 국어과 교육과정의 설계와 실행 내용 및 방법이 달라지기 때문이다. '초등학생'의 국어 능력을 변화시키고자 한다는 점에 초등 국어과교육의 변별점이 놓여있다. 그러하기에 학습자 요인과 그에 적합한 교육 내용 및 방법의 설계와 실행을 위해서 교사는 학습자의 언어 및 언어 관련 발달 특성에 대해 충분히 이해해야만 한다. 여기서는 초등학생의 언어 및 상상력 발달 특성의 연구 성과를 간략히 살펴본다.

초등 학습자의 언어 능력 발달을 개괄적으로 살펴볼 때 가장 큰 특성은 창의적인 언어 능력, 곧 '언어적 창조성'을 획득하는 시기라는 점이다. 특히 구어 발달의 경우

---

1 신헌재 외(2015), 『초등 국어교육학개론』, 박이정, 2부 1장 3절의 내용을 수정 보완한 것임.

초등학생 시기 이전에 언어의 '형식' 발달에서 그 '내용과 사용'의 발달로 확대되어 간다. 그래서 초등학생기 아동의 언어는 레퍼토리의 대화나 발화 맥락에서의 사용 방식이 그 크기도 점점 확대되고 복잡해진다(이승복·이희란, 2005: 469). 또 이전에 비교하여 언어 발달의 속도가 느린 것이 특징이지만 초등학교 시기부터 언어 능력의 개인차가 확연하게 커진다고 한다. 언어적 창의성을 획득하며 개인차가 커지는 언어 발달적 특성은 초등 국어교육의 내용과 방법 면에서 유치원이나 중등 국어교육과 차별성을 요구하는 매우 중요한 시기임을 보여준다.

문어 발달 면에서도 초등 학습자들은 처음으로 본격적으로 문자를 학습하고 활용하기 시작하는 단계라는 점에서 초등 국어교육에 차별성을 부여한다. 문자 언어 발달의 가장 핵심적 시기가 바로 초등 국어교육의 저학년 단계인데, 초등 국어교육은 이후 언어 능력의 기초가 되는 초기 문해력 교육을 포함하고 있다는 점이 큰 특성 중의 하나이다. 입문기 문자 언어 발달의 단계를 〈표 1〉, 〈표 2〉에서 간략히 살펴보자.

〈표 1〉 초기 읽기 능력 발달(Sulzby, 1994)

1단계	이야기가 형성되지 않은 그림 읽기 단계(그림 지배적 읽기 시기) ① 그림의 명칭을 말하거나 간단하게 해설한다. ② 그림이 표현하고 있는 행동을 말한다.
2단계	이야기를 형성할 수 있는 그림 읽기 단계 ① 대화체로 이야기를 말한다. ② 독백 형식으로 이야기를 말한다.
3단계	문어식으로 읽기를 시도하기 단계 ① 문어식 읽기와 이야기 말하기가 혼합된다. ② 책의 내용과 비슷하게 말한다. ③ 단어나 내용을 암기하여 읽는다.
4단계	글자 중심으로 읽기 단계 ① 글자를 인식하지만 읽을 줄 몰라서 '난 못 읽어요.'와 같은 의사를 표현한다. ② 아는 글자를 찾아서 몇 개의 글자나 단어에 집중하여 읽기를 시도한다. ③ 모르는 글자는 생략하거나 알고 있는 단어로 대체하여 문장과 거의 비슷하게 읽는다. ④ 거의 정확하게 읽는다.

<表 2> 초기 쓰기 능력 발달

1단계	끌적거리기 단계 ① 글자의 형태가 나타나지 않으나 세로선이 나타나는 단계 ② 글자의 형태는 나타나지 않으나 가로선이 나타나는 단계
2단계	한두 개의 자형이 우연히 나타나는 단계
3단계	자형이 의도적으로 한두 개 나타나는 단계
4단계	글자의 형태가 나타나지만 가끔 자모의 방향이 틀린 단계
5단계	단어 쓰기 단계 ① 완전한 단어 형태가 나타나지만 가끔 자모음의 방향이 틀린 단계 ② 완전한 단어 형태가 나타나고 자모음의 방향이 정확한 단계
6단계	문장 쓰기 단계 ① 문장 형태가 나타나지만 부분적으로 잘못도 나타나는 단계 ② 틀린 글자 없이 완전한 문장 형태가 나타나는 단계

〈표 1〉에서 보듯이 초기 문자 언어 습득은 그림 읽기나 구두언어와 밀접하게 연결되어 이루어진다. 〈표 2〉에서 초기 쓰기 능력의 발달 단계도 이전 유치원 미숙한 형태의 그리기 단계인 1~2단계를 거쳐 글자, 단어, 문장 쓰기의 능력으로 확대되어 감을 알 수 있다.

초기 문해력을 습득하며 문자 언어 수행 능력이 본격적으로 확대되는 시기의 학습자가 바로 초등 국어교육의 대상으로서 학습자이다. 특히 이 시기 언어 발달 특성인 그 '내용과 사용', 즉 의미 구성 능력의 확대로 이어진다. 초등 학습자의 읽기와 쓰기 능력 발달을 살펴보도록 하자.

나. 문자 언어 수행 능력의 발달

입문기를 지나 문자 언어 수행 능력이 본격적으로 확대되는 시기가 초등학생기이다. 특히 이 시기 언어 발달 특성인 그 '내용과 사용', 즉 의미 구성 능력의 확대로 이어진다. 초등학생의 읽기와 쓰기 능력 발달을 살펴보도록 하자.

<표 3> 천경록(1999)의 읽기 능력 발달 단계

단계	시기	특징
1. 읽기 맹아기	유치원 시기까지	음성 언어 시기 읽기 이전 시기 하향식 모형
2. 읽기 입문기	초등 저학년 (1, 2학년)	문자 지각, 해독, 자소-음소 관계 파악, 음독, 읽기 학습의 시기, 상향식 모형
3. 기초 기능기	초등 중학년 (3, 4학년)	기초 기능 발달 낭독, 음독과 묵독의 과도기 학습 읽기의 시작 주로 상향식 모형과 하향식 모형 보조
4. 기초 독해기	초등 고학년 (5, 6학년)	기초 기능 숙달 묵독, 기초 독해 기능, 학습 읽기의 시기 의미 중심의 글 읽기 하향식 모형과 상향식 모형
5. 고급 독해기	중학 1~2학년 (7, 8학년)	추론, 글 구조 파악, 작가의 관점 파악 및 비판, 상호작용 모형
6. 읽기 전략기	중3~고등1년 (9, 10학년)	초인지, 읽기 전략 구사, 독자와 작자와의 사회적 상호작 용임을 이해, 상호 작용 모형
7. 독립 읽기기	고등학교 2학년 이후	교양, 학문, 직업 세계의 읽기, 상호 작용 모형

〈표 3〉에서 초등학교 저, 중, 고학년에 해당하는 단계는 '읽기 입문기', '기초 기능기', '기초 독해기'이다. 이때 초등학생은 상향식에 의거한 입문기 읽기 능력을 갖추고, 점차 의미 중심의 하향식 모형을 보조적으로 활용하는 기초기능기를 거쳐, 읽기에서 글자 중심과 의미 중심의 기능의 상향식 하향식 모형을 모두 아우르며 글을 읽는 기초 독해기에 도달한다. 이는 중·고등학생의 고급독해를 위한 기초 능력이 된다. '읽기 맹아기'는 유아기의 특성이다.

한편, 베레이터(Bereiter)는 숙련된 필자가 갖추고 있어야 할 능력을 문자 언어로 표현의 유창성, 아이디어 생성의 유창성, 작문 규칙 및 관습에 대한 통달, 예상되는 독자를 적절히 고려할 수 있는 능력과 관련되는 사회적 인지 능력, 우수한 글에 관한 감상력 및 비판력, 재생적 사고력 및 통찰력의 여섯 가지로 보았다. 그는 쓰기 능력 발달 특성을 제시하였는데 그 내용을 정리하면 다음 〈표 4〉와 같다(박영목 외, 1988: 352~359).

〈표 4〉 베레이터의 쓰기 능력 발달 단계

단계	특징
단순 연상적 작문	- 머릿속에 떠오르는 생각을 그대로 옮겨 적는 자료 중심적 정보처리 단계. - 아이디어 생성의 유창성 부족. 문자 언어에 의한 표현 유창성 부족. 통일성과 일관성, 응집성이 결여된 글을 씀.
언어 수행적 작문	- 단순 연상적 작문 단계의 필자들이 문자 언어 어법 및 문체에 관한 규칙이나 관습에 충분히 익숙해진 단계. 맞춤법, 문장부호, 통사 구조 등에 대한 지식을 갖출 뿐만 아니라 실제 쓰기에서 자동적으로 활용이 가능함.
의사소통적 작문	- 언어 수행적 작문 단계의 필자들이 사회적 인지기능을 갖추게 되면 의사소통적 단계에 도달함. 예상 독자에게 특정한 영향을 미치기 위해 필요한 장치를 할 수 있음. 눈에 보이는 친숙한 독자에서 점차 눈에 보이지 않는 덜 친숙한 독자를 대상으로 할 수 있게 됨.
통합적 작문	- 예상 독자를 고려함과 동시에 필자 스스로 독자가 되어 독자의 입장을 반영하며 글을 씀. 스스로의 글에 대해 평가와 피드백이 가능하여 글을 다듬게 됨. 스스로 즐기기 위해서 글을 쓰게 됨.
인식적 작문	- 자문행위를 함으로써 확산적 사고 및 수렴적 사고를 보다 원활하게 할 수 있는 단계임. 여러 가지 하위 기능들을 충분하고 완전하게 축적한 후 필자가 재생적 사고 역량이 충분할 때 가능함. 높은 수준의 문학 작품 등 창조적 사고의 생산이 가능함.

위의 〈표 3〉, 〈표 4〉에서 보는바, 초등 학습자의 읽기 능력 발달은 대체로 읽기 입문기 및 기초 기능과 기초 독해기에 해당한다. 또 쓰기 능력 발달은 단순 연상적, 언어 수행적 작문 단계와 의사소통적 단계의 초기에 해당한다.

초등 학습자가 언어 형식에 어느 정도 숙달된 이후에 상위 언어적(metalinguistic)

능력이 발한다. 주로 초등 저학년에서 시작하여 점차 탈중심성이 발달하면서 메시지의 의미와 언어적 정확성에 주의를 기울이며 처리하거나, 문법적 수용 가능성을 판단하거나, 받아들일 수 없는 문장을 수정하는 능력이 점차 증가하게 된다(이승복·이희란, 2005: 532~533).

다. 문학 상상력 발달

초등학생의 문학 능력과 관련하여서 정서 지능과 상상력의 발달을 살펴보기로 한다. 정서 지능의 발달 면에서 초등학생 시기에는 사람들이 느끼는 정서와 그들이 허위로 표현하는 정서를 잘 구별하지 못하다가, 아동기에는 얼굴 표정이 그들이 느끼는 정서를 표현하는 것이 아님을 알게 되는 정도로 정서에 대한 이해력이 발달한다. 또한 사춘기 이전부터 정서 이해 능력은 성인기까지 계속 발달하는데 언어 능력이 뛰어나고 자아 발달 수준이 높은 사람들이 더 성숙한 방식으로 자신의 정서적 경험을 서술한다(정옥분 외, 2005: 120~122).

언어 발달과 상상력의 발달은 일정한 관계가 있는데, 아동이 상상 세계를 풍부하게 표현하기 위해서는 일정한 수준의 언어 발달이 기반이 되어야 한다(허승희 외, 1999: 189). 아동의 상상력 발달은 언어 발달과 정비례 관계에 있다는 보고를 입증하는 것으로는 첫째, 유아어 수준에서 언어 발달의 지연은 상상력 발달을 위해 절대적으로 필요한 상징 기능의 발달을 더디게 한다(Luria, 1989). 또, 농아의 경우는 상상력이 현저하게 빈곤하거나 때로는 완전히 퇴화 상태이다. 언어는 사물의 표상을 쉽게 형상화할 수 있게 하며, 전에 본 일이 없는 대상도 능히 상상할 수 있게 하므로, 언어 발달이 늦은 아동은 상상력 발달도 늦다(Vygotsky, 1932)고 본다.

독일 구조주의 심리학자들 또한 언어 발달이 상상력 발달의 강력한 주춧돌 역할을 한다는 것을 밝히고 있다. 언어는 아동을 직접적 인상으로부터 자유롭게 하고 어떤 대상에 관해서 아동의 표상이 형성되는 것을 돕는다. 언어는 아동에게 보이지 않는 많은 것을 상상하고 그것에 관한 생각을 펼치는 가능성을 주기 때문이다. 언어의 도움을 통해서 아동은 직접적인 인상의 지배로부터 자유로워질 수 있고, 자신의 현재를 넘어서게 된다고 한다.

아동의 상상력의 발달 단계를 허승희 외(1999)의 연구를 참고하여 정리하면 다음과 같다.

〈표 5〉 아동의 상상력 발달

1단계	재생적 상상력 - 단순한 재생, 기억과 반사 운동의 연합에 의한 상상력 - 예를 들면 복숭아나 과일을 생각하는 것만으로 군침이 도는 것
2단계	자발적 재생의 상상력 - 개념에 대한 연상 등 좀 더 자유로운 사고 활동 포함. - 예를 들면 복숭아를 먹으며 그것을 재배한 농부나 과수원을 생각하는 것
3단계	정신적 심상의 연합 능력 - 여러 가지 심상을 연합하여 하나의 사실로 정리할 수 있는 상상력 - 현실과 관련된 상상력이 아니라 혼자만의 공상으로 끝나버릴 수 있는 상상력
4단계	구성주의적 상상력 - 상상력의 가장 높은 형태로 사람이 심상을 새롭게 조합하기 위해 의도적 혹은 계획적으로 마음의 심상을 정렬시키는 것 - 예술에서의 창조, 과학에서의 발명 등

한편 초등학생의 독서 능력의 발달 과정 또한 초등 국어과교육에서 중요하게 고려해야 하는 한 요인이다. 초등학생의 독서 능력 발달에 대한 이재승(2004: 26~28)의 내용을 요약하면 다음과 같다.

발생적 독서기(출생에서 5세까지)

빠른 속도로 언어를 학습한다. 이 단계의 끝부분에서 간판이나 상표를 읽을 수 있고, 글자와 비슷한 것을 쓰기도 한다.

신비적인 이야기나 의인화된 이야기를 좋아하며 반복적이고 리듬적 요소가 들어 있는 이야기를 좋아한다.

초기 독서기(유치원에서 초등 1학년)

사고를 통해 물체나 생각을 조작할 수 있고 어느 정도 인과관계를 설명할 수 있다. 추상적인 것을 이해하는 데에 어려움이 있다.

쉬운 책을 많이 읽게 해서 독서 기능 계발의 기회를 많이 주어야 하며 간단하고 삽화가 많으며 쉬운 어휘와 짧은 문장으로 된 독서 자료를 제공하는 것이 좋다.

독립 독서기(2학년에서 3학년까지)

글 읽기의 유창성이 어느 정도 늘어나서 의미에 좀 더 집중할 수 있다. 이야기 외에 정보 글에 대한 독서로 범위가 확장된다.

자아 중심성에서 벗어나고 있기에 다른 사람의 삶이 들어있는 이야기에 흥미를 가질 수 있다. 유머가 풍부한 이야기를 좋아하고 공상적인 것을 즐긴다.

학습 독서기(4학년에서 6학년까지)

독해 전략을 활용하여 글을 읽는다. 정보적 글 읽기에 관심이 많아진다.

취미, 미스터리, 스포츠에 관한 이야기에 흥미가 있으며, 이야기 속 주인공에게 감정이입을 할 수 있다. 글에 대한 자신의 판단을 표현할 수 있다.

추상적 독서기(7학년 이상)

추상적으로 사고할 수 있는 형식적 조작기에 들어서기 때문에 복합적인 가설이나 다양한 관점을 이해할 수 있다.

논리적인 태도로 독서를 평가하며 독서에 대한 흥미도 다양하고 개인화된다.

초등학생의 음성 언어 및 문자 언어 발달 특성이나 상상력 발달 특성은 그들을 대상으로 하는 초등 국어과교육의 중요한 성격을 결정한다. 초등 국어과교육은 초등 학습자의 인지, 정서적 특성과 그들의 삶을 바탕으로 하지 않을 수 없기 때문이다. 초등학생의 언어 발달 수준이나 상상력 발달 수준, 독서 능력 발달 수준 등 학습자 요인을 면밀하게 고려하면서 교육 내용을 설계하고 실행하여야 한다는 점은 중등이 나 성인 교육과 비교되는 초등 국어과교육의 가장 특징적인 성격이라고 볼 수 있다.

/ 제 3 장 /
기초 문식성 교육

1. 기초 문식성 교육

가. 문식성의 개념과 발달 이론

문식성(literacy, 文識性)이란 의사소통을 목적으로 하는 문자 언어의 사용 능력, 즉 모어로 읽고 쓸 수 있는 능력을 가리킨다. 처음에는 '읽고 쓸 줄 아는 능력'이라는 좁은 의미로 사용되다가 최근에 와서는 그 의미가 확장되며 문식성의 유형을 나누어서 인식하기 시작하였다. 일반적으로 발달적 측면에서 기초 수준의 문식성과 고등 수준의 문식성으로 나누어진다(서울대 국어교육연구소, 1999: 260).

여기서 기초 문식성(basic literacy)은 '한글 해득을 포함하여 짧은 글을 읽고 이해하며, 자신의 생각을 문장으로 쓸 수 있는 정도의 기초적 수준의 읽기·쓰기 능력(이경화·이수진 외, 2019: 15)'을 의미한다. 일반적으로 기초 문식성 교육은 초등학교 1~2학년군의 학습자가 도달해야 할 능력이라고 생각되므로 초등 저학년 시기에 중요하다(이경화, 2017). 고등 문식성은 추론, 분석, 비판, 해석 등의 사고력을 요하는 읽기, 쓰기 능력을 말한다. 기초 문식성과 고등 문식성은 분절되는 것이 아니라 연속선상에 있는 문식성의 정도를 표현한 것이다.

문식성을 발달 측면에서 설명하기 위해 발생적 문식성(emergent literacy)라는 용어를 사용하기도 한다. "발생적 문식성은 어린 아동이 자라면서 문식성의 기초 조건들을 갖추어 가는 것이다. 가령, 책은 의미를 담고 있다는 것, 왼쪽에서 오른쪽으로 읽는다는 것, 위에서 아래로 읽는다는 것 등을 알아가는 것(류덕제 외, 2012: 68)"을 말한다. 아동의 문식성 발달 즉, 초기 문자 습득은 음운 능력 발달과 밀접히 관련된다. 즉, 음운 지식을 바탕으로 문자에는 그에 대응하는 소리가 있다는 것, 단어가 자소로 분절된다는 것 등을 알게 된다(최미숙 외, 2016: 428).

노명완·이차숙(2002)은 문식성 발달 이론을 성숙주의, 행동주의, 상호작용주의로 구분하여 설명하고 있다. 여기서도 문식성 발달에 대한 관점의 변화를 성숙주의적 관점, 행동주의적 관점, 상호작용주의적 관점, 사회적 상호작용의 관점으로 나누어 살펴보고자 한다.[1]

1) 성숙주의적 관점

문식성 발달에 대한 성숙주의자들의 견해는 1920년대, 1930년대에 성행하였으며 글을 읽고 쓸 수 있는 정신 능력이 인간의 신체 발달과 마찬가지로 저절로 발달한다는 것이다. 이 관점에 따르면 읽기와 쓰기 지도는 아동이 가장 효과적으로 배울 수 있는 적절한 시기가 있으므로 이를 기다렸다가 그 때가 되면 시작해야 한다는 것이다.

성숙주의자들은 읽기 학습의 최적 시기는 대개 6~6.5세 경으로 본다. 만약 이 시기까지 아동이 글자를 익히지 못한다면 그 원인은 학습 준비의 부족이라고 여겼다. 그리고 보다 나은 교육적 방법을 강구하기 보다는 아동이 충분히 성숙할 때까지 기다려서 학습을 하는 것이 옳다고 믿었다.

2) 행동주의적 관점

행동주의에서는 문식성 지도에 있어서 잘 조직된 경험이 정신적 성숙보다 중요하다고 생각하였다. 그래서 학습 자료와 과업을 쉬운 것에서 어려운 것으로 배열하고, 각 단계에 따라 적절한 연습의 기회를 제공하고자 하였다. 학습에 대한 이러한 인식의 변화에 따라 읽기 지도는 발달적인 요인보다 환경적인 요인을 더 강조하는 쪽으로 변화하였다.

체계적인 지도를 강조하는 행동주의적 관점에서의 읽기와 쓰기 지도는 일련의 기능들을 낮은 순서에서 높은 순서로 하나씩 가르치고자 한다. 그리고 이 관점에서

---

[1] 문식성 발달 이론에 대한 위 내용은 노명완·이차숙(2002)의 67~76쪽에서 주요 내용을 발췌한 것으로 류덕제 외(2012)의 64~67쪽에서 정리한 내용이다.

의 학습 효과는 학습 목표로 제시된 기능의 습득 여부를 측정함으로써 판가름한다.

3) 상호작용주의적 관점

상호작용주의적 관점은 성숙주의적 관점과 행동주의적 관점의 절충적인 관점이다. 상호작용주의적 관점은 아동이 그가 속한 물리적 환경과 상호작용을 함으로써 지식을 습득한다는 것이며 대표적 학자는 피아제(Piaget)이다. 그에 의하면, 아동은 현재의 인지 구조에서 이해할 수 있는 환경적인 자극은 동화(assimilation)시키고, 사고 수준을 넘어서는 새로운 차원의 환경적 자극은 조절(accommodation)하여 그들의 사고 형태를 수정하고 변화시킨다는 것이다. 그러므로 동화와 조절은 아동이 학습을 하는 가장 기본적인 과정이다. 즉 아동의 인지 발달이나 언어 발달은 아동이 환경과의 상호 작용 속에서 인지적 갈등(cognitive conflict)을 일으킬 때에 이루어진다.

그런데 상호작용주의적 관점은 언어 발달을 자극과 반응 이론으로 설명하는 행동주의적 관점과 차이점이 있다. 상호작용주의적 관점은 언어 발달에 있어서 아동의 능동적인 참여를 강조하여 '안에서 밖으로(inside-out)'의 성향을 강조한다. 즉 아동은 그들이 속한 물리적 환경 속에서 스스로 탐색하고 문제를 찾으며 가설을 설정하고 검증하여 규칙을 찾는 역동적인 존재로 인식한다. 이에 비하여 행동주의적 관점은 '밖에서 안으로(outside-in)'를 강조하여 아동을 수동적인 존재로 인식한다. 아동을 단순히 수동적인 존재로만 보았던 행동주의적 관점의 제한을 극복하려 했던 상호작용주의적 관점도 제한점을 가진다. 즉 아동의 지식 구성은 스스로 준비가 되어 있지 않은 한 타인의 도움을 받을 수 없으며 이는 지극히 개인적이며 주관적인 행위로 본 것이다.

4) 사회적 상호작용주의적 관점

사회적 상호작용주의적 관점은 아동의 발달이 생득적인 요소와 함께 사회적 상호작용의 경험에 따라 달라진다고 믿으며 비고츠키(Vygotsky)가 대표적인 학자이다. 그에 따르면, 개인의 정신적 과정은 사회·문화적인 기원을 가지며, 개인의 변화는 역사적이고 사회적인 변화의 영향을 받는다는 것이다. 즉 아동들이 다른 사람과 의사소통하는 것이 이들의 정신적 기능 발달에 매우 중요한 요소가 된다. 이는 인간의 고등 정신 기능은 언어에 의해 개인 간 심리 기능(inter-psychological functioning)이 개인 내 심리 기능(intra-psychological functioning)으로 전환된다는 것을 의미한다. 왜냐하면 언어는 아동의 정신적 성장에 매우 중요한 자극제이며 주변 환경과의 상호 작용 경험이 아동의 정신적 성장에 중요한 요소로 작용하기 때문이다. 그러나 더욱 중요한 것은 여러 가지 방법으로 아동의 언어적인 성장을 자극하는 성인의 도움이다. 이러한 성인의 도움은 아동의 '근접 발달 영역(ZPD, zone of proximal development)'에 서 일어나야 하며 개인의 정신적 기능은 사회적 기능에 의해 결정되고, 개인의 정신 적 기능의 구조는 사회적 환경을 비추는 거울로 볼 수 있다.

사회적 상호작용주의적 관점과 상호작용주의적 관점의 차이는 아동의 학습에서 성인의 교수적 역할(instructional role)을 인정하느냐 하지 않느냐 하는 것이다. 즉 비고츠키(Vygotsky)는 아동의 학습에서 성인의 교수적 역할을 주장하였으며 외적 언 어(external speech)는 사고의 내면화를 위한 첫 단계라고 생각하였다. 그러나 피아제 (Piaget)는 외적 언어는 단지 아동 사고의 현재 수준을 나타내어 줄 뿐이며 더 높은 수준의 사고를 위한 자극제가 되지는 못한다고 생각하였다.

이상의 네 가지 문식성 발달의 관점을 비교하면 다음과 같다.

〈표 1〉 문식성 발달 이론의 비교(류덕제 외, 2012: 67)

	성숙주의 관점	행동주의 관점	상호작용주의 관점	사회적 상호작용주의 관점
인간관	- 생리적 존재	- 생물적 존재	- 합리적 존재	- 사회적 존재
언어관	- 언어는 학습의 대상 - 음성언어가 문자 언어보다 우선	- 언어는 학습의 대상 - 음성언어가 문자 언어보다 우선	- 언어는 사고를 반영 - 음성언어와 문자 언어 차이에 관심 없음	- 언어는 사고를 촉진 - 음성언어와 문자 언어를 구별하지 않음
문자 언어의 학습관	- 일정한 정신 연령이 되어야 문자 언어 학습 가능 - 일정한 정신 연령 이전에는 가르쳐 주어도 배우지 못함 - 음성언어 습득 이후에 문자 언어 습득이 이루어짐	- 체계적으로 가르치면 조기 문자 언어 학습 가능 - 음성언어 습득 이후에 문자 언어 습득 이루어짐	- 사고 발달 단계에 따라 언어 습득이 이루어짐	- 출생 직후부터 성인과의 상호작용을 통해 문자 언어 학습 - 가르치지 않아도 문식 환경 속에서 자연스럽게 배움 - 음성언어와 문자 언어가 동시에 호혜적으로 습득됨

교육에의 시사점	- 문자 언어 지도 이전에 학습 준비도 혹은 읽기 준비도에 관심	- 문자 언어 지도 이전에 음성언어 지도를 꾀함 - 교수 내용과 방법의 체계화 꾀함 - 조기 교육을 권장함	- 사고를 촉진하고 발달시킬 수 있는 자극과 환경 제공	- 풍부한 문식 환경의 조성을 강조함 - 아동과 성인의 언어적 상호작용을 강조
기타	1920~30년대	1960년대	Piaget 중심	Vygotsky 중심

문식성 발달 이론은 성숙주의, 행동주의, 상호작용주의로 변화하여 왔지만 반드시 한 가지 관점이 옳다고만 보기는 어렵다. 예를 들어 문자 언어 교육의 적기는 학습 준비도가 충분히 갖추어진 이후인데, 이에 대해서는 성숙주의 관점이 시사하는 바가 크다. 학습자의 특성이나 환경적 특성에 따라 어떤 관점이 가장 의미있는지 생각해 볼 필요가 있다. 또한 개인의 특성에 따라 읽기, 쓰기 능력이 발달된 시기나 계기가 다양하므로 어떤 관점이 어떤 부분을 설명할 수 있는지 생각해 볼 필요가 있다.

나. 초기 문자 지도 방법

기초 문식성을 신장시키기 위해서는 문자교육의 입문기에 해당하는 초등 1~2학년 시기에 한글 해득을 포함한 기초적 읽기, 쓰기를 어떻게 가르칠 것인지가 중요하다. 초기에 문식성의 기초를 다지지 못하면 고등 수준의 문식성 신장에도 영향을 미치는 것은 물론이고, 다른 교과 학습에도 막대한 지장이 있다. 기초 문식성 교육을 '한글 해득을 포함한 기초적 읽기·쓰기 능력 교육'으로 보고 지도 방법을 살펴보겠다.

읽기와 쓰기 과정을 어떻게 보느냐에 따라 초기 문자 지도 방법이 달라진다. 현재 대표적으로 논의되고 있는 문자지도의 방법에는 발음 중심의 지도 방법과 의미 중심의 지도 방법이 있으며, 실제로는 두 가지 방식의 단점을 보완한 절충식 지도법이 활용되는 경우가 많다(박정진, 1997; 노명완·이차숙, 2002; 이경화, 2006).

발음 중심 지도 방법은 기본적으로 문자는 작은 단위가 모여 큰 단위를 구성한다고 생각하며, 자모음 단위와 음절 단위를 중점적으로 가르친다. 그래서 문자 언어의 가장 기초적인 기능인 자소-음소의 대응 관계를 익히는 것에서 시작하여, 낱말과 문장 수준으로 올라간다. 자모의 체계를 가르치는 자모법과 음절의 짜임을 가르치는 음절법이 대표적인 지도 방법이다.

'자모법'은 '기역니은식 지도법'이라고도 한다. '강'을 지도할 때, 음절을 한 글자로 가르치지 않고, 'ㄱ'과 'ㅏ', 'ㅇ'의 세 단위로 분리하여 가르친다. 다시 말해 'ㄱ'에 'ㅏ'를 더하면 '가'가 되고 다시 'ㅇ'을 더하면 '강'이 된다는 식이다. 철자 위주의 분석적인 지도 방법이다. 이 지도 방법은 한글 자모의 명칭과 모양 변별 학습, 자음과 모음의 음가 학습, 자음과 모음이 결합하여 음절을 이루는 원리의 학습 등으로 이루어진다. 음절들이 공유한 동일한 음소를 깨닫게 하고 동일한 음소를 공유한 음절들은 발음의 유사성을 지닌다는 것을 인식시키는 지도 방법이다. 초성 자음, 중성 모음, 종성 자음 연습의 세 가지 읽기 지도가 있다. 기본음절표를 활용하여 지도한다(류덕제 외, 2012).

'음절법'은 '가갸식 지도법'이라고도 한다. 하나하나의 음절을 가르치되 그 음절의 구조와 결합원리 그리고 각 자소의 음가를 비교할 수 있도록 분석적으로 가르친다. 자모식과 비슷하나, 기본음절표를 이용하여 음절 사이의 자모와 자모의 음가를 체계적으로 비교 식별하게 함으로써 자소-음소 대응 관계를 지도한다는 점이 특징이다.

의미 중심 지도 방법은 문자를 통한 의미 구성은 학습자에게 의미 있는 큰 단위, 즉 글 속에서 이루어질수록 유리하다고 생각한다. 언어 기능을 분절하여 가르치는 것이 의미가 없으므로, 학습자에게 의미있는 낱말과 문장 중심의 교육이 효과적이라고 본다. 대체로 그림이나 이야기와 함께 익히도록 해서 학습자가 적극적으로 의미 구성을 하도록 유도한다. 대표적인 지도 방법에는 단어법과 문장법이 있다.

'단어법'은 시각 어휘(sight word)나 학생들이 자주 사용하는 낱말을 중심으로 지도한다. 문자로 쓰여 있는 낱말 전체의 모양을 지각하게 하고 그 낱말의 발음과 글자 모양 전체를 기억시키는 것이다. 문자를 낱말 단위로 제시하고 교사가 그 낱말을 읽으면서 학생들이 따라 읽게 함으로써 특정한 낱말 글자와 그 음성기호를 동일한 것으로 기억하게 하는 것이다. 무의미한 단어의 기계적인 암기보다는 진일보한 방법이다. 그러나 모든 글자를 다 시각화하여 지도할 수 없는 어려움이 있다.

'문장법'은 처음부터 단문을 읽히면서 그 속에 나오는 낱말의 모양과 문맥의 의미를 통해 문자를 학습하도록 한다. 이 방법은 새 낱말의 뜻과 처음 읽는 문장의 뜻을 추론하는 단서를 어린이 스스로 찾아낼 수 있도록 한다. 단어 자체의 의미 파악, 문맥 속에서의 단어 의미 파악, 단어의 시각적 형태의 파악에 강조점이 있다. 구조주의나 형태주의 심리학이 반영되어, 사물에 대한 이해는 전체로부터 부분으로 분석해 들어가야 한다는 생각과 같은 궤를 가진다(류덕제 외, 2012).

발음 중심의 지도 방법과 의미 중심의 지도 방법은 각기 장점과 단점을 동시에 지닌다. 발음식은 문자를 체계적으로 가르칠 수 있고 몇 가지 규칙으로 수많은 문자를 가르칠 수 있다는 장점이 있지만 입문기 학습자의 수준에 맞지 않아 흥미가 떨어진다는 단점이 있다. 의미식은 학습자의 흥미와 능동적 의미 구성을 유도할 수 있다는 장점이 있지만 한글의 구성 원리를 명시적으로 가르치지 않는다는 단점이 있다.

두 가지 방법의 단점을 보완하기 위한 절충식 지도법은 발음 중심과 의미 중심의 방식을 적절히 혼용하는 것인데, 특히, 의미식(낱말식, 문장식)에서 발음식(자모식, 음절식)을 거쳐 다시 의미식으로 접근하는 방법(박공미, 1997)을 가리킨다. 문자에 대한 아동의 자발적 흥미를 유도하면서 입문기 문자교육을 시작하는 한편, 적절한 시기에는 원리학습을 강조하여 효율적으로 지도한다는 것이다.

5차 교육과정 이후의 초등 1학년 국어과 교과서를 살펴보면, 학습자에게 익숙한 낱말과 간단한 문장에서 시작하여 문자에 조금 익숙해질 때 자모법 지도를 병행하는 절충식 방법을 채택하고 있음을 알 수 있다. 그러나 대체로 이런 접근 방식을 절충식이라고 부르고 있을뿐, 구체적으로 가르쳐야 할 내용의 순서와 방법에 대해서는 연구가 거의 이루어지지 않았다.

최근 언어교육 분야에서는 발음 중심과 의미 중심 중 어느 한 쪽에 치우치지 않고 균형 있게 적용할 것과 읽기와 쓰기 활동의 균형을 강조하는 활동을 제안하고 있는데, 이것이 바로 균형적 접근법(balanced approach)이다. 균형적 접근법은 발음을 강조하는 기능중심 접근법과 의미를 강조하는 총체적 언어접근법을 아동의 필요와 상황에 맞추어 적절하게 병용함으로써 언어 기능의 습득과 함께 고차적 사고력의 향상도 동시에 도모한다(Honig, 1996; 이차숙, 2005).

균형적인 접근법에서는 의미 중심에서 강조하는 의미 있고 상황적인 언어 사용이 가능하도록, 실제적 이유가 있는 읽기와 쓰기 활동들을 가능한 많이 경험하고 문자에 대해 아동들이 동기와 흥미를 지속시킬 수 있도록 의미 있는 문학 자료들을 가능한 한 많이 제공한다. 그리고 발음 중심 접근법에서 강조하는 낱자지식, 음운지식, 자모 체계의 이해, 자소-음소의 대응 관계 이해, 단어 재인, 그리고 어휘력 등의 기초 기능들을 체계적이고, 직접적이며, 명시적인 방법으로도 가르친다(이경화 외, 2008: 65).

이와 같은 균형적 접근법의 특성을 고려하였을 때 다음 원리에 유의하여 지도해야 한다(이경화·이수진 외, 2019). 첫째, 지도 순서 면에서 발음 중심과 의미 중심의 지도 내용을 효과적으로 병행해야 한다. 대체로 지금까지 입문기 문자 교육의 지도 순서는 '의미 중심 → 발음 중심 → 의미 중심'의 순으로 이루어져왔다. 학습자에게 친근한 낱말을 통해 문자에 관심을 가지게 하고, 어느 정도 문자에 익숙해지면 음절과 음소 단위를 인식하고 글자의 짜임을 이해하게 한 후, 문장과 글 단위의 글을 접하는 식이다. 한글 문해 교육 대상자의 보편적 연령과 발달 특성을 고려하면 이와 같은 지도 순서가 대체적으로 적절하다. 그러나 학습자의 특성이나 발달 수준에 따라 특정 단위의 언어 지도에 집중해야 할 필요도 있으므로 학습자 개별화 지도를 위하여 지도 내용을 보다 상세화해야 한다.

둘째, 지도 방법 면에서 발음 중심과 의미 중심의 두 지도법을 적절히 혼합하여 지도해야 한다. 두 가지 방법을 교대로 취하는 것이 아니라 균형적 접근법은 활동과 제재 면에서도 균형을 추구해야 한다. 기본 음절표, 낱말 카드, 문장 카드, 시, 이야기, 그림책 등 여러 언어 단위를 인식하고 친숙해질 수 있는 언어 자료를 제시해야 한다. 또한 주체적으로 읽기와 쓰기를 즐기는 능동적 활동과 정확하게 읽고 쓰기를 자동화하는 활동을 동시에 활용해야 한다.

셋째, 균형적 접근에서는 학습자의 문식성 발달과 개인차를 고려해야 한다. 즉 문자의 의미를 알고 있으나 읽기에 곤란을 가진 학습자에게는 발음 중심 지도를 적용하고, 읽기를 유창하게 하나 문장의 의미 파악에 어려움을 가진 학습자에게는 의미 중심 지도를 적시에 제공한다. 이를 위해서는 학습자의 발달 수준에 대한 정보를 풍부하게 제공해주는 진단 도구가 매우 중요하다.

넷째, 균형적 접근법은 언어 기능의 습득과 함께 고차적 사고력의 향상도 동시에 도모해야 한다. 균형적 지도에서는 학습자에게 무의미한 음운 인식 지도를 할 때에도 재미있는 그림책 안에서 찾게 하거나 게임이나 놀이 활동과 연계하여 긍정적인 문자관을 길러준다. 균형적 접근에 따르면 인지적, 정서적 요인들이 문식성 발달에 복합적으로 영향을 주므로 한글 해득과 고등 문식성의 연계를 면밀히 고려해야 한다.

2. 한글 교육의 이해

가. 한글 교육의 중요성

한글 교육은 그 자체로서도 중요하지만 아동이 문자와 관련하여 최초로 성취감을 얻는 도전이기도 하다. 초등학교에 입학한 아동은 한글 교육을 통해 문자와 문자로 할 수 있는 일에 대하여 자신감을 가지게 되고, 장차 생애 독자, 생애 필자로서의 소양을 기르게 된다. 이 시기의 한글 교육은 학교나 가정에서 한글로 할 수 있는 다양한 경험을 발굴하여 자연스럽게 한글 해득은 물론이고 기초적인 읽기, 쓰기 능력을 길러주어야 한다.

한글 교육은 초등 저학년 시기 학습의 거의 전부라도 해도 과언이 아니다. 2015 교육과정이 발표될 당시 핵심 쟁점 중의 하나가 '한글 책임 교육'이었다. 교육부에서는 2015 교육과정의 총론 및 각론을 발표하면서 공교육에서 한글교육을 책임지겠다는 '한글 책임 교육' 정책을 표방하였고 2017년부터 교육 현장에 적용되고 있다.

한글 책임 교육이란 국가가 공교육을 통해 한글을 책임지고 지도하여 학교 교육에 대한 신뢰도를 제고한다는 정책이다.[2] 한글교육을 체계적으로 강화하여 1학년 때 모든 학생들이 한글을 해득할 수 있도록 지원한다는 것이 정책의 골자인데, 국어과 교과서의 한글교육을 강화하고 타교과의 한글 난이도를 조정하는 한편 한글 해득 수준 진단 도구인 〈한글 또박또박〉을 개발하여 2018년부터 초등학교 현장에서 활용하고 있다. 주요 내용은 1학년 1학기에 집중적인 한글 익히기 학습을 하기 위해 한글 교육 시수를 기존의 27시간에서 68시간으로 확대했다. 그리고 2학기 개학 후 〈한글 또박또박〉으로 한글 해득 여부를 진단, 미해득 영역에 대해서는 〈찬찬한글〉 등 다양

---

2 한글 책임 교육에 대한 설명은 이수진(2021)의 2장 '한글책임교육의 현황과 전망'을 요약한 것이다.

한 학습 자료를 활용하여 개별지도를 실시한다.

진단 도구인 〈한글 또박또박〉은 읽기, 쓰기, 유창성의 영역으로 나누어지며 1학기 말~2학기 초에 1차 진단을 시행하고 2학기 중에 개별 맞춤 학습을 진행한 후 2학기 말에 학생의 성장 결과를 가정에 안내하도록 되어 있다. 〈찬찬한글〉은 기초학력향상 지원 사이트인 KU-CU에 탑재되어 있는 콘텐츠로 발음 중심 교수를 위한 자료이다. 〈찬찬한글〉은 훈민정음 제자 원리와 발음 중심의 한글 해득 프로그램이라고 설명되어 있고, 프로그램 구성은 '모음, 자음, 받침 없는 단어 읽기, 복잡한 모음, 복잡한 모음 단어 읽기, 대표받침(7종성), 대표받침 단어 읽기, 복잡한 받침, 복잡한 단어 읽기'의 순서로 되어 있다. 〈한글 또박또박〉과 프로그램이 거의 유사하므로 진단 결과 미흡한 세부 영역별 보정 자료로 활용하기에 용이하다.

한글 책임 교육의 의미는 초등학교 저학년 학생들이 한글 미해득이나 기초 읽기, 쓰기 능력 부족으로 학교 생활과 다른 학업에 어려움을 느끼지 않게 한다는 것이다. 정책적으로 초등학교 저학년의 한글 교육을 기초부터 책임지고 지도하기 위한 것이므로 초등 1, 2학년에 필요한 문해력을 목표에 두어야 할 것이다. 초등 1, 2학년군 성취기준에서 필요한 문해력은 짧은 글을 유창하게 읽고 자신의 생각을 문장으로 표현하는 정도의 수준이다. 물론 한글교육에서 가장 기초이자 핵심인 부분은 한글 해득 능력이지만 한글 책임 교육은 더 나아가 기초적인 쓰기나 읽기 능력을 갖추는 것까지 의도해야 바람직하다.

2022 개정 국어과 교육과정에서도 한글 교육의 강화 기조는 계속되어 국어 시수를 34시간 증배하였다. 국어과 교육과정 개정의 쟁점 중 하나는 '기초 문식성 교육 강화'였다. 2022 개정 국어과 교육과정에서는 기초 문식성 교육과 자기주도적으로 학습하는 능력, 타인과 협력하며 학습하는 데 필요한 능력에 대한 교육을 강화하고자 하였다. 최근 학생들의 국어 성취도와 문식성이 지속적으로 하락하고 있는 추세임을 고려하여, 국어 교과 학습 시간을 34시간 증배하고 한글 해득과 기초 문식성 교육을 강화하고자 하였다

나. 한글 교육의 내용

체계적인 한글 교육을 위해서는 중요한 내용을 선정하고 위계화할 필요가 있다. 여기서는 현재 이루어지는 한글 교육 내용을 파악하기 위하여 교육과정에 명시된 성취기준을 중심으로 살펴보고, 학술적으로 연구되고 있는 한글 교육 내용 요소들을 살펴보겠다.

2015 국어과 교육과정은 한글 책임 교육 정책을 시행하기 위하여 이전 교육과정에 비하여 기초 문식성 관련 성취기준을 늘렸을 뿐 아니라 한글 해득을 위한 수업 시수를 대폭 늘렸다. 2015 국어과 교육과정의 초등 1~2학년군을 중심으로 기초 문식성과 관련된 성취기준은 다음과 같다.

〈표 2〉 2015 국어과 교육과정의 한글 교육 관련 내용(초등 1~2학년군)

학년군 성취기준	취학 전의 국어 경험을 발전시켜 일상생활과 학습에 필요한 <u>기초 문식성</u>을 갖추고, 말과 글(또는 책)에 흥미를 가진다.		
	읽기 영역	쓰기 영역	문법 영역
영역 성취기준	<u>한글을 깨치고 읽는 활동</u>을 통해 글의 내용을 이해할 수 있는 <u>기초적인 읽기 능력</u>을 갖춤.	<u>한글을 깨치고</u> 학습자가 학교생활을 하면서 자신의 생각이나 학습 결과를 문자로 표현하는 데 필요한 <u>기초적인 쓰기 능력</u>을 갖춤.	학습자가 <u>기초 문식성</u>을 습득하여 학교에서의 국어생활에 원활히 적응하도록 함.
한글 해득 관련 성취기준	[2국02-01] 글자, 낱말, 문장을 소리 내어 읽는다.	[2국03-01] 글자를 바르게 쓴다.	[2국04-01] 한글 자모의 이름과 소릿값을 알고 정확하게 발음하고 쓴다.
기초적 읽기· 쓰기 관련 성취기준	[2국02-02] 문장과 글을 알맞게 띄어 읽는다. [2국02-03] 글을 읽고 주요 내용을 확인한다.	[2국03-02] 자신의 생각을 문장으로 표현한다.	[2국04-02] 소리와 표기가 다를 수 있음을 알고 낱말을 바르게 읽고 쓴다.

초등 1~2학년군의 학년군 성취기준과 영역별 성취기준을 보면 기초 문식성 도달을 얼마나 강조하고 있는지 알 수 있다. 읽기, 쓰기, 문법 영역에 한글 해득과 관련된 성취기준이 하나씩 제시되어 있다. 기초적 읽기·쓰기 능력에 대한 성취기준의 경우 읽기 영역에서는 문장과 글 단위의 이해, 쓰기 영역에서는 문장 단위 표현 수준을

요구한다. 문법 영역에서는 기본적인 맞춤법을 고려한 읽기와 쓰기 능력을 요구한다.

2022 개정 국어과 교육과정에서는 한글 교육과 기초 문식성 교육의 강화를 위하여 수업 시수를 34시간 증배하였다. 2022 개정 국어과 교육과정의 초등 1~2학년군을 중심으로 기초 문식성과 관련된 성취기준은 다음과 같다.

〈표 3〉 2022 개정 국어과 교육과정의 한글 교육 관련 내용(초등 1~2학년군)

영역 성취기준	읽기 영역	쓰기 영역	문법 영역
한글 해득 관련 성취기준	[2국02-01] 글자, 단어, 문장, 짧은 글을 정확하게 소리 내어 읽는다.	[2국03-01] 글자와 단어를 바르게 쓴다.	[2국04-01] 한글 자모의 이름과 소릿값을 알고 정확하게 발음하고 쓴다. [2국04-02] 소리와 표기가 다를 수 있음을 알고 단어를 바르게 읽고 쓴다.
기초적 읽기·쓰기 관련 성취기준	[2국02-02] 의미가 잘 드러나도록 문장과 짧은 글을 알맞게 띄어 읽는다. [2국02-03] 글을 읽고 중심 내용을 확인한다.	[2국03-02] 쓰기에 흥미를 가지며 자신의 생각이나 느낌을 문장으로 표현한다.	[2국04-03] 문장과 문장 부호를 알맞게 쓰고 한글에 호기심을 가진다.

2022 개정 국어과 교육과정에서 주목할 점은 한글 학습 강화에 대한 요구와 관련하여 교육과정 내용 체계의 하위 범주로 읽기 영역에서는 '읽기의 기초', 쓰기 영역에서는 '쓰기의 기초', 문법 영역에서는 '한글의 기초와 국어 규범 범주'를 신설하였다는 것이다. 또한 해독과 독해 기능 신장을 위해 필수적인 읽기 유창성에 대한 교육을 강화하기 위해 1~2학년에 짧은 글을 빠르고 정확하게 읽기를 3~4학년에는 의미를 효과적으로 표현하며 유창하게 읽기를 연속성 있게 배치하였다.

교육과정상의 '성취기준 적용 시 고려 사항'에서는 '낱자, 글자, 단어, 문장'에 대한 순차적이고 체계적인 학습을 제공함으로써 입학 초기 기초 문식성을 지원하도록 한다. 특히 단어를 다룰 때는 소리와 표기가 일치하는 단어부터 소리와 표기가 일치하지 않는 단어로 학습 범위를 점차 확장하여, 소리와 표기가 일치하지 않지만 자주 쓰이는 단어를 어법에 맞게 적고 바르게 읽을 수 있도록 지도한다. 이를 통해 한글 학습 및 맞춤법의 기초를 닦을 수 있도록 한다(교육부, 2022).'라고 밝히고 있다.

최근에는 한글 교육 내용 요소를 추출하는 연구들도 이루어지고 있다. 한글 해득 진단 검사 도구의 평가 영역들을 분석한 연구(이경화 외, 2018; 이경화·이수진 외, 2019)에서는 평가 구인을 통해 한글 교육 내용을 추출하였다. 이경화 외(2018)는 한글해득 평가 구인과 한글 해득 모형에 대한 선행 연구를 참고로 하여 한글 해득 평가 구인 영역을 한글 해득 준비도, 음운 인식, 해독 및 낱말 재인, 문장 청해, 글자 쓰기, 유창성의 6개로 설정하였다. 이경화·이수진 외(2019)는 기존의 국내외 초기 문해 진단 도구들의 평가 영역을 분석하여 한글 해득 평가 구인 영역을 한글 문해 준비도, 음운 인식, 낱자 지식, 글자 소리 대응 지식, 해독, 어휘력, 글자 쓰기, 유창성의 8개로 설정하였다.

이 연구들은 한글 문해력을 설명할 수 있는 평가 구인 영역들을 밝힘으로써 한글 해득을 위한 교육 내용이 어떻게 구성되어야 하는지 시사하고 있다. 또한 문장 청해나 글자 쓰기 영역을 포함함으로써 기존의 한글 해득 활동이 읽기 영역에 치우쳐 있던 문제를 보완하였다.

교육부와 경상북도교육청에서 공동 개발하여 2021년에 보급한 한글 학습 요소별 교수·학습 자료인 『한글 한마당』에는 이들 연구를 기반으로 한글 교육의 내용 영역을 '소리 구별하기(음운 인식)', '낱말 읽기(해독)', '글자 쓰기', '낱말 익히기(어휘력)', '자신 있게 읽기(유창성)'의 다섯 가지로 나누었다.

'음운 인식'은 소리를 정확하게 듣고 구별하고 결합하는 능력을 말한다. 한글 해득 능력을 갖추려면 낱말을 이루는 낱자의 소리를 식별할 수 있고, 또 그런 소리들이 결합되어 낱말이 된다는 사실을 알며, 말소리의 최소 단위인 음소를 변화시킬 수 있어야 한다. 낱말, 음절, 음소 수준에서 소리를 인식하는 훈련은 초등학교 입학 후의 학습 활동에 포함되므로 한글 학습 내용 영역으로 〈소리 구별하기〉를 설정하였다.

'낱자 지식'이란 자·모음 낱자의 모양을 변별하고, 자·모음 이름을 아는 것을 의미하고, '글자·소리 대응 지식'은 글자와 소리와의 규칙적 관계 등에 관한 지식을 말한다. 이들은 단어 해독의 선행 요건이 된다. 낱자와 소리의 관계를 알고 대응 규칙을 학습하면 글자·소리 대응이 일치하는 낱말을 읽고 쓸 수 있게 있으므로 '해독(decoding)'이 가능하게 된다. 초등 1학년의 한글 학습에서는 해독을 위한 훈련과 낱자 지식, 글자-소리 대응 지식의 습득이 자연스럽게 연계될 수 있으므로 이들을 통합적으로 〈낱말 읽기〉 영역으로 설정하였다.

'글자 쓰기'는 언어의 음성을 문자로 기록하고, 낱말의 의미를 알고 쓸 수 있는 능력으로, 전사(transcription)와 글자 쓰기(의미)를 의미한다. 전사는 언어의 음성을 문자로 기록하는 것으로 덮어 쓰기, 따라쓰기, 옮겨 쓰기(베껴 쓰기), 듣고 받아쓰기 등을 말한다. 그리고 글자 쓰기(의미)는 자신이 쓰는 낱말의 의미를 알고 글자를 쓰는 것을 말한다. 이런 학습 활동을 〈글자 쓰기〉 영역으로 설정하였다.

한글 해득은 글자를 발음하고 단어의 의미를 파악하고 쓸 수 있는 능력으로, 단어 재인과 글자 쓰기를 의미한다. 단어 재인과 글자 쓰기를 위해 필수적인 것이 바로 '어휘력'이다. 초등 한글 교육에서는 풍부한 어휘를 접하고 어휘력을 신장시키는 것이 중요하므로 〈낱말 익히기〉 영역으로 설정하였다.

'읽기 유창성'이란 글을 빠르게, 정확하게, 적절하게 읽는 능력을 말한다(National Reading Panel, 2000). 한글 교육이 더 높은 수준의 읽기, 쓰기 교육을 위한 밑바탕이 되려면 유창성 신장을 위한 훈련 또한 중요한 부분이므로 〈자신 있게 읽기〉 영역을 설정하였다. 『한글 한마당』에서 범주화한 한글 학습 내용은 다음과 같다.

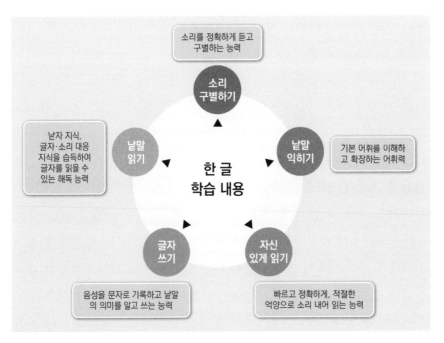

〈그림 1〉「한글 한마당」의 다섯 가지 한글 학습 영역(교육부·경북교육청, 2021: 5)

다. 한글 교육의 방법

1) 한글 해득의 진단 방법

문식성의 기틀을 마련하는 출발점이 공식적 국어교육을 시작하는 초등학교 1학년 시기이므로, 이 시기에 한글 문해력을 성취하는 것은 학생들에게 가장 중요한 과업이다. 한글 미해득이 발생하는 경우 학습 부진이 지속적으로 누적되는 것은 물론이고 학교 생활 전반과 정서적 측면에 부정적 영향을 미치게 된다.

이경화·이수진 외(2019)에서는 한글 해득 진단의 필요성을 다음과 같이 제시하고 있다. 첫째, 한글 미해득 학생을 조기에 선별할 수 있다. 둘째, 한글 미해득 학생별 중재 방안을 강구할 수 있다. 셋째, 한글 해득 수준에 대한 정보를 제공할 수 있다. 넷째, 학습 부진 학생을 예방할 수 있다. 다섯째, 난독증, 쓰기 장애 등 집중 지원이 필요한 학생을 조기에 선별할 수 있다.

한글 해득은 제도권 교육의 초입에 선 학령 초기 학생을 대상으로 하기 때문에 정확한 진단이 매우 중요하고 이에 따른 심화·보충 교육도 적절하게 이루어져야 한다. 따라서 신뢰성 있는 한글 해득 진단 도구가 꼭 필요하다. 진단 검사 결과에 따라 적절한 지도 방법과 맞춤형 지도 자료의 제시 또한 필요하다.

현재 대표적으로 활용되는 한글 해득 진단 도구는 〈한글 또박또박〉이다. 〈한글 또박또박〉은 교육부에서 한글 책임 교육을 지원하기 위해 교육과정과 교과서를 분석하여 만든 웹 기반 지원 시스템이다. 학생의 한글 해득 수준을 5분 이내의 짧은 시간 동안 진단 후 결과를 분석하여 학생에게 필요한 교수·학습 자료와 정보를 제공해 주는 식으로 되어 있다.[3]

교육과정의 내용을 기반으로 하여 학생의 한글 해득 정도를 진단하는 〈한글 또박또박〉은 2018년부터 초등학교 현장에서 활용되고 있다. 1학년 1학기에 집중적인 한글 익히기 학습을 실시한 후 7월 말~9월 초에 〈한글 또박또박〉을 활용하여 한글 해득 여부를 진단하게 된다. 미해득 영역에 대해서는 〈찬찬한글〉등 다양한 학습 자료 활용하여 개별 지도를 실시하도록 권장한다. 〈찬찬한글〉은 훈민정음 제자 원리와 발

---

3 〈한글 또박또박〉은 http://www.ihangeul.kr/로 접속하여 사용할 수 있다.

〈그림 2〉 한글 또박또박 첫 화면

음 중심 한글 해득 프로그램으로 한글 미해득 학생과 한글 읽기에 어려움이 있는 학생을 위한 것이다.

한글 해득 진단 영역은 읽기, 쓰기, 유창성 영역으로 제공하고 있으나 읽기 영역의 비중이 절대적으로 높은 편이고 〈한글 또박또박〉의 보정자료인 〈찬찬한글〉 역시 해독의 비중이 높은 편이다(이수진, 2021). 교사들 역시 〈한글 또박또박〉의 한계로 인한 어려움을 가지고 있는데(이경화 외, 2018: 10) 진단 도구와 보정자료 모두 해독 학습의 비중이 절대적으로 높아서 문장 수준의 읽기나 쓰기에 대한 진단과 보정교육 자료가 빈약하여 더 넓은 범위를 진단할 수 있는 진단 도구와 보정 자료를 보완할 필요가 있다.

그 외 다양한 진단 도구들이 있는데 〈웰리미(이경화 외, 2018)〉는 온라인 상에서 이루어지는 표준화 한글 해득 진단 검사이다.[4] 한글 해득 준비도, 음운 인식, 해독 및 낱말 재인, 문장 청해, 글자 쓰기, 유창성 영역으로 진단 영역이 구성되어 있다.

4 〈웰리미〉는 http://hg.mirae-n.com으로 접속하여 사용할 수 있다.

2) 놀이 중심 한글 교육

초등학교 1학년 시기에 중점적으로 이루어지는 한글 교육은 초등학교 저학년 학습자의 특성에 맞는 방법을 탐색할 필요가 있다. 대체로 생활 중심, 놀이 중심의 교육 방법을 강조하는 편인데 최근에는 놀이 중심 교육이 특히 강조되고 있다. 초등 저학년 시절의 아동에게 놀이는 곧 생활이고 공부이다. 이 시절에는 혼자 책상에 앉아 읽고 쓰는 것보다 몸을 움직이고 친구들과 함께 놀며 공부하는 것이 더 적절하다. 놀이와 학습이 결합하여 이루어질 때 아동에게는 잊지 못할 경험이 되고 학습의 효과도 올라간다.

언어는 학생들이 일상생활에서 즐기는 놀이와 밀접하게 관련되어 있다. 놀이 중심의 한글 교육은 유아 교육에서는 일반적이지만 초등학교 저학년 시기 한글 교육에서는 본격적으로 활용되지 않고 있다. 초등학교 입학 후에는 보다 형식적인 언어교육을 선호해왔고 놀이학습의 비중이 그리 크지 않았기 때문이다.

현재의 공교육에서는 한글 교육의 유·초 연계가 충분하다고 보기는 어려운 상황이다(이승미·박순경·김중훈, 2017). 만 5세 누리과정의 한글 교육 관련 내용은 주변에서 친숙한 글자에 대한 관심과 흥미를 가지는 것이고(교육부, 2015), 초등학교 1학년부터는 체계적인 한글 해득 교육을 실시하도록 되어 있다. 초등학교 1~2학년군의 성취기준은 한글의 자모음의 음가를 알고 자모의 결합에 따라 만들어지는 글자를 읽고 쓰는 수준을 요구한다(교육부, 2017). 즉 놀이 중심 통합 활동에서 교재를 활용하는 형식적인 교과 학습으로 급격한 전환이 이루어진다.

유치원에서 놀이 중심, 주제 중심의 학습 방식에 익숙해져 있는 초등학교 1학년들에게 형식적인 한글 교육으로의 급격한 전환은 어려운 일이다. 이 간극을 메워주기 위해서는 학습자들에게 익숙한 학습 형태로 한글 교육이 이루어지도록 지원할 필요가 있다. 정적이고 경직된 문자 공부로 한글을 접할 것이 아니라 동적이고 즐거운 놀이로 한글에 친숙해지게 해야 한다.

초등학교 1학년 때 집중적으로 이루어지는 한글 교육은 놀이 활동과 연계함으로써 여러 가지 효과를 볼 수 있다. 국어과 교과서나 지도서에 제시된 학습 활동 중에도 놀이 활동의 형태로 되어 있거나 놀이 활동으로 재구성할 수 있는 것들이 다수 있다. 그 외에도 아이들이 이미 유아기에 접해 본 놀이 활동이나 초등학교 입학 초기 적응 활동을 한글 교육과 연계시켜서 재구성할 수도 있다. 이렇게 국어과 교과서나 지도서의 활동, 입학 초기 적응 활동, 기존의 자발적 놀이 활동을 한글 해득과 관련된 학습 목표와 연계시켜서 의도적으로 체계화한 것을 '놀이 중심 한글 교육'이라 할 수 있다.

2022 국어과 교육과정의 '성취기준 적용 시 고려 사항'에서도 "학습자가 한글 학습에 흥미를 느끼고 지속적으로 참여할 수 있도록 몸으로 문자를 표현하는 등의 신체 놀이, 첫음절이 같은 단어를 다양하게 떠올려 보는 연상 놀이 등을 활동 중심 수업과 연계하여 지도할 수 있다(교육부, 2022: 15)."라고 권장하고 있다. 이는 한글 교육 방법이 놀이 중심, 체험 활동 중심을 지향해야 함을 확인할 수 있다.

초등학교 1학년 시기에 놀이 중심 한글 교육을 함으로써 얻을 수 있는 효과는 다음과 같다. 첫째, 초등 저학년생의 인지발달, 언어발달 단계에 맞으므로 학습자의 발달 특성에 맞는 한글 교육을 할 수 있다. 둘째, 놀이를 형성해주는 요소들은 서로 다른 수준의 학습자도 즐겁게 활동할 수 있게 한다. 셋째, 학습자의 학습동기와 흥미를 유발 시키므로 학생이 적극적으로 참여하는 수업을 가능하게 한다. 넷째, 다양한 언어 기능들과 통합적으로 이루어질 수 있다. 다섯째, 자아존중감과 학습에 대한 긍정적인 태도 형성에 도움을 줄 수 있다.

이수진(2020)은 놀이 중심 한글 교육이 성립되려면 학습자 특성면에서 초등학교 1학년 시기에 흥미와 즐거움을 느끼며 할 수 있는 놀이 형성의 요소가 있어야 할 것, 학습 내용 면에서는 한글 교육에 기여하는 활동이어야 할 것, 활용 면에서는 다양한 수준의 학습자가 참여 가능하게 하여 수준별 한글 수업 운영에 기여해야 할 것을 제안했다. 그리고 놀이와 학습의 두 가지 요소를 갖춘 놀이 중심 한글 교육을 위해 놀이 요소는 조작 활동, 우연·행운, 신체 활동, 사회적 상호작용으로 범주화하고, 한글 교육 요소는 한글 문해 준비도, 음운 인식, 글자 소리 대응 지식, 해독, 어휘력, 글자 쓰기, 유창성의 7개 영역으로 나누고 영역별 놀이 활동의 특징을 제시하였다.

이민아 외(2021)에서는 다양한 한글 놀이를 소개하고 있는데 예를 들어 '자모음 짝꿍 만나기'는 해독을 학습 내용으로 하는 신체 놀이이다. 자음 모둠과 모음 모둠으로 나누어 팀에 따라 자모음자 붙임 딱지를 몸에 붙이고 각 모둠의 한 명씩 만나 글자를 만드는 놀이이다. 몸을 움직여서 경쟁하는 신체 놀이이므로 모든 학생들이 즐겁게 참여할 수 있으며, 동시에 자음자와 모음자를 조합하여 글자를 만드는 경험을 반복적으로 하여 자연스럽게 해독 능력도 신장시킬 수 있다.

놀이 방법

① 자음 모둠과 모음 모둠 두 편으로 나누어서 각 모둠에 맞는 자음자, 모음자 붙임 딱지를 몸에 붙이고 한 줄로 마주 보고 선다.

② 자음 모둠과 모음 모둠에서 각각 한 명씩 가운데로 나와 만난다.

③ 남은 친구들은 두 친구의 몸에 붙은 자음자와 모음자를 조합한 글자를 모두 함께 외친다.

④ 가운데로 한 명씩 나온 친구들은 가위바위보를 하고 진 사람은 이긴 사람과 함께 이긴 사람 팀의 줄 맨 끝으로 간다.

⑤ 각 팀에서 다음 사람들이 나와 놀이를 계속하고 팀의 모든 친구들이 다 가위바위보를 해서 놀이가 끝나면 사람 수가 더 많은 팀이 이긴다.

〈그림 3〉 한글 놀이의 예(이민아 외, 2021: 115)

3. 기초적 읽기 · 쓰기 지도

가. 읽기 지도

기초적 읽기 능력은 짧은 글을 읽고 이해할 수 있는 수준을 의미한다. 이 정도의 읽기를 하기 위해서는 문자 언어를 읽어낼 수 있는 해독 능력, 의미를 이해하는 독해 능력, 글을 적절한 속도로 읽는 유창성 등을 필요로 한다. 여기서는 기초 읽기 능력을 구성하는 개념들과 일반적인 지도 원리를 살펴보겠다.

1) 기초적 읽기 능력

읽기 능력은 해독과 독해가 통합적으로 작용하는 과정이다. 해독(decoding)은 문자 언어를 음성언어로 전환할 수 있는 능력을 말한다. 예를 들어 '오이'라는 낱말이 있으면 이를 소리내어 [오이]라고 읽는 것, 즉 문자 기호를 음성화하는 과정이다. 해독하기는 읽기 행위에서 가장 기초가 되는 능력이며 초기 독자의 경우 해독을 능숙하게 할 수 있도록 반복 연습하여 자동화하는 것이 중요한 과업이다.

동시에 독자는 해독하기 과정에서 그 낱말의 이미지를 떠올리거나 의미를 파악할 수 있어야 한다. 그러나 기호는 소리내어 읽었지만 그 의미를 모르는 경우도 있다. 소리내어 읽기만 하고 뜻을 모르는 경우는 읽기 능력을 지녔다고 볼 수 없다. 의미를 파악하는 독해가 함께 이루어져야 한다.

독해(reading comprehension)란 글의 의미를 파악하고 자신의 것으로 만드는 일련의 과정을 말한다. 글의 기호를 해독한 후 그 의미를 파악하고 각각의 의미들을 연결하는 독해 과정은 의미 구성의 과정이라고도 볼 수 있다. 독해를 위해서는 먼저 문장이 어떤 뜻인지 이해할 수 있어야 한다. 그리고 읽고 있는 글의 문장과 문장의 의미를 연결하고, 문단과 문단의 의미를 연결한다. 이런 과정이 능숙하게 이루어져야 이후 글의 전반적인 의미를 파악할 수 있다.

기초 문식성에서 중요한 요소인 읽기 유창성(reading fluency)은 글을 빠르게, 정확하게, 적절하게 읽는 능력을 말한다(National Reading Panel, 2000). 방상호 · 윤준채(2021)는 선행 연구에 기반하여 읽기 유창성을 구성하는 세 가지 요인인 정확성, 자동성, 표현성에 대하여 설명하고 있다. 정확성은 올바르게, 자동성은 빠르게, 표현성은 감정을 실어 읽는 능력을 말하는데, 세 가지 측면 모두 읽기 능력 발달 측면에서 국어가 지닌 특성과 긴밀한 관련을 맺는다.

정확성(accuracy)은 단어를 정확하게 재인하는 능력을 말하며, 자동성(automaticity)은 단어 재인이 저절로 되는 일로 읽기 속도와 관련된다. 최근 교육 현장에서는 읽기 속도가 유창성 정의에서 중요한 부분을 이루면서 유창성 지도를 위해 주로 속도 훈련에 치중하는 경향이 있지만, 유창성의 신장 측면에서 표현성 또한 중요하다. 표현성(prosody)은 운율성으로 지칭되기도 하며 의미 이해와 관련된다. 음독 시 적절한 표현으로 읽는 아동이 그렇지 못한 학생보다 묵독 이해력이 더 좋다. 이러한 발견은 표현성이 정확성, 자동성 못지않게 국어 능력 발달에서 중요한 역할을 한다는 사실을 시사한다(방상호·윤준채, 2021).

2) 초기 읽기 지도의 원리

초기 독자를 위한 읽기 지도에서 유의할 점을 몇 가지로 정리해보면 다음과 같다. 첫째, 기초적 읽기 능력을 기를 수 있도록 다양한 읽기 기회를 충분히 제공한다. 한글 미해득이나 읽기 부진으로 독립적으로 읽지 못하는 학생들에게는 교사의 읽어주기가 필요하다. 가정의 문식성 환경이나 사회적 특성 등 여러 가지 원인 때문에 문자 언어 접촉 기회가 적은 학생들에게는 교사가 직접 책을 읽어주는 것이 효과적이다. 교사가 책을 읽어주면 학생들은 교사의 언어와 책 내용에 집중하게 되고 책에 대한 흥미가 자연스럽게 진작될 수 있다.

둘째, 문자 기호를 음성화하는 해독 연습과 문장을 이해하며 의미 구성하는 독해 활동을 병행해야 한다. 글을 읽는 과정은 해독과 독해가 통합적으로 작용한다. 대체로 해독 능력이 먼저 발달하고 이후 해독 능력을 바탕으로 독해 능력이 발달하게 되지만 해독 능력이 완성된 후에 독해 능력이 발달하는 것은 아니다. 독해 능력의 발달이 해독의 능숙함에 영향을 받기도 하므로, 어느 정도 해독이 가능해진 학습자에게는 해독과 독해 활동을 병행해야 한다.

셋째, 학생의 읽기 발달 특성을 파악하여 이에 맞는 개별화된 지도를 해야 한다. 아직 문장 읽기도 어려워하는 학생에게 완결된 글 읽기를 시키는 것은 도움이 안 된다. 독해의 과정은 복잡하여 한 편의 글을 읽기 위해서는 문장 이해하기, 문장 연결하기, 문단 이해하기, 문단 연결하기, 글 전체 이해하기가 모두 필요하다. 능숙한 독자에게는 이들이 거의 동시에 일어나지만 초기 독자에게는 순차적인 연습이 필요하다. 학생의 읽기 수준에 맞는 적절한 학습을 제공하며 단계적으로 수준을 높여가야 한다.

넷째, 읽기 오류를 잘 관찰하여 정보를 얻는다. 읽기 능력이 발달하는 과정에서 다양한 읽기 오류가 발생하며 이는 자연스러운 현상이다. 때로는 학생이 적극적으로 의미 구성을 하고 있다는 단서가 되기도 한다. 학생이 어떤 형태의 오류를 많이 보이는지 관찰하고 이에 맞게 지도하는 것이 중요하다.

다섯째, 읽기 유창성의 발달은 지속적으로 이루어지므로 충분히 반복 연습한다. 기초 문해력을 갖추는 데에 읽기 유창성 발달이 중요함에도 불구하고 그간 교육적 관심이 부족한 편이었다. 이는 읽기 유창성이 초기 독자의 음독 활동에만 국한된다는 오해에서 비롯된 것이다. 무조건적인 반복 연습보다는 읽기 동기를 유발하는 상황을 제공하여 읽기에 흥미를 갖도록 하는 것도 중요하다. 지루하지 않도록 동일 내용이라도 변화를 주어 반복 학습을 하도록 한다.

학습 시간에는 물론이고, 일상생활에서도 학교 안내판, 학급 게시판, 광고지 등 주변에서 접할 수 있는 읽기 자료를 보고 스스로 읽기 활동에 적극적으로 참여할 수 있도록 관심을 기울여 지도한다. 나아가 가정에서도 쉽게 접할 수 있는 읽기 자료를 보고 정확히 소리 내어 읽고 알맞게 글을 읽는지 점검하도록 안내하여 학교 안팎에서의 기초 읽기 능력이 균형 있게 발달할 수 있도록 한다(교육부, 2022).

나. 쓰기 지도[5]

기초 문식성 교육은 읽기와 쓰기의 균형을 맞추는 것도 중요하다. 초기 쓰기 기술의 발달은 읽기 능력 신장에도 긍정적 영향을 주기 때문이다. 또한 초기에 쓰기 능력의 발달이 지체되면 지속적으로 누적되어 고등 문식성으로의 발전이 어려울 뿐 아니라 대처가 시기적으로 늦을수록 따라잡기 어려워진다. 따라서 쓰기 능력에 문제가

---

5 '기초 쓰기 지도' 부분은 이수진(2018)의 일부를 발췌한 것이다.

있을 경우 조기에 발견하는 것이 중요하다.

기초적 쓰기 능력은 문장 단위로 생각을 표현하고 쓸 수 있는 수준을 의미한다. 이 정도의 쓰기를 하기 위해서는 음성 언어를 옮겨서 표현하는 전사 능력, 생각을 문장화할 수 있는 구성 능력을 필요로 한다. 여기서는 기초 쓰기 능력을 구성하는 개념들과 일반적인 지도 원리를 살펴보겠다.

1) 기초적 쓰기 능력

기초 문식성에서의 쓰기 영역, 즉 초기 쓰기의 경우, 자모 지식, 글자 표기 지식, 음운 인식, 형태 인식, 어휘력 등 다양한 요인들이 쓰기 능력을 설명한다고 밝혀져 왔다(Kim 외, 2014). 초기에는 기계적인 기술, 즉 필기와 철자를 익히는데 중점을 두다가 학년이 올라갈수록 자신의 생각을 정리하고 표현하는 짧은 작문을 하게 된다 (전병운 외, 2013). 글자 쓰기가 자동화되어야 스스로 텍스트를 생성하는 작문이 가능해진다는 것이다.

'글자 쓰기(transcription)'는 기억 내의 언어 표상을 문어로 옮기는 과정(Berninger, 1997)으로, 언어의 음성을 문자로 기록하는 능력을 말한다. 아동은 처음에는 자모 지식, 글자 표기 지식, 음운 인식, 소리·글자 대응 지식 등을 활용하여 글자 쓰기를 할 수 있게 된다(Berninger 외, 2006). 그리고 점차 낱말의 의미에 초점을 두는 쓰기, 즉 작문이 가능하게 된다. '작문(composition)'은 의미를 문자로 표현하는 능력을 말한다. 그래서 기초적 쓰기 능력은 일반적으로 글자 쓰기와 작문으로 나누어져 왔다.

그런데 쓰기 행위를 하기 위해서는 학습자가 물리적, 정서적, 인지적으로 준비되어야 하는데 이를 '쓰기 준비도'라고 하겠다. 인지적으로는 음운 인식, 자모 지식 등이 어느 정도 갖추어질 필요가 있는데 이는 초기 읽기와도 밀접하게 연관되는 능력이다. 소리를 듣고 구별하는 음운 인식 능력이 있고, 자·모음자의 모양을 변별하고 이름을 아는 자모 지식(이경화, 2017)이 있어야 한다. 즉 낱자나 단어를 익히는 초기의 읽기 학습이 곧 쓰기 준비를 위한 활동들이다. 물리적으로는 시각적으로 모양을 분별하는 시지각 능력이 있어야 본격적으로 쓰기를 할 준비가 되었다고 볼 수 있다. 시지각 능력에서는 특히 시각과 운동의 통합, 특히 눈과 손 협응이 가능해야 쓰기를 할 수 있다(민경철 외, 2008; 전병운 외, 2013). 또한 쓰기 학습의 중요한 조건은 정서적으로 학습자가 쓰기에 대하여 흥미를 보이고 문자로 표현하고 싶은 욕구를 가지게 하는 것이다.

어느 정도 쓰기 준비도가 갖추어지면 본격적인 글자 쓰기 학습에 들어갈 수 있다. '글자 쓰기'란 언어의 음성을 문자로 기록하는 능력으로 흔히 '전사'라고도 하는데, 손으로 글씨를 쓰는 능력인 글씨 쓰기와 철자에 맞게 쓰는 능력인 철자쓰기(spelling)가 합쳐진 개념이다(Beringer 외, 2002).[6]

'글씨 쓰기(handwriting)'는 관습적으로 글자를 쓰는 방식이나 모양에 맞게 쓰는 것을 말한다. 예를 들어 낱자를 쓰는 획순을 알고 쓰는 것, 자음자는 왼쪽이나 위쪽에, 모음자는 오른쪽이나 아래쪽에 위치하도록 쓰는 것, 자음자를 먼저 쓰고 모음자를 나중에 쓰는 것 등이다. 이와 같이 관습적으로 글자를 표기하는 방식이나 모양에 대한 지식을 '표기 지식'이라고 하겠다.

'철자쓰기(spelling)'는 관습적 어법에 맞게 쓰는 것을 말한다. 예를 들어 맞춤법에 맞게 쓰는 것, 띄어쓰기 규칙에 맞게 쓰는 것 등이다. 이와 같이 관습적 어법에 맞게 쓰는 데 필요한 지식을 '철자 지식'이라고 하겠다. 소리와 글자가 일치하는 단어는 글자 소리 대응 지식으로도 쓸 수 있지만 불일치하는 단어를 쓰기 위해서는 철자 지식이 있어야 한다(심가영 외, 2015). 이때의 철자 지식은 어렵고 헷갈리는 단어 맞춤법 지식을 요구하지는 않는다. 기초적 쓰기 수준에서 필요한 철자 지식은 학습자에게 친숙하고 빈번하게 사용하는 단어 중 글자와 소리가 불일치하는 단어의 철자, 기본적인 띄어쓰기의 원칙 정도이다.

'작문'은 필자 스스로 내용을 생성하여 글을 쓰는 능력을 말한다. 이때 필자가 생산하는 단위는 단어, 문장, 글 등 길이에 따라 다양해질 수 있다. 단어는 의미를 지닌 최소 언어 단위이므로 초기 쓰기 학습자에게는 다양한 단어의 의미를 알고 써 보는 경험이 중요하다. 문장은 생각을 표현하는 완결된 단위로서 중요하다. 초기 쓰기 학

---

6 우리말에서는 '글자 쓰기'와 '글씨 쓰기'가 거의 동일한 의미로 쓰이는데, 표준국어대사전을 참고하면 '글자'는 '말을 적는 일정한 체계의 부호', '글씨'는 '쓴 글자의 모양, 글자를 쓰는 법 또는 그런 일'이라고 정의되어 있다. 글씨가 글자의 모양이나 글자를 쓰는 방식에 초점을 맞추고 있으므로 '글자 쓰기'가 '글씨 쓰기'를 포함하는 개념으로 볼 수 있다. 따라서 handwriting에 해당하는 좁은 의미를 '글씨 쓰기'로, handwriting과 spelling을 포괄하는 넓은 의미를 '글자 쓰기'로 진술하였다.

습자로서는 완결된 문장을 쓰기 시작하면서 본격적 작문 단계에 들어선다고 볼 수 있다. 따라서 문장의 구조와 어순 등을 알고 문장을 구성해보는 경험이 중요한데, 초기 쓰기에서는 문법 지식으로 접근하기보다는 실제 의미 구성을 위해 문장을 완성하거나 새로 구성하는 활동이 효과적이다. 두 개 이상의 문장으로 글을 쓰는 것은 초기 쓰기 학습자의 수준에 따라 선택적으로 필요하다. 단어나 문장쓰기도 안 되는 학습자에게 의미 없이 긴 글을 쓰도록 부담을 주지는 않는지 유의해야 한다. 다만 오류가 많더라도 두 개 이상의 문장으로 글을 쓰는 경험은 유의미하다

2) 초기 쓰기 지도의 원리

초기 필자를 위한 쓰기 지도에서 유의할 점을 몇 가지로 정리해보면 다음과 같다. 첫째, 기초적 쓰기 능력을 기를 수 있도록 다양한 쓰기 기회를 충분히 제공한다. 기초적 쓰기 능력을 위해서는 음성을 문자로 옮겨 표현하는 활동(전사)과 생각한 것을 낱말이나 문장으로 써 보는 활동(의미 구성)을 병행해야 한다.

둘째, 쓰기 오류를 잘 관찰하여 정보를 얻는다. 아이들은 쓰기 능력을 발달시키는 과정에서 불가피하게 오류를 범하게 된다. 이때의 오류는 무조건 잘못된 것만이 아니고 학습이 일어나고 있다는 것을 증명해주는 자료이다. 특히 초등 저학년 시기에는 기초적 쓰기 능력을 익히기 위해 여러 가지 새로운 쓰기를 시도한다. 새로운 쓰기를 시도할 때 의도한 대로 정확하게 표현하는 방법을 잘 모르고 서툴 수 있음을 이해해야 한다. 학생이 어떤 형태의 오류를 많이 보이는지 관찰하고 이에 맞게 지도하는 것이 중요하다.

셋째, 쓰기 동기를 유발하는 상황을 제공하여 쓰기에 흥미를 갖도록 한다. 자유롭게 쓰기를 시도할 수 있는 환경을 조성하고 구체적이고 생활에 밀접한 쓰기 경험을 할 수 있도록 한다. 지루하지 않도록 동일 내용이라도 변화를 주어 반복 학습을 하도록 한다. 학습자가 쓰기 분량에 부담을 갖지 않도록 자신의 생각을 한두 문장으로 자유롭게 구성하도록 지도하며, 맞춤법이나 띄어쓰기와 같은 규범을 강조하기보다 쓰기에 흥미를 가질 수 있도록 지도하는 데 중점을 둔다(교육부, 2022).

넷째, 학생의 쓰기 발달 특성을 파악하여 이에 맞는 개별화된 지도를 해야 한다. 학생의 쓰기 특성에 맞는 적절한 학습을 제공하며 단계적으로 수준을 높여가는 지도

가 필요하다. 위에서 설명한 기초적 쓰기 능력을 구성하는 요인별로 부진 요인에 따른 대략적 지도 방법을 제안할 수 있다.

쓰기 준비도가 부족한 학습자에게는 관습적인 글자 쓰기에 익숙해지도록 글자의 모양과 크기, 간격을 조절하게 하는 지속적 지도가 필요하다. 대체로 본격적인 글자 쓰기에 앞서 선긋기 연습을 할 필요가 있다. 일정한 간격과 방향의 선긋기를 반복 연습하여 손의 소근육 조절력과 시각과 손의 운동 협응력을 훈련해야 한다. 이는 신체 기능을 길러주는 운동과 마찬가지로 지속적이고 충분한 기회가 주어져야 한다. 연필 잡는 연습도 중요하다. 필기구에 익숙해지도록 다양한 기회가 필요한데, 연필 잡기가 어려운 경우 잡기에 편한 색연필이나 크레파스로 먼저 연습하게 한다. 연필 심의 진하기도 중요하다. 적은 힘으로 써도 잘 써지는 진한 연필심으로 쓰도록 해야 한다.

글씨 쓰기 부진을 보이는 학습자에게는 보고쓰기나 베껴쓰기 지도가 필요하다. 보고쓰기나 베껴쓰기에서는 자음자, 모음자의 정확한 모양과 획순을 익히고 알맞은 속도로 수행하는 것이 중요하다. 초기에는 아동이 도전할 수 있을만한 짧은 낱말을 큰 칸에 맞추어 쓰게 할 필요가 있다. 처음부터 종이에 쓰기를 부담스러워하는 아동은 손바닥, 허공, 책상 위 등에 손가락으로 놀이처럼 써 보게 하는 활동도 도움이 된다. 어느 정도 익숙해지면 문장 단위의 긴 글을 쓰게 하고 글자 쓸 때 일정한 크기의 칸에 맞추어 쓰려 노력하게 한다.

자모음자의 모양, 획순, 글자의 짜임을 충분히 지도하여 필요한 표기지식을 갖추게 할 필요도 있다. 글자 쓸 때 모양과 획순뿐 아니라, 초성, 중성, 종성의 올바른 위치를 지켜야 예쁜 글자를 쓸 수 있다는 것을 알게 해야 한다. 무조건 쓰게 하기보다는 일상생활에서 쓰기가 꼭 필요한 상황, 보고쓰기나 베껴쓰기가 유용한 상황을 다양하게 제시하는 것이 좋다.

철자쓰기 부진을 보이는 학습자에게는 받아쓰기 지도가 필요하다. 받아쓰기 오류를 많이 보이는 아동 중, 불러주는 소리에 맞는 글자를 쓰지 못 하는 경우, 같은 낱말을 쓸 때마다 다르게 쓰는 경우는 우선 쓰기 준비도의 음운인식 능력을 정확히 파악하고, 음운인식을 훈련하는 읽기 지도와 병행할 필요가 있다. 또한 각 자음자와 모음자가 어떤 소리를 지니는지 글자와 소리를 대응시키는 지도도 유용하다.

불러주는 소리에 맞게 쓰는 편이나 맞춤법에 맞게 쓰지 못하는 경우는 소리와 표기가 일치하지 않는 낱말들이 있으며 이럴 때는 맞춤법을 지켜서 써야 함을 지도한다. 받아쓰기에서 중요한 것은 점수로서의 결과가 아니라 아동의 쓰기 발달 수준을 진단하는 과정이다. 아동이 받아쓰기에서 어떤 유형의 오류를 많이 보이는지 파악하여 이에 맞는 지도 방법을 활용해야 한다.

스스로 문장 쓰기를 어려워하는 학습자에게는 충분한 단서와 상황을 제시하여 부담을 덜어주어야 한다. 문장의 일부를 비워놓고 완성하게 하거나, 문장에 꾸며주는 말을 넣게 하거나, 불완전한 문장을 고쳐 쓰는 활동 등이 일반적이다. 또는 주어진 상황이나 그림에 맞게 스스로 문장을 만들어보게 하는 것도 효과적이다.

/ 제4장 /
국어과 교육과정의 변천

1. 교육과정의 개념과 수준

가. 교육과정의 정의

'교육과정(curriculum)'은 경주마들이 달리는 길을 가리키는 말(쿠레레, currere)에서 유래된 용어이다. 그 어원에서 짐작되듯이 이는 전통적으로는 해당 교과에서 이수해야 할 것으로 열거해 놓은 내용 목록을 의미하였다(이홍우 외, 2004: 5). 이러한 관점을 따르면 사전에 결정된 교과의 내용 목록이 목표가 되고 교사와 학생은 그를 충실하게 전달하고 전달받는 수동적 존재가 된다. 그러나 오늘날은 교육과정을 이처럼 좁은 의미로 사용하는 경우는 드물다. 교육 이론의 변화에 따라 교육과정은 '계획된 일련의 활동', '학교의 지도 아래 학생이 겪는 실제 경험', '의도한 학습의 결과', 그리고 '문화적 재생산의 도구' 등 여러 가지로 넓게 해석되고 있다. 요컨대, 단위 과정에서 이수해야 할 교과 내용의 목록(최현섭 외, 2002: 72)이라는 협의의 개념에서 어떤 하나의 고정화된 실체가 아니라 교육 목적의 달성과 관련된 일체의 계획과 실천이며, 역동적이고 상호작용적인 하나의 현상을 아우르는 것(최미숙 외, 2009: 23)이라는 광의의 개념으로 변화하고 있는 것이다.

나. 교육과정의 수준

앞서 교육과정의 일반적인 의미를 살폈는데, 이와는 다른 측면에서 매우 좁은 의미의 '교육과정'이 있다. 가령, '2022 교육과정'이라고 할 때 '교육과정'은 공인된 문

/ 제4장 / 국어과 교육과정의 변천   89

서로서의 교육과정을 의미한다. 학교 현장에서는 일반적으로 이러한 의미로 사용된다. 그런데 이는 국가 수준에서 제시하는 공통의 기본 설계도이지 실제로 교육이 이루어지는 지역 또는 학교의 요구를 구체적으로 반영한 것은 아니다. 따라서 지역 또는 학교에서는 이 국가 수준 교육과정의 틀 안에서 각 주체의 특수성을 반영하여 교육과정을 구성·실행하게 된다. 교육과정의 수준에 개발 주체에 따른 층위가 있다는 것이다. 다른 한편으로는 교육과정을 적용의 수준에 따라 층위를 구분하여 볼 수도 있다.

1) 개발 수준[1]에 따른 개념

교육과정을 개발하고 운영하고 적용, 평가하는 기관의 수준에 따라 국가 수준의 교육과정, 지역 수준의 교육과정, 학교 수준의 교육과정, 교수·학습 수준의 교육과정으로 나눌 수 있다. "국가에서 교육과정을 개발하고 평가하며, 지역이나 학교에서 교육과정 운영 역할을 담당하는 중앙집권적인 교육과정 체제와 교육과정의 개발, 운영, 평가의 모든 활동이 지역이나 학교에서 이루어지는 지방분권적인 교육과정 체제"(김대현, 2011: 81~82)로 나눌 수 있는데, 전자가 교육과정의 통일성과 균질성을 강조하였다면 후자는 지역과 학교 여건에 맞는 맞춤형 교육과정을 지향한다고 볼 수 있다. 각 수준의 교육과정을 살펴보면서 각 체제의 장단점을 분석해 보기로 한다.

○ **국가 수준의 교육과정** : 국가의 교육적 의도를 담아낸 교육과정으로서, 법령 (초·중등교육법 제23조 제2항)에 의하여 고시된 것이다. 이는 학교 교육에 관한 전국 공통의 표준적이고 일반적인 기준이 되며, 이로 인해 학교 교육의 동일성과 균질성을 꾀할 수 있다. 또한 학교 교육에 가해질 수 있는 바르지 않은 외부의 압력이나 간섭 등을 방지함으로써 교육의 중립성을 확보할 수 있는 토대가 된다. 하지만 각 지역, 학교, 학급의 상황과 특성을 충분히 반영하기 어렵다는 점과 각 지역, 학교의 자율성과 교사들의 교육적 전문성을 침해한다는 점은 단점으로 지적받고 있다.

---

1 개발 수준에 따른 교육과정의 성격은 교육부(1997)을 비롯하여 각 시기별 교육과정 총론 해설서의 내용을 참조하여 정리하였다.

○ **지역 수준의 교육과정** : 각 시도별로 지역적 상황과 특성, 요구 등을 반영하여 국가 수준의 교육과정을 재구성한 것이다. 즉, 각 시도별로 해당 지역의 자연이나 문화, 역사, 산업, 지역민의 의식 등이 충분히 반영되도록 국가 수준의 교육과정을 수정, 보완하여 국가 수준과 학교 교육과정을 매개하는 교량의 구실을 한다. 이는 교육 문제에 대한 관심과 전문성, 문제 해결력을 신장시킬 수 있다는 장점이 있지만, 교육과정 개발에 필요한 비용과 시간, 인력의 부족과 수준차로 교육과정의 질이 낮아질 수도 있고 지역별로 교육수준 차가 심화될 수도 있다는 단점도 있다.

○ **학교 수준의 교육과정** : 학교의 상황과 여건을 반영하며 학생의 특성과 학부모의 요구, 지역 사회의 요구 및 특성 등을 고려하여 교육과정을 재구성하는 것을 말한다. 학교의 교육과정에 대한 권한과 자율성을 강화한다는 취지에 걸맞게, 2007 교육과정 이후 학교 수준의 교육과정을 설계하여 운영할 것을 강조하고 있다. 그러나 이는 각 학교의 교육 목표와 내용, 방법, 평가, 운영 방식을 전적으로 해당 학교와 교사들이 결정할 수 있는 것이 아니다. 국가 교육과정과 각 시도 교육청의 교육 지침을 근거로 재구조화 하도록 한 것이다. 학교 수준 교육과정은 학교가 교육과정의 형태와 내용을 결정하는 실질적인 권한을 갖는 것이 아니라, 중앙 정부에서 개발한 교육과정을 채택, 변용, 재구조화하는 권한 행사에 머무르고 있는 것(김대현, 2011: 5)이라는 문제 지적을 바탕으로, 실질적인 학교 수준의 교육과정이 되기 위해서는 앞으로 학교의 교육과정 개발, 운영, 평가 권한을 강화할 필요가 있다.

○ **교실 수준의 교육과정** : 교과서와 학교 교육과정으로 재구성된 국가 교육과정을 실제 교수·학습으로 실현하는 현상을 말한다(최현섭 외, 2002: 73). 해당 학교 상황과 교실 상황에 맞게 교사는 창의적인 수업을 계획할 필요가 있다. 교사에게는 국가 수준, 지역 수준, 학교 수준의 교육과정을 정확하게 이해하는 세밀함과 이를 바탕으로 교수·학습을 재구성하는 전문적인 능력이 강조된다. 2022 개정 교육과정의 구성 중점 중 하나가 학습자 맞춤형 교육과정 체제의 구축임을 고려하면 더욱 그러하다.

중앙집권적인 교육체제와 지방분권적인 교육체제는 각각 장단점을 갖고 있다. 최근에는 어느 하나를 일방적으로 선택, 운용하기보다는 각각의 장단점을 살릴 수 있는 절충식 교육체제로 가고 있다. 국가 수준의 통일성과 균질성을 확보하면서도 해당 지역과 학교의 특색에 맞는 창의성과 자율성을 강조하려는 것이다. 교육과정의 수준과 위상은 다음과 같이 제시할 수 있다.

〈표 1〉교육과정의 수준과 위상[2]

국가 수준	⇌	지역 수준	⇌	학교 수준	⇌	교실 수준

·교육부
·국가 수준 교육
  과정
		·시·도 교육청
		·교육청 교육과정
		  편성·운영 지침
		·교육지원청 실천
		  중심 장학 자료
				·각급 학교
				·학교 교육과정
				·교육 자료
						·교사
						·교재, 교육자료
						·평가 계획, 평가 도
						  구 등

← 통일성, 균질성 강조　　　　　　　　　　　　　　　　　　　　자율성, 창의성 강조 →

교육과정은 이처럼 어떠한 기준과 관점으로 보느냐에 따라 다양한 의미를 가진다. 중요한 것은, 과거와 같이 '주어진 교육과정'을 성실히 수행하는 수준에서, 새로운 상황과 여건에 맞게 교육과정을 새롭게 재구조화하는 '만들어가는 교육과정'으로 변모해 간다는 것이다. 또한 교사는 교육과정을 주체적이고 창의적으로 개발, 편성·운영, 평가하는 생산자의 역할을 해야 하는 것도 주지의 사실이다.

여기에서 간과해서는 안 될 것은 교육 기관의 교육 목적은 수업, 생활지도, 학급경영, 교육평가와 교육과정이 서로 유기적으로 운영될 때 실현 가능성을 높일 수 있다는 것이다(김대현, 2011: 23~24). 따라서 교육과정이 교육의 목적을 온전히 달성하기 위해서는 교사의 수업 역량, 생활 지도 능력, 학급경영 방향과 실천, 교육평가의 수준 등과 상호 연계되고 통합되는 것이 매우 중요하다고 하겠다.

2) 적용의 과정에 따른 개념

또 다른 측면에서 교육과정이 적용되는 과정에 따라 교육과정을 정의해 볼 수 있다. 이는 교수학습의 준거가 되는 교육과정이 동일하고, 교사의 의도, 즉 계획이

2　교육과학기술부(2009)를 참조하여 재구성하였다.

동일하더라도 실제로 전개되는 교수·학습의 내용이 다를 수 있고, 학생에 따라 학습의 결과도 다를 수 있음을 염두에 둔 구분이다. 곧, 적용되는 과정에 따라서 '의도된 교육과정(학습 공간에서 의도된 것)', '전개된 교육 과정(학습 공간에서 일어난 것)', '실현된 교육과정(학습 공간에서 일어난 것이 개인에게 어떤 식으로 영향을 끼쳤는지)'으로 나눌 수 있다(김호권, 1982; 김대현, 2011에서 재인용).

- ◦ 의도된 교육과정 : 공약된 목표로서의 교육과정. 학교 현장에서 실천되기 전의 교육과정으로서, 학습 공간에서 의도된 상태를 말한다.
- ◦ 전개된 교육과정 : 수업에 적용된 교육과정. 학습 공간에서 실제적으로 교수·학습으로 진행되는 상태의 교육과정을 말한다.
- ◦ 실현된 교육과정 : 학습 결과로서의 교육과정. 학습 공간에서 실현된 교육과정으로서, 학습의 성과를 파악할 수 있다.

구체적인 학습 맥락이 되는 학교나 교실 상황, 학습자 상황 등에 따라 이들 세 층위가 일치하지 않을 수도 있다. 그러나 학교 교육은 국가 수준의 교육과정을 기준으로 실행되어야 하므로, 모든 학습자가 학습 결과로 의도된 목표에 이를 수 있도록 교육과정이 전개되고 실현되도록 해야 한다.

다. 국어과 교육과정[3]의 기능과 구성

1) 국어과 교육과정의 기능

국어과 교육과정이란 국가 수준에서 문서로 고시된 국어과교육의 내용에 관한 일반적이고 공통적인 기준이다. 국어과교육의 목표와 내용, 방법, 평가 등에 대한 공통 수준과 지침 등을 제시함으로써 교과서 개발, 구체적인 교수·학습 계획 등 교육의 내용과 수준을 조절하고 통제하는 기능을 한다. 최현섭 외(2002: 74~75)에서는 이러한 국어과 교육과정의 기능을 다음과 같이 구체화하고 있다.

----

3 이하 특정 표시 없이 사용되는 '교육과정'은 국가 수준에서 공인된 문서로서의 교육과정을 의미한다.

◦ 국어과교육 체제를 전반적으로 관리

국어과교육과 연관된 모든 계획과 실천은 교육과정을 근거로 해서 이루어진다. 국어과교육의 범위, 영역, 교수·학습의 기간과 시기, 교수·학습 결과의 활용, 목표 수준 등에 관한 것을 교육과정에서 구체화시킨다.

◦ 국어과 교수·학습 계획의 기준 제시

교사는 교수·학습의 시기와 내용을 다루고 있는 교육과정을 근거로 하여, 교수·학습의 실천 계획(무엇을, 언제, 어느 정도의 수준까지 가르칠 것인가)을 마련하게 된다. 즉, 국어과 교수·학습이 언제, 어떻게 이루어지고, 무엇을 할 것인가를 결정하는 준거로 작용한다는 것이다.

◦ 국어과 교수·학습 내용 제공

국어와 관련하여 내용을 선정하고 조직하는, 즉 어떠한 내용을 어떠한 순서로 가르치고 학습할 것인지에 대한 정보를 제공한다.

◦ 국어과 교수·학습 방법 제공 또는 안내

국어과 교수·학습 방법의 원리와 방향을 제시하고 구체적인 방법과 전략도 제공한다. 국어과 교육과정을 근거로, 앞서 선정한 교수·학습 내용에 대한 교수·학습 방법과 원리, 모형, 유의점 등을 결정하게 된다.

◦ 국어과 교수·학습 평가 방법의 기준 및 원리 제공

국어과 교수·학습 평가의 목표와 원리를 제시하고 평가 전략과 도구를 제공한다. 국어과 교육과정을 토대로, 국어과교육 평가의 목표와 원리, 평가 방법 및 도구를 선정하게 된다.

2) 국어과 교육과정의 구성

국어과 교육과정의 기능에 함의되었듯이 국어과 교육과정은 국어과교육의 목표와 영역, 내용, 방법, 평가 등의 구성 요소를 담아내야 한다. 여기에서는 국어과 교육과정이 각각의 요소를 어떻게 담아내는지 구체적으로 살펴보고자 한다.

가) 목표

국어과 교육과정의 목표는 총론에서 제시한 국가 수준의 교육 목표를 상위에 두고 있으며 구체적인 교과의 지향점을 제시하는 역할을 한다. 국어과 교육과정의 목표 선정 시 고려해야 할 변인에는 다음 세 가지를 들 수 있다.

첫째, 국어교과관이다. 이는 언어와 인간, 언어와 문화, 언어와 학문 등 국어과교육과 관련된 요소들을 어떻게 설정하고 관련짓는가 하는 문제에 해당한다. 시대의 변화에 따라 언어가 사회적 존재로서의 인간의 삶에 관여하는 양상이 변화하고 있는 만큼 적극적으로 국어과교육의 범위를 확대할 수 있는 국어교과관이 요구된다.

둘째, 언어(특히 모국어)를 보는 관점이다. 모국어로서의 언어와 우리의 삶과 사고, 문화 등과의 관계를 어떻게 규정하는가에 하는 문제이다. 가령, 언어를 학습과 사고의 도구로 볼 때와 그렇지 않다고 볼 때 국어과교육의 목표는 현저하게 달라질 수 있다. 따라서 적극적으로 학교 교육 전반에서 언어의 역할을 규명하고 이를 기반으로 언어의 의미폭을 확대할 수 있는 국어과 교육과정의 목표를 설정하는 것이 중요하다.

셋째, 학습관으로, 학습이란 무엇인가, 환언하자면 어떻게 가르치고 배울 것인가의 문제이다. 학습관은 비단 국어과만이 아니라 교과 교육 일반에서 공유되는 바가 크다. 일례로, 교사의 가르침을 중심에 두는가 아니면 학생의 배움을 중심에 두는가에 따라 교수·학습에서 중점을 두는 사항이 달라질 수 있는데 이는 국어과뿐만 아니라 다른 교과에도 공통적으로 적용된다.

나) 영역

국어과 교육과정에서 영역을 구분하는 까닭은 먼저, 국어 활동의 여러 가지 양상을 교육과정에 전반적으로 반영하기 위함이다. 다음으로, 영역 구분은 교육 내용과 방법, 평가에 체계적으로 접근하여 국어과교육 목표 달성을 용이하게 하며, 마지막으로, 영역별로 집중적인 교수·학습을 가능하게 한다.

국어과의 하위 영역을 구분할 때는 먼저 그 기준을 무엇으로 설정할 것인지를 결정하여야 한다. 이는 국어, 즉 모국어의 여러 가치와 기능 중 무엇을 중요하게 보는가와도 관련이 있다. 의사소통의 도구로서의 국어, 사고의 도구로서의 국어, 문화 창조 및 전달 도구로서의 국어 등 어떤 관점을 주요하게 취하는가에 따라 영역 구분이 달라질 수 있는 것이다.

의사소통의 기능을 강조하여 영역 구분의 기준으로 삼으면, 의사소통의 하위 영역인 듣기, 말하기, 읽기, 쓰기 등으로 먼저 대영역을 나누고, 각 영역의 하위 내용을 교육 내용으로 구성할 수 있다. 이와 달리 사고의 측면을 강조하여 듣기, 말하기, 읽기, 쓰기 중 듣기와 읽기는 이해 영역, 말하기와 쓰기는 표현 영역으로 구분할 수도 있다. 실제로 4차 교육과정에서는 말하기와 쓰기를 표현으로, 듣기와 읽기를 이해로 통합하여 언어 기능 영역을 '표현·이해'로 범주화하였다. 또한 언어와 활용되는 문화적 맥락을 기준으로 생활 문화, 지식 문화 등과 같이 구분할 수도 있다.

국어과교육에서는 세부적으로 다소의 변화는 있었지만 언어의 기능을 중심으로 하위 영역을 구분하고 있다. 그런데 이 경우 국어과교육이 의사소통 기능뿐만 아니라 문법과 문학을 포괄하고 있는 까닭에 이들 각각의 의사소통 기능과 문법, 문학이 대등한 층위에서 하나의 과목을 구성하는 것이 타당하고 효과적인가 하는 점에 대한 의문이 제기되기도 한다.[4]

지금까지 국어과 교육과정에 적용된 영역 구분의 사례를 살펴보면 다음과 같다.

- 3분법 : 제4차 국어과 교육과정에서 '표현·이해, 언어, 문학'으로 구분한 것이 그 예이다. 여기에서 '표현·이해'는 듣기, 말하기, 읽기, 쓰기의 넷을 묶은 것으로, 이런 구분에서는 언어 기능의 비중이 상대적으로 낮아진다. 그래서 이 시기에는 국어과 교육과정이 언어에 대한 지식과 문학에 대한 지식 중심으로 구성되는 것이 타당한가라는 비판을 받기도 하였다.
- 4분법 : 제1차 교육과정에서 제3차 교육과정까지가 이러한 구분을 하고 있다.[5] 이는 언어 사용 기능의 신장을 국어과의 중요한 교육 목표로 삼는 입장이다. 언어활동 양상에 따라 '이해 : 표현', '음성 언어 : 문자 언어'의 구분법을 사용하여, '말하기, 듣기, 읽기, 쓰기'로 구분한 것이다.
- 5분법 : 언어 기능의 통합성을 강조하고, 언어 지식과 언어문화의 영역을 강조하는 방법이다. 교수요목기에서 '읽기, 말하기, 듣기, 짓기, 쓰기'로 구분한 것이 그 예이다. 이때 '짓기'와 '쓰기'를 구분한 것은 작문(composing)과 글씨 쓰기를

---

4 하위 영역 구분의 기준을 사고나 문화 등으로 변경할 수는 없는지도 영역 구분과 관련된 대표적인 쟁점이다.
5 제3차 국어과 교육과정에서는 '학년 목표'에는 '말하기, 듣기, 읽기, 글짓기, 글씨 쓰기'로 5분법을 사용하였지만 학년별 지도 사항 및 형식에 해당하는 '내용'에는 '말하기, 듣기, 읽기, 쓰기(글짓기, 글씨 쓰기)'로 4분법을 사용하고 있다. 따라서 본고에서는 '쓰기' 안에 '글짓기, 글씨 쓰기'를 포함한 것으로 간주하여 제3차 국어과 교육과정은 4분법을 사용한 것으로 본다.

달리 둠으로써 초등학교에서 서사를 강조하였기 때문이다. 2009 교육과정에서 '듣기·말하기, 읽기, 쓰기, 문법, 문학'의 다섯으로 영역을 구분한 것은 또 다른 예이다. 이는 듣기와 말하기가 일상의 의사소통에서 별개로 이루어지기보다는 시·공간을 공유하는 화자와 청자의 역동적 상호작용임을 반영하여 이 둘을 통합한 것이다.

◦ 6분법 : '듣기, 말하기, 읽기, 쓰기, 문법, 문학'으로 구분하는 방법이다. 이는 언어 기능과 문법(언어 지식)의 관계를 강조한 구분법이다. 2022 개정 교육과정 역시 여섯 영역으로 구분하고 있는데, 기존의 6분법과는 양상이 다르다. 이 교육과정에서는 2009 교육과정처럼 듣기와 말하기를 하나로 통합하여 '듣기·말하기'로 설정하고 언어 환경의 변화를 반영하여 '매체' 영역을 신설하였다.

다음은 교수요목부터 현재까지의 초등학교 국어과 교육과정의 영역 구분 변천을 정리한 것이다.

〈표 2〉 초등학교 국어과 교육과정의 영역 구분 변천

시기	영역 구분	영역
교수요목기	5분법	읽기 / 말하기 / 듣기 / 짓기 / 쓰기
제1차 교육과정	4분법	말하기 / 듣기 / 읽기 / 쓰기
제2차 교육과정	4분법	말하기 / 듣기 / 읽기 / 쓰기
제3차 교육과정	4분법	말하기 / 듣기 / 읽기 / 쓰기(글짓기, 글씨 쓰기)
제4차 교육과정	3분법	표현·이해 / 언어 / 문학
제5차 교육과정	6분법	말하기 / 듣기 / 읽기 / 쓰기 / 언어 / 문학
제6차 교육과정	6분법	말하기 / 듣기 / 읽기 / 쓰기 / 언어 / 문학
제7차 교육과정	6분법	듣기 / 말하기 / 읽기 / 쓰기 / 국어 지식 / 문학
2007 교육과정	6분법	듣기 / 말하기 / 읽기 / 쓰기 / 문법 / 문학
2009 교육과정	5분법	듣기·말하기 / 읽기 / 쓰기 / 문법 / 문학
2015 교육과정	5분법	듣기·말하기 / 읽기 / 쓰기 / 문법 / 문학
2022 개정 교육과정	6분법	듣기·말하기 / 읽기 / 쓰기 / 문법 / 문학 / 매체

다) 내용

"교육과정의 내용이란 교수·학습을 통해 학습자가 성취하거나 습득, 숙달할 수 있는 지식, 능력, 습관 및 태도 등 일체의 학습대상이 되는 실체"(최현섭 외, 2002: 85)를 말하는 것으로, 교육과정 목표를 성취하기 위하여 교수·학습 과정에서 다루어야 할 요소에 해당된다. 최현섭 외(2022)에서는 국어과 교육과정에서 다루어야 할 내용으로 다음 다섯 가지를 제시한다.

- 언어적 정보 : 인간은 세계와의 관계 속에서 갖게 되는 정보와 느낌을 언어적 정보로의 형태로 수용하고 조직하고 저장한다.
- 지적 기능 : 인간이 세계와의 관계 속에서 갖게 되는 정보와 느낌을 인식하는 방법과 관련된 것이다.
- 인지 전략 : 언어를 통제하고 주의 집중, 기억력, 학습력에 관한 언어의 조직적 기능에 관한 전략에 해당한다.
- 태도 : 언어가 가지고 있는 문화적 특성 및 이념적 특성과 밀접한 관계를 맺고 있으며 언어활동을 통해 갖게 되는 학습 결과로 볼 수 있다.
- 언어 수행 기능 : 언어적 정보를 수용하고, 조직하고, 저장하는 것과 관련한 실제적인 수행 능력이라고 할 수 있다.

라) 내용관

교육과정은 당 시대의 지식의 수준과 관심, 사회문화적 상황과 여건 등을 반영한다.[6] 국어과 교육과정 또한 그러한 시대의 변화를 반영하고 있으며 앞으로도 그러할 것이다. 하지만 이러한 교육과정의 보편적 흐름 이면에 국어과 교육과정 자체가 가지고 있는 특수성이 있음을 간과해서는 안 된다. 바로 국어과 교육과정의 내용관의 문제이다. 국어과 교육과정의 내용을 어떠한 관점을 중심으로 두고 제시하는가에 따라 국어과 교육과정의 내용관은 변화하여 왔다. 최현섭 외(2002: 87)에서는 국어과 교육과정의 내용관을 다음과 같이 제시한다.

---

6 최윤정(2007)은 교육과정과 교과서가 어떻게 정치적 상황의 영향을 받는지를 분석하고 있는 대표적인 논의이다.

- 지식 중심의 내용관 : 교육과정의 내용을 국어 지식에 관한 개념, 명제(命題)로 제시한다.
- 과정 중심의 내용관 : 교육과정 내용을 국어 교수·학습의 절차, 방법의 구조로 제시한다.
- 경험 중심의 내용관 : 교육과정 내용을 교수·학습의 결과로 학습자가 지닐 언어 경험의 목록으로 제시한다.
- 기능 중심의 내용관 : 교육과정 내용을 언어 수행에 필요한 국어 능력의 하위전략들로 제시한다.
- 가치 중심의 내용관 : 교육과정 내용을 국어 문화와 관련한 가치 및 태도를 함양하기 위한 조건, 활동으로 제시한다.
- 전략 중심의 내용관 : 교육과정 내용을 언어 수행에 관련되는 상위인지적 전략 획득을 위한 하위 전략으로 제시한다.

이들 관점의 이해가 필요한 것은 어떤 관점을 취하느냐에 따라 교육과정의 내용 구성이 달라지고 따라서 교과서도 달라지기 때문이다. 뒤에 살펴보겠지만 국어과 교육과정은 제1차 ~ 제3차 교육과정은 경험 중심, 제4차는 지식 중심, 제5차 이후는 기능 중심의 관점을 취하고 있다.[7]

마) 방법

'왜 국어과교육을 하는가?'가 국어과교육의 목적(목표)이라면, '무엇을 가르치는 가?'는 내용에 해당된다. 그렇다면 '어떻게 가르치는가' 하는 국어과교육의 방법에 대해서 살펴보지 않을 수 없다. 교육과정의 '방법'에서는 국어과교육에 있어서 교수·학습의 구체적 실천 원리를 제공하고 있는데, 정리해 보면 다음과 같다(최현섭 외, 2002).

- 교수·학습 목표 수립 원리 : 교육과정의 목표와 각 영역별 내용 체계, 학습자의 요구, 흥미, 수준 등을 전반적으로 고려하여 목표를 수립하여야 한다.

---

[7] 제5차 교육과정에서는 교사가 아니라 학생이 학습의 주체임을 명시적으로 강조함으로써 제5차 이후 교육과정을 인간 중심 교육과정이라 부르기도 한다.

- 교수·학습 내용 선정 및 조직 원리 : 각 영역별 특성에 맞게 적합한 내용을 선정한다. 이때 선정한 내용들 간의 연계성과 위계성도 고려하여야 한다.
- 교수·학습 활동 계획 수립 원리 : 교수·학습의 전체적인 실행 과정을 계획하고 준비하여야 한다. 배경지식 활성화, 동기유발, 학습 목표 제시 등 전체적인 과정에 대한 면밀한 계획이 수립되어야 한다.
- 목표 성취를 위한 자료 선정 원리 : 학습자의 수준과 요구, 흥미는 물론이고 교육 환경과 여건을 고려하여 적절한 교수·학습 자료를 선정하여야 한다.
- 교재 재구성 및 활용 방안 원리 : 학습 여건과 상황, 학습자의 수준과 준비도 등에 따라서 주어진 교재를 재구성할 수 있으며 교재의 일부를 활용하거나 혹은 교재를 포괄하는 확장된 개념의 교재를 활용할 수도 있다.
- 과제 해결에 대한 전략 수립 원리 : 주어진 학습 과제를 해결하기 위해 필요한 전략을 수립하여야 한다.
- 교수·학습의 하위모형 : 다양한 형태의 교수·학습 방법을 찾고 그에 해당하는 교수·학습 모형을 제시하여야 한다.
- 국어 교수·학습의 특성 구현 방법 : 국어과 교육과정의 각 영역별 특성을 구현하고 영역의 통일성을 확보할 수 있는 방법을 제시하여야 한다.
- 교수·학습 결과 활용의 원리 : 교수·학습의 결과를 활용하여 내용의 정리 및 일반화를 꾀할 수 있는 방법을 제시하여야 한다.

바) 평가

국어과 교육과정에서는 주로 수업에 대한 평가, 학습자에 대한 평가, 교재에 대한 평가에 관한 원리를 제시하고 있다. 평가에 관하여 국어과 교육과정이 하는 역할을 정리하면 다음과 같다(최현섭 외, 2002).

- 평가 목표와 평가 요소 제시 : 교육과정은 이수 교육 활동을 통해서 성취해야할 목표와 그와 관련한 하위 요소를 제시하고 있다.
- 평가 기준과 도구 제시 : 교육과정은 평가의 신뢰도와 타당도를 확보할 수 있는 평가 기준과 평가 도구를 제시하고 있다.
- 평가 방법의 원리 제시 : 교육과정은 평가 본연의 목표를 달성하기 위해 구체적인 평가 모형을 제시하고 영역별 평가방법은 물론이고 평가 시 유의할 점을 제시

하고 있다.
- 평가 절차에 관한 아이디어 제시 : 평가는 '평가 목표 선정-평가 상황 예측과 구성-평가 도구 제작-평가 기준 결정-평가 관련 증거 수집-평가 결과 해석과 활용'의 절차를 따른다. 교육과정은 단계별 중요 사항과 유의점을 제시하고 있다.
- 평가 결과 활용 원리 제시 : 교육과정은 평가 결과를 어떤 관점을 해석하고 어떻게 활용할 것인가, 그리고 평가가 적절한가에 대한 구체적인 원리를 제시하고 있다.

2. 국어과 교육과정의 변천

1946년 9월 1일에 미 군정청 학무국에서 교수요목을 공포한 이래 여러 차례의 개정 과정을 거치면서[8] 2022 개정 교육과정(2022년 12월 22일 고시)에 이르렀다. 물론 교수요목 이전에도 교육과정에 해당하는 것이 없지는 않았다.[9] 교육과정의 개정은 교과 교육의 기반이 되는 학문적 지식의 변화를 비롯하여 시대적 변화에 따른 사회 문화적 요구, 학교 교육의 기반인 여러 가지 제도적 변화 등이 반영되는 것이어서 그 변천을 살펴보는 것은 국어교육이 당대의 요구를 어떻게 수용하였는지를 이해하는 중요한 일이다. 아울러 교육과정의 변천 과정을 살피는 것은 교과의 성격에 대한 우리의 사고가 어떻게 진전되어 왔는가를 보여주는 과정(이홍우 외, 2004: 427)을 이해하는 일이다. 여기에서 국어과 교육과정의 변천을 살펴보려 함도 이러한 이유에서 이다.

---

8 2009 교육과정은 2009년 12월 23일에 교육과학기술부 고시 제2009-41호에 따른 초등학교 교육 과정 해설 총론이 고시되었고, 2011년 8월 9일에 교육과학기술부 고시 제2011-361호에 따른 초등학교 교육과정 각론이 고시되었다. 본고에서는 2009년 12월 23일에 고시된 총론을 '2009 교육과정'으로, 2011년 8월 9일에 고시된 각론을 '2011 교육과정'으로 명명하기로 한다.

9 1945년 이전에도 교육과정의 성격을 띤 것이 있었다. 갑오경장 이후 1895년 '교칙대강(教則大綱)'이 있었는데 오늘날의 교육과정과 유사하다. 이후 1900년에 '教則'으로 통칭되고, 1906년에 '普通學校 및 高等學校令 施行規則'에는 '教科課程'과 '學科課程'으로 되어 있다(박붕배, 1987: 207~208).

가. 교수요목기(1946년 9월 1일 제정 공포)

8·15광복 이후에는 국어교육의 목표나 내용 등에 대한 정립이 시급하였지만 이를 자생적으로 논의할 만한 토대가 성립되어 있지 않았다. 그래서 과도기적 조치로 미 군정청 학무국에서 구성한 '교수요목집'에 의거하여 국어교육이 이루어졌다. '교수요목(敎授要目)'이라는 명칭 그대로 학교에서 학생에게 가르칠 교과목을 정하고 그 내용을 주제 또는 제목 수준에서 대강 열거해 놓은 것으로 체계나 내용에서는 부족함이 많았다(이홍우 외, 2004: 429).

성문화된 최초의 교육과정이라고 할 수 있는 교수요목은 '교수 요지, 교수 방침, 교수 사항, 교수의 주의'의 체제로 구성되었다. '교수 요지'는 국어과교육의 목표에 해당하는 내용을 진술하였고, '교수 방침'은 '교수 요지'를 구체화하였다. '교수 사항'에서는 영역을 '읽기, 말하기, 듣기, 짓기, 쓰기' 다섯으로 나누고 각 영역에서 가르칠 내용을 제시하였는데, 여기에서 '짓기'는 지금의 쓰기에 해당하며 '쓰기'는 글씨 쓰기를 뜻한다. '교수의 주의'에서는 유의점을 간략하게 제시하였는데, 여기에서 다른 과목의 교육에서도 늘 말과 글을 바로 가르쳐야 함을 강조하였다. 그리고 '각 학년 교수 시간 배당 표준'을 표로 제시하였다. 이 기준에 따르면 읽기 영역의 시수가 압도적으로 많은데,[10] 이를 통해 국어교육이 읽기를 중심으로 이루어졌음을 짐작할 수 있다.

교수 요목기의 강조점은 국어 사용 능력, 민족적 정체성, 국가관, 가치관 등이다. '국민된 도리와 책임', '우리 국민성의 유다른 바탕', '국민 정신' 등을 명시적으로 목표로 제시하고 있는 '교수 요지'뿐만 아니라 읽기에서 가르쳐야 할 내용을 다음과 같이 '교수 사항'에서 안내하고 있는 것에서 이를 알 수 있다.

[교수 요지]

국어는 일상생활에 필요한 말과 글을 이켜, 바른 말과 맞는 글을 잘 깨쳐 알게 하고, 또 저의 뜻하는 바를 바르고, 똑똑하게 나타낼 수 있도록 힘을 길러 주고, 아울러, 지혜와 도덕을 북도두어, 국민된 도리와 책임을 깨닫게 하며, 우리 국민성의 유다

---

10 가령 1학년~4학년까지는 국어 총 시수 360 중 240, 5학년은 320 중 200, 6학년은 288 중 180이 읽기에 배당되어 있다. 그리고 이를 제외한 나머지 시수가 말하기·듣기, 짓기, 쓰기에는 균등하게 배당되어 있다. 1~5학년은 각각 40시수, 6학년은 각각 36시수이다.

른 바탕과 국문학의 오래 쌓아온 길을 밝히어, 국민 정신을 담뿍 길러내기에 뜻을 둔다.

　[교수 사항]

　바른 말을 맞는 글로 적어, 이를 읽히며 이를 풀게 하되, 글은 반드시 깨끗하고 시원스럽고 힘차고 올바른 것을 가릴 것이며, 글이 가진 뜻은 국가 관념과 국민 도덕과 지혜를 넓힐 것과 인격을 다듬을 것과 정서를 아름답게 기를 것을 골라서 가르쳐, 민주국가 국민에 맞는 바탕을 길러 내기에 힘쓸 것이다.

나. 제1차 국어과 교육과정(1955년 8월 1일 제정 공포)

　제1차 교육과정은 우리 자력으로 만든 최초의 '교육과정'으로, '초등학교 교과 과정'으로 발표되었다. 교수요목기와 달리 이 시기 교육과정은 당시 지배적 패러다임이던 경험 중심 교육을 기반으로 하고 있다. 영역은 말하기, 듣기, 읽기, 쓰기로 구분하였는데, 교수요목기의 '짓기'와 '쓰기'가 '쓰기'로 통합되었다. 교육과정의 체제는[11] '一. 국민학교 국어과의 목표, 二. 국민학교 국어교육의 영역 三. 국민학교 각 학년의 지도 목표 四. 국민학교 국어과 학습 지도 방법'으로 짜여 있다.

　이 시기에는 '언어 사용 기능', '기본적인 언어 습관'을 강조하였는데, 목표에 이러한 관점이 잘 반영되어 있다.

　　국어 학습 지도의 목표는 전기와 같은 기능을 가진 국어의 사용을 효과적으로 하는 데 있으며, 말하기, 듣기, 읽기, 쓰기에 연하여 좋은 습관과 태도와 기능을 기르고 일상생활에 필요한 이해와 지식과 감상하는 힘을 증대하여 올바른 국어 생활에의 향상을 꾀하는 데 있다.

　　국민학교 국어과 학습 지도는 주로 기본적인 언어 습관, 언어 기술을 올바르게 기르는 체험을 주는 데 있다. 종래의 국어교육은 지식을 부여한다거나 이해력을 길러

---

11 체제를 구성하는 요소는 '교과목표, 학년별 목표 및 내용, 지도 및 평가상의 유의점'으로 분석되는데, 이는 제5차 교육과정까지 지속된다.

줌으로써 연역적(演繹的)으로 언어 기술을 숙달시키려 하였고, 감상과 창작의 힘도 지식을 통해서 주려 하였다.

위의 목표 진술에서 드러나는 다른 한 가지 특징은 '체험'의 강조이다. 연역적인 언어 기능 교육을 비판하면서 체험을 강조하는데, 이런 이유로 이 시기 교육과정을 생활 중심 또는 경험 중심 교육과정이라고 칭하기도 하는 것이다.

'언어 사용 기능'의 강조와 더불어 이 시기에 이미 국어교육의 도구적 성격도 명시되어 있다. 초등학교 일반 목표와 국어교육의 관계를 진술하면서 국어교육이 타 교과 교육을 위한 도구로서의 기능을 해야 함을 다음과 같이 명시적으로 제시하였다. 즉, 초등 저학년 국어교육이 학습의 기초를 다지는 일임을 이때부터 강조하고 있었던 것이다.

> 교육의 목표는 결국 교육법 제 1조의 의도하는 국민을 육성하는 데 있지만, 그것을 학습하는 각 교과도 국어의 지도 계획 여하에 따라 그 효과가 많이 좌우되는 것이다. 특히 국민학교 저학년에 있어서는 결정적인 요소를 가지고 있다. 그러므로 국어과의 학습 영역(領域)은 다른 교과 학습에서 요구되는 기본적인 이해와 기능(技能)과 태도, 특히 어떻게 사고하며, 어떻게 읽으며, 어떻게 표현하는가 하는 점에 중점을 두어 이를 연마해야 할 중대한 책무를 갖고 있는 것이다.

'三. 국민학교 각 학년의 지도 목표'는 현재의 교육과정과 견주면 내용(또는 성취기준)에 해당한다. 여기에서는 언어활동 중심으로 말하기, 듣기, 읽기, 쓰기 네 영역을 구분하여 학년별로 지도해야 할 내용을 제시하였다. '四. 국민학교 국어과 학습 지도 방법'은 교과서 단원 구성과 관련된 내용(유의점, 단원 구성 방법의 예 등)이 주요하게 제시되어 있다. 평가에 대한 안내는 찾기 어렵다.

요컨대, 제 1차 교육과정은 교과 중심 교육과정에 생활 중심 교육과정이 스며들어 있다는 특징이 있으며, 국어과의 목표, 내용, 방법 등 국어과교육 전반에 관한 상세한 사상을 제시하였으나 그 체계성이 부족하고, 특히 평가 관련 내용이 없다는 점에 아쉬움이 있다.

다. 제2차 국어과 교육과정(1963년 2월 15일 제정 공포)

이 시기에 처음으로 '교육과정'이라는 이름이 사용되었다. 기본 방향은 제1차 국어과 교육과정과 유사하다. 제1차와 동일하게 경험 중심, 생활 중심의 진보주의적 교육 사조를 따르고 있어 흔히 생활(경험) 중심 교육과정[12]이라고 부른다. 영역도 이전 시기와 동일하게 말하기, 듣기, 읽기, 쓰기의 넷으로 구분하였다.

교육과정의 체제는 'Ⅰ. 목표 Ⅱ. 학년 목표 Ⅲ. 지도 내용 Ⅳ. 지도상의 유의점'으로 구성되었다. 이들 중 크게 변화를 보인 것은 'Ⅳ. 지도상의 유의점'이다. 앞 시기는 단원 구성과 관련된 내용이 주를 이루었지만 이 시기에는 아래 인용문에서 보듯이 학생 수준, 지역 실태 등의 고려와 같은 내용을 추가하였다. 곧, 교수·학습 방법에 대한 고민을 교육과정 틀 안으로 가지고 들어오는 출발점이 된 것이다.

> ※ 제2차 국어과 교육과정 'Ⅳ. 지도상의 유의점'에서
>
> (1.~3. 생략)
>
> 4. 학습지도에 있어서는 학생의 능력과 발달 상태를 고려하여, 분단을 조직하거나, 지도하는 정도를 달리 하여 기초 학력의 충실을 기할 것.
>
> 5. 교과서의 단원을 지역에 맞도록 개편하여 학습을 지도할 때는 항상
>
>   (1) 사회적 필요성〈언어의 능력〉
>
>   (2) 학생의 발달 정도〈언어의 생활〉
>
>   (3) 학생의 흥미와 욕구〈흥미를 끄는 화제〉
>
>   등을 만족시킬 수 있도록 유의할 것.
>
> (6.~9. 생략)

---

[12] '경험중심 교육과정'은 교과중심 교육과정이 실생활의 필요를 충족시키지 못한다는 비판에서 비롯된 것으로, 학생들이 교육을 통해 경험을 하여 실생활에 잘 적응하고 문제 상황을 현명하게 해결할 수 있도록 하는 교육을 추구하였다. 경험중심 관점은 국어과 교육과정을 학교의 계획과 지도하에 학생들이 가지는 언어적 경험의 총체로 보고, 학습자가 생활과 직접적으로 관련된 언어경험을 통하여 언어 기능을 신장하도록 하고 있다(최미숙 외, 2009: 29).

라. 제3차 국어과 교육과정(1973년 2월 14일 제정 공포)

제3차 국어과 교육과정은 언어 사용 기능의 신장과 가치관 교육의 강화를 개정의 기본 방향으로, 기본적인 지도 사항을 정선하고 계열화를 시도하였다. 하위 영역은 말하기, 듣기, 읽기, 쓰기로 구분하였는데, 쓰기를 다시 글쓰기와 글씨 쓰기로 나누어 제시하였다. 체제는 '목표(일반 목표, 학년 목표,[13] 내용(지도 사항, 주요 형식), 지도상의 유의점'으로 구성되었다. 특기할 만한 것으로는 '내용'의 마지막 부분, 즉 6학년 뒷부분에 제시되어 있는 '제재 선정의 기준'을 두고 19개 항목으로 그 기준을 제시하고 있는 점이다. 이는 국어교육에서 활용되는 제재를 가치관 교육의 소재로 활용하고자 하는 의도에서 비롯된 것이라 할 수 있다.[14]

이 시기는 총론에서 지식과 기술 교육, 가치관 교육을 강조하며, 미국의 '학문 중심 교육 과정'을 수용하고 있다. 국어과 교육과정에서는 국어교육의 일반 목표로 원활한 언어생활, 사회 적응 및 앞길 개척, 건실한 국민, 민족 문화 발전 등을 제시하였으나 범위가 지나치게 넓다는 비판을 받았다. 또한 학문 중심 교육과정을 지향하였으나 미흡했다는 평가를 받았다.

참고

제2차 국어과 교육과정을 '목표 중심 교육과정', 제3차 국어과 교육과정을 '내용 중심 교육과정'으로 구분 짓는 경우가 있다. 이것은 제2차 국어과 교육과정이 다른 교육과정에 비해 학년 목표(총 222개 항)에 많은 진술을 해 놓았기 때문에 목표 중심 교육과정으로, 제3차 국어과 교육과정은 내용(총 382개 항)에 많은 진술을 해 놓았기 때문에 내용 중심 교육과정으로 평가한 것으로 보인다.

---

13 학년 목표는 영역별로 한 항목씩 설정되어 있다.
14 [제재 선정의 기준]을 일부 예로 들면 다음과 같다.
   제재는 교육법 제2조와 제94조 및 국민 교육 헌장 등을 바탕으로 어린이의 심신 발달에 따라 다음과 같은 점에 기준을 두어 선정한다.
   (1) 투철한 국가관을 확립하고, 국민으로서의 사명감을 깊게 하며, 나라의 발전에 이바지하고자 하는 마음을 기름에 도움이 되는 것.
   (2) 국어에 대한 관심과 국어애를 높임에 도움이 되는 것.
   (3) 우리 국토와 문화의 이해, 우리 국토와 문화를 사랑함에 도움이 되는 것. 등

마. 제4차 국어과 교육과정(1981년 12월 31일 제정 고시)

교육과정 총론을 보면 제3차 교육과정에서 이미 학문중심 교육과정의 관점을 취하고 있으나, 국어과는 이 시기, 즉 제4차에 와서 학문중심 교육과정을 표방하였다. 하위 내용 영역을 표현·이해(말하기/듣기/읽기/쓰기), 언어, 문학으로 3분하고, 국어과의 토대 학문으로 수사학, 언어학, 문학을 설정하여 언어 지식 위주의 교과 구성을 취하였다.[15] '표현·이해'는 국어 사용 기능을, '언어'는 국어의 본질을 이해할 수 있도록 하는 지식을, 그리고 '문학'은 문학 작품을 이해하고 감상(鑑賞)하기 위한 지식을 지도하도록 내용과 방법을 제시하고 있다.

체제는 '교과 목표, 학년 목표 및 내용(목표, 내용), 지도 및 평가상의 유의점(지도, 평가)'로 구성되었다. 제3차 국어과 교육과정이 학년 목표와 내용 간의 연계성이 부족하였다는 판단 아래, '학년 목표'와 '내용'을 함께 다루었다. 앞 시기의 '지도상의 유의점'을 '지도 및 평가상의 유의점'으로 개선하고, 하위에 '평가' 항을 '지도'와 구분하여 제시함으로써 처음으로 '평가'가 독립적으로 구성되었다.

이 교육과정은 국어과교육의 특수성을 강조하는 방향에서 학교급별 목표를 설정하고 학년별 목표는 각 시기의 교육과정이 구분한 내용 영역과 일치되게 설정, 제시하였다. 그러나 학년별 도달 수준의 설정이 구체적인 연구 성과에 기초한 것이 아니어서 현실성이 부족하다는 비판이 줄곧 제기되었다.

바. 제5차 국어과 교육과정(1987년 6월 30일 제정 고시)

제5차 국어과 교육과정은 제4차 국어과 교육과정이 수사학, 언어학, 문학 등 지식중심의 교과 구성이라는 반성을 배경으로 하고 있다. 이 교육과정은 지식보다는 학생들의 언어 사용 기능(능력)의 신장에 중점을 두고 있어, 학생 중심, 언어 사용의 과정 중심의 국어교육을 지향한 교육과정이라고 할 수 있다. 이런 관점에서 보면

---

15 이러한 영역 구분에 대해 노명완(1989: 43)은 "이 셋을 대등하게 제시함으로써, 국어과가 마치 상호 이질적인 요소가 혼효된 단순 복합체인 것처럼 인식되게 되었다. 이러한 영역 설정이 갖는 문제점은, 각 영역의 특성은 무엇이며, 각 영역 간의 상호 관계는 어떠하며, 각 영역은 국어과의 교육 목표 성취에 어떻게 기여하는지에 대한 연구에 터하지 않았다는 데 있다."라고 비판하기도 하였다.

인간중심 교육과정[16]이라 할 수 있다. 이 교육과정에서 강조하는 언어 사용 기능을 주목할 필요가 있다. 단순하게 글자 읽기(decoding) 또는 글자 쓰기(transcribing)를 너머 의미를 구성하는 기능, 즉, 언어를 매개로 하여 지식을 구성하는 고등 사고 기능으로 그 의미를 확장하였기 때문이다. 언어 사용 기능의 강조에서 짐작되듯이 이 시기는 영역을 말하기, 듣기, 읽기, 쓰기, 언어, 문학의 여섯으로 구분하였으며, 교과서도 '말하기·듣기', '읽기', '쓰기'의 세 책으로 편찬하여 사용하기 시작하였다.

교육과정의 체제는 이전 시기와 동일하게 '교과 목표, 학년 목표 및 내용, 지도 및 평가 상의 유의점(1. 지도, 2. 평가)'으로 구성되어 있다. '학년 목표 및 내용'은 1학년에서 6학년까지 별개로 제시되어 있는데, '지도 및 평가상의 유의점'을 살펴보면 이 시기에는 학년별 수준 설정에 힘을 기울였음을 알 수 있다. 언어 기능의 수준을 1·2학년, 3·4학년, 5·6학년 3단계로 나누고 1·2학년은 즐겨 참여하고, 3·4학년은 정확하게 이해하고 표현하기, 5·6학년은 효과적으로 사용하기를 중점 지도 목표로 제시하였다. 그러나 이러한 학년별 도달 수준의 설정이 구체적인 연구 성과에 기초한 것은 아니어서 현실성이 부족하다는 비판을 받기도 하였다. 평가는 제4차 교육과정에 비해 상세화되었다. 국어과의 교과 목표에 준하여 평가하여야 함을 명시하고, 아울러 영역별로 중점을 두어야 할 내용을 구체적으로 제시한 것이다.

5차 초등학교 교육과정 해설서에서 밝히고 있는 교육과정 개정의 기본 방향을 요약하면 다음과 같은데, 이후 교육과정에서도 이러한 기본 방향은 일관되게 유지된다.

첫째, 국어교육의 목표를 일원화하고, 이로부터 국어 수업의 목표 및 방법에 대한 일괄된 지침을 추출하여 낼 수 있도록 국어과 교육과정을 체계화한다.

둘째, 교수·학습 상황의 주체로 교사가 아니라 학생을 내세웠다.

---

16 '인간중심 교육과정'은 학습자를 존중하고, 학습자 개개인의 적극적 자아실현을 교육의 궁극적 목표로 하는 관점을 말한다. 인간중심 교육과정의 관점에서 추구하는 인간의 행동 특성들이 대부분 정의적 영역에 속해 있는데 이러한 것은 표면적 교육과정(manifest curriculum)보다 잠재적 교육과정(latent curriculum)에 더 많이 포함되어 있다. 그러므로 인간중심 교육과정은 명시적 교육과정뿐만 아니라 잠재적 교육과정도 중요하게 생각한다. 인간중심 국어과 교육과정은 언어 수행의 주체인 학습자가 스스로 목표를 세우고 문제를 해결하기 위해 적극적으로 활동할 수 있는 교육 상황을 중요하게 생각한다(최미숙 외, 2009: 30).

셋째, 언어 사용의 결과보다 언어 사용의 과정을 중시하였다.

넷째, 국어과 교수·학습이 타 교과 학습과 실제 언어생활에서 활용될 수 있도록 실제성을 강조하였다.

사. 제6차 국어과 교육과정(1992년 9월 30일 제정 고시)

이 교육과정은 전반적으로 제5차 국어과 교육과정의 정신을 이어받았다고 할 수 있으며 영역도 말하기, 듣기, 읽기, 쓰기, 언어, 문학의 여섯으로 구분하였다. 교과서도 제5차와 동일하게 세 책으로 분권하였는데, 다만 고학년(5학년과 6학년)은 '말하기·듣기·읽기'와 '쓰기' 두 책으로 하였다.

이전 시기와 가장 크게 차이가 나는 것은 교육과정 체제로, 이 시기는 '성격, 목표, 내용, 방법, 평가'로 구성되었는데, 이후 이러한 체제가 지속된다. 이 시기에 신설된 '성격(性格)' 항에서는 국어과의 성격을 명확히 하려고 하였으며, 학년 목표는 없어지고 국어 과목을 통할하는 목표만 제시하였다. '내용'에서는 각 영역별 교육 내용을 '본질, 원리, 실제'로 범주화한 '가. 내용 체계'를 먼저 제시하고, 이를 준거로 하여 선정한 내용을 '나. 내용'에서 학년별, 영역별로 조직하여 제시하였다. 또한 '4. 방법'에서는 구체적인 교수·학습 방법을 제시하기도 하였다. 그러나 언어 기능의 학습에 적합한 직접 교수법(direct instruction) 한 가지만을 제시하였다는 한계를 지니고 있다. 마지막으로 처음으로 '5. 평가'항을 독립적으로 기술함으로써 평가 방법에 대해 영역별로 구체적으로 제시하였다.

6차 교육과정 해설서에 따르면 이 시기 개정의 기본 방향은 교육 과정 구조의 체계화, 목표 체계의 구조화, 내용의 정선 및 내적 구조화, 지도와 평가에 관한 사항의 구체화인바, 교육 내용의 선정과 조직의 준거가 되는 내용 체계 구성, 평가 관련 내용의 독립적 구성 등은 이러한 지향성이 반영된 것이라 할 수 있다.[17] 그러나 이 교육과정의 학년별 내용 설정 역시 구체적인 연구 성과에 기초한 것은 아니어서 현실성이 부족하다는 비판을 받았다.

---

17 이후 교육과정 체제가 '1. 성격, 2. 목표, 3. 내용(내용 체계, 학년별 내용), 4. 방법, 5. 평가'로 정착되었다.

아. 제7차 국어과 교육과정(1997년 12월 30일 제정 고시)

제7차 국어과 교육과정은 '국민공통기본교육과정'을 설정하였는데, 이는 초등학교 1학년에서 고등학교 1학년까지 10학년에 이르는 통합 교육과정 체제이다. 제7차 국어과 교육과정은 심화·보충형 수준별(水準別) 교육과정을 지향하였으며 교수·학습 방법과 평가 방법을 구체적으로 제시하여 교과 활동이 학생의 수준과 흥미에 맞게 충실히 이행되도록 의도하였다. 따라서 제7차 국어과 교육과정은 국민 공통 기본 교육 기간 설정, 수준별 교육과정(1~10학년), 그리고 선택 중심 교육과정(11~12학년) 등의 도입으로 특징지을 수 있다. 또한 제7차 국어과 교육과정은 영역을 '듣기', '말하기', '읽기', '쓰기', '국어지식', '문학' 순으로 재편성하였고, '언어'를 '국어지식' 영역으로[18] 명칭을 변경하였다.

이 시기 교육과정의 몇 가지 강조점을 살펴보면 다음과 같다.

먼저 내용 체계에 '태도' 범주가 설정된 것이다. 이는 제6차 국어과 교육과정에서 '실제' 범주의 하위 요소로 '태도'를 기술하였던 것과 대비되는 것으로, 제7차 국어과 교육과정에서는 정의적 영역의 교육적 의미를 강화한 것으로 보아야 할 것이다. 또, '본질, 원리, 태도'와 '실제'의 연관성을 내용 체계에 표상함으로써 실제적인 언어 수행 과정을 통한 학습을 강조하였다.

다음으로 '학년별 내용'에서 '수준별 학습 활동의 예'를 [기본], [심화]로 제시하여 수준별 학습을 강조하였다. 가령 1학년 듣기 영역에서 '[1-듣-(1)] 듣기가 인간의 삶에서 필요함을 안다.'라는 학습 내용을 제시하고 이에 대한 [기본]과 [심화]를 〈표 3〉과 같이 함께 제시하였다.

제6차 국어과 교육과정에서 직접 교수법만을 제시한 것과는 달리, '방법'에서도 교수·학습 방법에 대해 구체적으로 제시하였다. 교수·학습 계획, 교수·학습 방법, 교수·학습 자료 등을 상세화하였으며, 수업 모형도 직접 교수법 외에 문제 해결 학습, 협동 학습 등을 제시하면서 학습 내용과 학습 목표에 적합한 모형을 수업에 적용

---

[18] "교육 대상이 되는 언어가 '국어'인 것이지 '언어 일반'이 아니라는 판단이며, '언어'와 '국어'와의 관계에서 상위 개념이 하위 개념의 밑에 놓이게 된다는 개념 범주상의 문제도 해소하기 위함이었던 것이다."에서 보듯이, '언어'에서 '국어지식', 다시 '문법'으로 바뀐 '문법' 영역의 영역명은 계속적인 논란의 대상이 되고 있다(최미숙 외, 2009: 281).

하도록 안내하였다. '5. 평가'에서는 '내용 체계'를 토대로 평가 목표를 정하였으며 수행 평가를 강조하였다.

〈표 3〉 제7차 교육과정 수준별 학습 활동 제시의 예

내용	수준별 학습 활동의 예
(1) 듣기가 인간의 삶에서 필요함을 안다.	[기본] ○귀를 막고 상대의 표정이나 몸짓만으로 의미를 추측한다. ○상대가 지시한 대로 따라 해 본다. [심화] ○주의를 기울여 들었던 경험을 이야기하여 보고, 듣기의 필요성에 대하여 이야기 한다.

자. 2007 국어과 교육과정(2007년 2월 28일 제정 고시)

제7차 국어과 교육과정의 한계와 단점을 보완하고 새로운 시대적 환경변화의 흐름에 발맞추기 위하여 수시 개정체제로 전환한 것이 바로 2007 국어과 교육과정이다. 제7차 국어과 교육과정이 국가 주도로 수준별 교육 내용을 제시한 것과 언어활동의 맥락(脈絡)에 관심을 두지 못한 점, 실제와 내용들 간의 관련성이 강조되지 못한 점 등에 대한 반성을 반영하여 개정 교육과정을 구성하였다.

'(1) 성격'은 제7차 국어과 교육과정의 기본적인 틀을 유지하였으나 학습 지향점과 학교급별 지도 중점을 제시하였다. '(2) 목표'도 제7차 국어과 교육과정과 마찬가지로 전문(前文)과 세부목표(細部目標)의 구조로 되어 있고, 학습자 중심으로 진술하고 있으며 인지적·정의적 특성을 강조하고 있다.

'(3) 내용'항의 특이점은 다음과 같다. '가. 내용 체계'에서 특징적인 변화는 '실제' 범주를 가장 상위로 옮겨놓음으로써 국어교육 활동의 실제적인 측면을 강화한 것이다. 또한 '본질'을 '지식'으로, '원리'를 '기능'으로 범주명을 변경하여 범주의 의미를 명료화하려고 하였다. 교육 내용이 아니라 교육의 결과라는 판단 하에 '태도'를 삭제하였고, '맥락'을 새롭게 추가하였다. 맥락에 대한 정의는 연구자에 따라 상이하나 이 시기 교육과정 해설서에서의 안내는 이러하다. 맥락은 언어 공동체에서 형성된

언어 규범·관습과 언어 행위자의 개별적인 언어 행위가 만나는 공간으로 상황 맥락과 사회·문화적 맥락을 포함한다. 상황 맥락이란 담화와 글의 수용 및 생산 활동에 직접 영향을 미치는 구체적인 맥락으로 언어 행위의 주체(화자/필자, 청자/독자), 주제, 목적, 구체적 시공간 등을 포함하며, 사회·문화적 맥락은 역사적·사회적 상황, 이데올로기, 공동체의 가치·신념 등 담화와 글의 수용, 생산 활동에 간접적으로 작용하는 보다 광의의 맥락이다.

또한 2007 국어과 교육과정은 제7차 국어과 교육과정의 '국어지식'을 '문법'[19]으로 변경하였고 급격한 언어활동의 변화를 반영하여 '매체(媒體)'에 관한 내용을 확대 및 강화하였다. 학년별 내용을 선정할 때 제7차 교육과정과는 달리 '수준별 학습 활동의 예'를 삭제하는 대신 '성취기준'을 제시하여 국어 수업의 방향을 명확히 하려고 하였다. 또한 '성취기준'에 따른 '담화[20]의 수준과 범위'를 제시하고 성취기준에 도달하기 위해 교수·학습 되어야 할 학습 내용을 '내용 요소의 예'로 제시하여 국어과 수업자에게 구체적인 정보를 제공하려고 하였다. 이것은 국가 주도의 수준별 교육과정 체제에서 학교 및 교사 중심의 수준별 교육으로 전환하려는 의도에 따른 것으로 보인다.

요약해 보면, 이 교육과정은 학교 및 교사 중심의 수준별 교육과정으로, 언어 사용의 '실제'를 강조하였고, '태도' 범주를 삭제하고 '맥락' 범주를 신설하였으며, '매체' 관련 내용을 확대 및 강조하였다. 영역은 앞 시기의 '국어 지식'을 다시 '문법'으로 명칭을 바꾸어 '듣기, 말하기, 읽기, 쓰기, 문법, 문학'으로 구분하였다.

---

19 교육과학기술부(2008: 18)에서 제시하는 영역명 변경의 이유는 다음과 같다.
  "제7차 교육과정에서 사용하였던 '국어 지식'이라는 영역명을 '문법'으로 바꾸었다. 이는 1) '국어 지식'에서 '국어'가 지나치게 포괄적이어서, 듣기, 말하기, 읽기, 쓰기, 문학 영역 모두를 지시한다는 점, 2) '국어 지식'에서 '지식'이 '쓰임과 활용'까지를 포괄하지 못한다는 점을 고려한 것이다."
20 2007 국어과 교육과정에서 사용되던 '텍스트' 대신 '담화'를 사용하는 것에 대해 교육과학기술부(2008: 5)에서는 다음과 같이 그 까닭을 설명한다.
  "2007 국어과 교육과정에서는 의사소통 기능을 지닌 최소 발화 단위로서 '텍스트'라는 용어를 사용하고자 하였으나, 개념의 모호성, 외래어 사용 등의 문제로 공식적으로 사용하지 않기로 하였다. 대신 영역에 따라 텍스트란 용어를 달리 사용하기로 하였다. 예컨대, 듣기, 말하기 영역에서는 '담화'로, 읽기, 쓰기 영역에서는 '글'로, 문법 영역에서는 '언어 자료'로, 문학 영역에서는 '작품'으로 부르기로 하였다."

차. 2009 국어과 교육과정

2009 국어과 교육과정은 '총론'을 먼저 고시하고, 2011년에 '각론'을, 이어 2012년에 타인 존중, 배려, 소통, 다양성 등의 내용을 담아 다시 개정안을 고시하였다. 이시기의 가장 큰 변화는 학년군으로 묶어 교육 내용을 제시하고 있다는 점이다. 제7차국어과 교육과정부터 2007 국어과 교육과정, 2009 국어과 교육과정까지 수시 개정체제 이후, 개정 교육과정은 기본적인 틀은 비슷하게 유지하고 있으나 좀 더 깊이들여다보면, 각 항에 나타난 내용 체계나 범주 등이 바뀌기도 하고 없어지거나 새롭게 나타난 것이 있다. 이런 변화의 의미를 면밀히 검토하고 그 의도를 간파함으로써, 각 학교 및 교사 수준에서 개정 교육과정의 적용과 실천에 더욱 구체적인 지침을얻을 수 있을 것이다.

이 시기 최종 고시된 국어과 교육과정(교육과학기술부 고시 제 2012-14호[별책 5])에따르면 공통 교육과정인 '국어'의 체제는[21] '1. 추구하는 인간상, 2. 학교급별 목표, 3. 목표, 4. 내용의 영역과 기준, 5. 교수·학습 방법, 6. 평가'로 구성되어 있다. '1. 추구하는 인간상'과 '2. 학교급별 목표'는 총론의 내용을 그대로 반영한 것이므로제외하고,[22] 각 항목의 주요 내용을 요약하면 다음과 같다.

'3. 목표'는 2007 국어과 교육과정과 마찬가지로 전문과 세부 목표의 구조로 되어있으며, 세부 목표는 지식, 기능, 태도의 순으로 제시하고 있다. '국어' 과목의 목표를보면, 다음과 같다.

> ※ 2009 교육과정의 '국어' 목표
> 국어 활동과 국어와 문학을 총체적으로 이해하고, 국어 활동의 맥락을 고려하여

---

[21] 이 시기 국어 교과는 공통 교육과정인 '국어'와 선택 교육과정인 '국어 I, 국어 II, 화법과 작문, 독서와문법, 문학, 고전'으로 구성되어 있다.

[22] 추구하는 인간상은 다음의 넷이다.
　가. 전인적 성장의 기반 위에 개성의 발달과 진로를 개척하는 사람(자주인)
　나. 기초 능력의 바탕 위에 새로운 발상과 도전으로 창의성을 발휘하는 사람(창의인)
　다. 문화적 소양과 다원적 가치에 대한 이해를 바탕으로 품격 있는 삶을 영위하는 사람(문화인)
　라. 세계와 소통하는 시민으로서 배려와 나눔의 정신으로 공동체 발전에 참여하는 사람(세계인)'
　(교육과학기술부, 2009: 28)

국어를 정확하고 효과적으로 사용하며, 국어를 사랑하고 국어 문화를 누리면서 국어의 창의적 발전과 국어 문화 창조에 이바지할 수 있는 능력과 태도를 기른다.

　가. 국어 활동과 국어와 문학에 대한 기본적인 지식을 익힌다.
　나. 다양한 유형의 담화와 글을 비판적이고 창의적으로 수용하고 생산한다.
　다. 국어의 가치와 중요성을 인식하고 국어 생활을 능동적으로 하는 태도를 기른다.

'4. 내용의 영역과 기준'은 '가. 내용 체계'와 '나. 학년군별 세부 내용'으로 구성되어 있다. 내용 체계는 이전 시기와 비교하여 상당한 변화가 있다.

먼저, '가. 내용 체계'에서 이전에 별개로 제시되었던 듣기와 말하기를 하나로 묶어 '듣기·말하기', '읽기', '쓰기', '문법', '문학'으로 영역을 구분한 점이다. 이는 듣기와 말하기가 시·공간을 공유하는 화자와 청자 간의 역동적 상호작용임을 반영한 것으로 보인다. 다음으로는, '실제' 범주를 내용 체계의 가장 상위에 두고 '지식', '기능', '태도'를 그 하위에 구성한 점을 들 수 있다. 이것은 언어 기능 영역에서 이전의 과정 중심 설계에서 나타난 한계를 극복하고자 한 것이다. 아울러 2007 교육과정에서 강조했던 '맥락'을 '지식'의 하위 요소로 내리고, 2007 교육과정에서 없어졌던 '태도'가 다시 내용 체계의 상위 범주로 등장하였다.

내용 체계의 구성은 각 시기 내용 선정 및 조직의 준거가 되므로 아래에서 제6차 교육과정에서 2009 교육과정까지의 변천을 개략적으로 살펴보면 다음과 같다.

〈표 4〉 국어과 교육과정 내용 체계 변천(제6차～2009 교육과정)

제6차 교육과정			제7차 교육과정			2007 교육과정		2009 교육과정		
본질	원리	실제	본질	원리	태도	실제		실제		
			실제			지식	기능	지식	기능	태도
						맥락				

범주 설정에서 제6차와 제7차에서는 '본질'과 '원리'가, 2007과 2009에서는 '지식'과 '기능'이 제시되고 있어 상당히 차이가 있는 듯이 보인다. 그러나 시기별로 해당

범주의 하위 요소를 비교하면 '본질'과 '지식', '원리'와 '기능'이 상응한다.[23] '태도'는 제7차와 2009에는 범주로 설정되어 있지만 2007에는 그렇지 않다. 자칫 이것이 2007에서 태도 교육을 하지 않은 것으로 해석되어서는 안된다.[24] 2007 교육과정에서 태도는 국어과 교육과정의 성격, 목표 부분에서 시종일관하게 강조하고 있으며, 교수·학습과 평가에서는 구체적인 방법을 제안하고 있음이다. 제6차 교육과정에서는 '실제' 범주 아래 '태도 및 습관'이 하위 요소로 설정되어 있다.

내용 체계의 변천에서 눈에 띄는 또 다른 범주는 '실제'이다. 2007 시기에 이르면 담화와 글의 수용·생산 활동을 의미하는 '실제'는 내용 요소의 범주를 규정하고 통어함으로써 성취기준 선정 범주로 작용하며, 지식, 기능, 맥락에 해당하는 내용 요소는 실제와의 관계 속에서만 그 의미를 갖는다. 그래서 각 성취기준을 하나의 담화 또는 글의 유형(실제)과 그를 수용·생산하는 데 중요하다고 생각되는 지식, 기능, 맥락 관련 내용 요소로 구성하였다.

'실제'에서 언어 사용의 목적이 제7차 교육과정에서는 '친교', 2007 교육과정에서는 '사회적 상호작용', 2009 교육과정(제2011-361호)에서는 '친교 및 정서 표현'으로 바뀌었다. 특히 2009 교육과정(제2011-361호)에서 '다양한 목적'의 하위에 '정보 전달', '설득', '친교 및 정서 표현'을 두어서 언어 수행의 실제적인 부분이 언어 사용의 목적에 부합되어야 함을 강조하고 있다. 또한 2007 교육과정에서 각 영역마다 '매체 특성'을 '지식'의 하위에 두었는데 2009 교육과정(제2011-361호)에서는 '실제'의 하위에 두었다. 이것은 2007 교육과정이 매체에 대한 지식적인 측면을 다루는 데 그친 반면에 2009 교육과정(제2011-361호)에서는 '매체'에 대한 보다 실제적인 수행을 강조한 것이라고 볼 수 있다. '맥락'이 빠진 것은 상황적 맥락, 사회문화적 맥락을 중요도를 간과한 것이라기보다는 '맥락'이 가지고 있는 의미의 불명확성에서 기인한 것으로 보인다.

---

[23] 교육과학기술부(2008: 19)에서도 "제7차 교육과정의 내용 범주인 '본질', '원리'는 개정 교육과정의 내용 요소 범주인 '지식', '기능'에 각각 대응한다."라고 밝히고 있다.

[24] 최미숙 외(2009: 199)에서는 이에 대해 "이전의 '태도'는 직접 가르칠 수 없는 지도 요소로서의 성격이기보다 학습의 결과로 나타나는 요소로서의 성격이 크다고 보아 목표 속에 포함시키고 지도 내용에서는 삭제하였다."라고 밝히고 있다.

2007 초등학교 국어과 해설서인 교육과학기술부(2008: 19)에 따르면 내용 체계의
각 범주는 다음과 같이 정의된다.

- ∘ 지식 : 담화와 글의 수용·생산 활동에서 요구되는 형식적, 본질적, 명제적 지식
- ∘ 기능 : 담화와 글의 수용·생산 활동에 관여하는 사고의 절차나 과정, 실제 언어
  사용 활동을 통해 연습하고 익혀야 하는 기능
- ∘ 맥락 : 담화와 글이 수용·생산에서 고려해야 할 사회·문화적 배경
- ∘ 실제 : 성취기준 선정 범주에 해당하는 담화와 글의 수용·생산 활동

제6차 국어과 교육과정에서 2009 국어과 교육과정(제2011-361호)까지 '실제'에서
제시된 언어 사용 목적의 변화는 아래 표와 같다.

〈표 5〉 국어과 교육과정에 제시된 언어 사용 목적의 변천(제6차～2009)

제6차 교육과정	제7차 교육과정	2007 교육과정	2009 교육과정
정보 전달 설득 친교 및 정서 표현	정보 전달 설득 정서 표현 친교	정보 전달 설득 정서 표현 사회적 상호작용	정보 전달 설득 친교 및 정서 표현 (매체)

그밖에도 범주 사이에 점선 처리가 없어지고 실선으로만 처리된 것도 작은 변화이
다. 각 영역의 '기능'에서 '과정의 점검과 조정'이 들어간 것은 과정 중심의 언어 기능
교육을 강화하였음을 의미하고 회귀적인 피드백과 상위인지(meta-cognition)에 대한
강조도 엿볼 수 있다.

'나. 학년군별 세부 내용'을 보면 2007 교육과정에서는 '나. 학년별 내용'을 '성취
기준, 담화(또는 글, 언어 자료, 작품)의 수준과 범위, 내용 요소의 예'로 제시하였으나,
2009 교육과정(제2011-361호)에서는 '학년군별 세부 내용'을 [1-2학년군], [3-4학년
군], [5-6학년군], [중1-3학년군]의 순서대로 제시하였다. 또한 2009 교육과정은 각
학년군별로 [학년군 성취기준], [영역 성취기준], [내용 성취기준]의 순서대로 제시하
였다.[25] 각 학년군별로 마지막에는 '국어 자료의 예'를 제시하였는데, 그 내용은 '담화

(듣기/말하기), 글(문법/읽기/쓰기), 문학 작품(문학)' 순으로 되어 있다. 이것은 2007 교육과정의 '담화(또는 글, 언어 자료, 작품)의 수준과 범위'에 해당되는 부분이다.

'5. 교수·학습 방법', '6. 평가'는 수업 개선을 위해 점검할 사항을 제시하는가 하면 다양한 평가 방법 제시하기도 하는 등 교사가 실제로 참조할 수 있을 정도로 더욱 체계화, 구체화된다.

카. 2015 국어과 교육과정

2015 교육과정은 '역량' 중심 교육과정으로 일컬어지기도 한다. 이는 이 교육과정이 학습 경험의 질 개선을 통한 행복한 학습의 구현과 더불어 미래 사회가 요구하는 핵심역량을 갖춘 창의융합형 인재 양성을 비전으로 제시하고 있기 때문이다.[26] 여기에서 창의융합형 인재는 "인문학적 상상력, 과학 기술 창조력을 갖추는 바른 인성을 겸비하여 새로운 지식을 창조하고 다양한 지식을 융합하여 새로운 가치를 창출할 수 있는 사람"(교육부 2014: 2)을 가리킨다. 이에 각 교과 교육과정에서도 총론과의 유기적 연계를 염두에 두어 핵심역량 함양이 가능한 교육과정, 배움의 즐거움을 경험할 수 있는 학생 중심의 교육과정, 교과별 특성에 맞는 교육과정의 구성을 꾀하였다. 국어과 교육과정 역시 그러하다.

2015 국어과 교육과정은 '1. 성격, 2. 목표, 3. 내용 체계 및 성취기준, 4. 교수·학습 및 평가'의 체제로 구성되었다. 영역은 앞 시기와 동일하게 '듣기·말하기', '읽기', '쓰기', '문법', '문학'로 구분하였다.

먼저 '1. 성격'에서는 국어가 대한민국의 공용어이며 사고와 의사소통의 도구이자 문화 창조와 전승의 기반일 뿐만 아니라 학습의 중요한 토대임을 명시한다. 국어 능력이 더 깊이 있는 사고, 효과적인 의사소통, 발전적인 문화 창조 능력의 함양을 가능하게 한다는 것이다. 아울러 교육과정 총론에서 제시한 핵심역량을 바탕으로

---

25 '학년군별 세부 내용'은 [1-2학년군], [3-4학년군], [5-6학년군], [중1-3학년군]의 순으로 제시하고, 각 학년군별 세부 내용은 '학년군 성취기준', '영역 성취기준', '내용 성취기준'의 순으로 제시하였다. '내용 성취기준'에서는 개별 성취기준에 대한 간략한 해설을 덧붙였다.

26 교육부(2015: 25)에서 더 자세한 내용을 참조할 수 있다.

'국어'의 학습을 통하여 추구해야 할 국어 교과 역량을 설정하여 제시하였다.

〈표 6〉 2015 국어과 교육과정에서 '역량'의 의미

역량	내용
비판적·창의적 사고 역량	다양한 상황이나 자료, 담화, 글을 주체적인 관점에서 해석하고 평가하여 새롭고 독창적인 의미를 부여하거나 만드는 능력
자료·정보 활용 역량	필요한 자료나 정보를 수집, 분석, 평가하고 이를 효과적을 활용하여 의사를 결정하거나 문제를 해결하는 능력
의사소통 역량	음성 언어, 문자 언어, 기호와 매체 등을 활용하여 생각과 느낌, 경험을 표현하거나 이해하면서 의미를 구성하고 자아와 타인, 세계의 관계를 점검·조정하는 능력
공동체·대인 관계 역량	공동체의 가치와 공동체 구성원의 다양성을 존중하고 상호 협력하며 관계를 맺고 갈등을 조정하는 능력
문화 향유 역량	국어로 형성·계승되는 다양한 문화를 이해하고 그 아름다움과 가치를 내면화하여 수준 높은 문화를 향유·생산하는 능력
자기 성찰·계발 역량	삶의 가치와 의미를 반성하고 탐색하며 변화하는 사회에서 필요한 재능과 자질을 계발하고 관리하는 능력

'2. 목표'는 총괄 목표와 세부 목표로 분리하여 기술하고 있는데 이는 국어과교육의 내용 체계 구성의 기준이 된다. 총괄 목표의 진술은 '본질 - 기능 - 능력과 태도'의 순으로 구성됨에 비해 세부 목표는 '기능, 지식, 태도'의 순으로 진술하였다. 여기에서 지식보다 기능을 먼저 제시한 것은 실제적인 교육 실천을 강조한 것이라 할 수 있다.

이전의 교육과정 체제와 비교할 때, 2015 국어과 교육과정에서 가장 크게 변화한 것은 '3. 내용 체계 및 성취기준'이다. 먼저 '가. 내용 체계'이다. 이 시기에는, 각 교과가 그 특성에 따라 내용 체계를 달리하였던 이전 시기와는 달리 전체 교과의 내용 체계를 통일하였다.[27] 즉, 총론에서 교과 역량을 함양하는 데 필요한 학습 내용을

---

27 교육과정 개정 당시 공통으로 제시된 내용 체계가 국어과에 적절하지 않다는 비판이 제기되기는 하였지만, 교사들로부터는 전체 학년의 영역별 내용 요소를 한 눈에 파악할 수 있다는 점에서 긍정적 반응을 얻기도 하였다.

핵심 개념, 일반화된 지식, 기능(사고 및 탐구 기능)을 중심으로 구조화하고 이를 내용 체계에 제시하도록 요구한 것이다. 이에 따라 '국어' 과목에서도 내용 체계의 가로축은 '핵심 개념', '일반화된 지식', '학년(군)별 내용 요소', '기능'으로 구성하고, 세로축은 '핵심 개념' 아래 하위 영역별로 본질, 유형, 구성 요소, 태도로 구성하였다. 내용 체계의 범주에 대한 정의는 다음과 같다.

  ◦ 핵심 개념 : 각 영역별로 익혀야 할 본질, 수행, 태도 등의 기초 내용
  ◦ 일반화된 지식 : 핵심 개념에 대한 일반적인 원리 또는 적용 원리
  ◦ 학년(군)별 내용 요소 : 학년(군)별로 정리한 영역별 구체적인 내용 요소
  ◦ 기능 : 수업 후 학생들이 할 수 있거나 할 수 있기를 기대하는 능력

'나. 성취기준'에서는 학년군별로 각 영역의 '성취기준'을 제시한 후, '학습 요소'와 '성취기준 해설', '교수·학습 방법 및 유의사항', '평가 방법 및 유의 사항'을 차례로 제시하였다. '학습 요소'를 명기한 것은 성취기준의 범위와 수준을 명확하게 하기 위함이다. '성취기준 해설'은 상세한 설명이 필요하거나 오해의 소지가 있는 경우에만 제시하였다. 무엇보다 큰 변화는 성취기준에 따른 '교수·학습 방법 및 유의사항', '평가 방법 및 유의사항'을 제시하여 실제적 활용성을 높이도록 한 점이다. 학년군 성취기준의 마지막에는 '학년군 국어 자료의 예'를 제시하여 참조하도록 하였다.

2015 국어과 교육과정에서는 교수·학습과 평가를 통합하여 '4. 교수·학습 및 평가의 방향'으로 구성하고, 교과의 성격이나 특성에 따른 포괄적 내용을 제시하였다. 이전의 교육과정에 비해 상대적으로 내용이 소략한 것은 각 학년군에서 영역별로 성취기준의 교수·학습 및 평가에 대한 안내가 제시되었기 때문이다.

기타 이 시기에 눈여겨 보아야 할 주요 개정 사항으로 아래 둘을 들 수 있다.

첫째, 기초적인 한글 교육 시수의 확보이다. 2009 국어과 교육과정에서 27차시에 머물렀던 한글 교육을 2015 국어과 교육과정에서는 최소 45차시 이상 확보하도록 한 것이다. 이는 한글 교육을 통해 모든 학생들이 기초 학습 능력을 갖출 수 있게 되기를 의도한 것이다.[28]

둘째, 독서 교육의 강화이다. 기존 국어교육에서 교과서에 제재가 분절적, 파편적

으로 수록된 것에 대한 문제점이 지속적으로 제기되어 왔다. 이에 2015 국어과 교육과정에서는 아래와 같이 긴 호흡으로 작품을 전체를 온전히 읽는 기회를 제공할 것을 강조하였다.

※ 2015 국어과 교육과정 중 독서 교육 강화와 관련된 내용
4. 교수·학습 및 평가의 방향
 가. 교수·학습 방향
  1) 생략
  2) 국어 활동의 총체성을 고려하여 통합형 교수·학습을 계획하고 운용한다.
 ① ~ ⑤ 생략
 ⑥ 한 학기에 한 권, 학년(군) 수준과 학습자 개인의 특성에 맞는 책을 긴 호흡으로 읽을 수 있도록 도서 준비와 독서 시간 확보 등의 물리적 여건을 조성하고, 읽고, 생각을 나누고, 쓰는 통합적인 독서 활동을 학습자가 경험할 수 있도록 한다.

---

28 김창원 외(2015)에서 이에 대한 더 자세한 안내를 얻을 수 있다.

제 5 장

2022 개정 국어과 교육과정

1. 2022 교육과정의 특징[1]

학교 교육을 구성하는 여러 교과의 교육과정을 개발할 때는 교과 특수성뿐만 아니라 총론과의 유기성을 함께 고려한다. 그러므로 2022 국어과 교육과정의 이해를 위해서 먼저 총론에서 제시하고 있는 교육과정 개정의 배경과 중점 등을 간략하게 살펴볼 필요가 있다.

교육과정의 개정은 우연적인 사건이 아니라 시대적 변화에 따른 사회적 요구를 반영하여 이루어지는 일이다. 2022 교육과정은 디지털 기술의 발달, 기후환경의 급속한 변화 등으로 인한 사회 불확실성의 증가, 사회의 복잡성과 다양성의 확대됨에 따라 사회적 문제 해결에서 요구되는 상호 존중 및 공동체 의식 함양의 필요성 증가, 맞춤형 교육에 대한 요구 증가, 교육과정 자율화 및 분권화 활성화에 대한 요구 증가 등을 그 배경으로 한다. 이와 같은 사회적 요구를 충족하고자 2022 교육과정은 또한 학습자를 '포용성과 창의성을 갖춘 자기주도적인 사람'으로 양성함을 비전으로 제시하고, 다음과 같이 교육과정 개정의 중점을 설정하였다.

※ 2022 교육과정 개정의 중점
◦ 미래 사회가 요구하는 역량 함양이 가능한 교육과정

---

[1] 이하 2022 교육과정의 특징은 교육부(2021), 교육부(2022), 한국교육과정평가원(2022)에서 인용하거나 또는 이들을 참조하여 내용을 정리한 것이다.

◦ 학습자의 삶과 성장을 지원하는 교육과정

◦ 지역·학교 교육과정 자율성 확대 및 책임교육 구현

◦ 디지털·AI 교육환경에 맞는 교수·학습 및 평가체제 구축

이들 개정 중점을 통해 먼저 알 수 있는 것은 2022 교육과정 역시 역량의 함양을 목표로 두고 있다는 점이다.[2] 새 교육과정의 핵심역량은 2015 교육과정의 핵심역량을 기본 틀로 하되, 의사소통 역량을 협력적 소통 역량으로 수정 반영하여, 자기관리 역량, 정보처리 역량, 창의적 사고 역량, 심미적 감성 역량, 협력적 소통 역량으로 설정하였다. 그리고 각 교과에서도 미래 변화에 유연하게 대응할 수 있도록 지식·이해, 과정·기능, 가치·태도를 아우르는 교과 역량을 각 교과 교육과정 개발에 적용하도록 하고 있다. 이에 각 교과에서는 내용 체계를 이들 범주 중심으로 구성하였다.

또, 이러한 역량의 함양을 위해서 각 교과 교육에서 깊이 있는 학습,[3] 교과 간 연계와 통합, 삶과 연계한 학습, 학습 과정에 대한 성찰이 가능하도록 교육과정을 개발함으로써 깊이 있는 학습이 이루어질 수 있도록 하여야 함을 강조한다. 아래 〈그림 1〉은 역량과 교과 교육과정의 개발에서 중점을 두어야 할 사항의 관계를 일별할 수 있도록 도식화한 것이다.

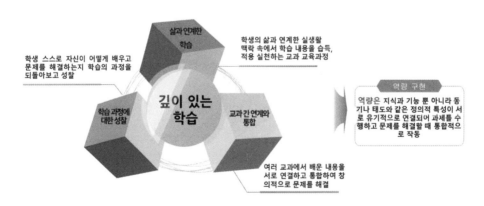

〈그림 1〉 역량 함양을 위한 교과 교육의 강조점

---

2 2022 교육과정이 크게 참고하고 있는 'OECD 교육 2030'에서는 핵심역량 대신 변혁적 역량(trans-formative competencies)이라는 용어를 사용하는데, 이는 역량의 전이가능성을 강조하는 것이다.

3 '깊이 있는 학습'이란 학습자가 학습 자료를 스스로 자신의 것으로 만들고 배운 것을 새로운 상황에 적용할 수 있도록 소수의 핵심 내용을 깊이 있게 배우는 것을 의미하는 것으로, 전이 이론에 기초한다.

미래 사회가 요구하는 역량 함양의 일환으로 강조하는 또 다른 내용은 기초소양 교육이다. 2022 교육과정에서는 여러 교과를 학습하는 데 기반이 될 뿐만 아니라 지속가능한 평생 학습의 기반이 되는 기초소양으로 언어 소양, 수리 소양, 디지털 소양을 제시하고, 이를 교과에 반영하도록 하고 있다. 국어과 내용 체계의 범주 중 '읽기의 기초', '쓰기의 기초', '한글의 기초와 국어 규범'이 이를 반영한 내용이다. 아래 기초소양의 정의를 살펴보면 비단 언어 소양뿐 아니라 디지털 소양 역시 일정 부분 국어과에서 다루어야 함을 알 수 있다.

〈표 1〉 2022 교육과정에 제시된 기초소양

기초소양	개념
언어 소양	언어를 중심으로 다양한 기호, 양식, 매체 등을 활용한 텍스트를 대상, 목적, 맥락에 맞게 이해하고, 생산·공유, 사용하여 문제를 해결하고 공동체 구성원과 소통하고 참여하는 능력
수리 소양	다양한 상황에서 수리적 정보와 표현 및 사고 방법을 이해, 해석, 사용하여 문제해결, 추론, 의사소통하는 능력
디지털 소양	디지털 지식과 기술에 대한 이해와 윤리의식을 바탕으로, 정보를 수집·분석하고 비판적으로 이해·평가하여 새로운 정보와 지식을 생산·활용하는 능력

학습자의 삶과 성장 지원은, 구체적으로 '학습자 주도성'의 강조로 나타난다. 학습자 주도성이란 '학습자가 자신의 삶과 학습을 주도적으로 설계하고 구성하는 능력'이다. 미래 사회에서 행복한 삶을 위해 학습자가 스스로 목적의식을 가지고 교육과정을 주도적으로 설계할 수 있도록 지원함으로써 미래 사회에 변화의 주체가 될 수 있어야 한다는 인식이 바탕이 된 것이다. 뒤에 다시 살펴보겠지만 국어과에서 권장하는 학습자 맞춤형 교수·학습 및 자기 선택적 교수·학습의 계획과 운용은 학습자 주도성을 반영한 것이다.

'모두를 위한 교육과정'의 강화는 새 교육과정의 또 다른 강조점이다. 2022 교육과정 총론에서는 '4. 모든 학생을 위한 교육 기회의 제공'이라는 별도의 항을 설정하고, 다양한 특성을 가진 학습자들이[4] 차별을 받지 않고 적합한 교육을 받을 수 있는 기회

---

4 가령, 학습 부진 학생, 느린 학습자, 장애를 가진 학생, 다문화 가정 학생 등을 들 수 있다.

를 제공하는 데 필요한 지원 과제를 안내하고 있다.

새 교육과정에서 국어과 시수를 34시간 증배한 것도 눈에 뜨인다. 이는 학습 격차 발생을 예방하기 위해 입학 초기에 교과 학습의 기초가 되는 한글을 배우고 익히는 시간을 확보하려 한 것이다. 따라서 국어과에서도 교육과정 개발뿐만 아니라 교과서 편찬에서 증배된 시수를 적절하고 효과적으로 반영하여 모든 학생들의 기초적인 읽기와 쓰기 능력, 곧 기초 문식성 교육이 이루어지도록 구성하여야 할 것이다.

참고

∘ 2022 「초·중등학교 교육과정 총론」(교육부 고시, 제2022-33호)에서 밝히고 있는 교육과정 구성의 중점과 핵심역량은 다음과 같다.

1. 교육과정 구성의 중점

가. 디지털 전환, 기후·생태환경 변화 등에 따른 미래 사회의 불확실성에 능동적으로 대응할 수 있는 능력과 자신의 삶과 학습을 스스로 이끌어가는 주도성을 함양한다.

나. 학생 개개인의 인격적 성장을 지원하고, 사회 구성원 모두의 행복을 위해 서로 존중하고 배려하며 협력하는 공동체 의식을 함양한다.

다. 모든 학생이 학습의 기초인 언어·수리·디지털 기초소양을 갖출 수 있도록 하여 학교 교육과 평생 학습에서 학습을 지속할 수 있게 한다.

라. 학생들이 자신의 진로와 학습을 주도적으로 설계하고, 적절한 시기에 학습할 수 있도록 학습자 맞춤형 교육과정 체제를 구축한다.

마. 교과 교육에서 깊이 있는 학습을 통해 역량을 함양할 수 있도록 교과 간 연계와 통합, 학생의 삶과 연계된 학습, 학습에 대한 성찰 등을 강화한다.

바. 다양한 학생 참여형 수업을 활성화하고, 문제 해결 및 사고의 과정을 중시하는 평가를 통해 학습의 질을 개선한다.

사. 교육과정 자율화·분권화를 기반으로 학교, 교사, 학부모, 시·도 교육청, 교육부 등 교육 주체들 간의 협조 체제를 구축하여 학습자의 특성과 학교 여건에 적합한 학습이 이루어질 수 있도록 한다.

2. 핵심역량

가. 자기관리 역량 : 자아정체성과 자신감을 가지고 자신의 삶과 진로를 스스로 설계하며 이에 필요한 기초 능력과 자질을 갖추어 자기주도적으로 살아갈 수 있는 능력

나. 지식정보처리 역량 : 문제를 합리적으로 해결하기 위하여 다양한 영역의 지식과 정보를 깊이 있게 이해하고 비판적으로 탐구하며 활용할 수 있는 능력

다. 창의적 사고 역량 : 폭넓은 기초 지식을 바탕으로 다양한 전문 분야의 지식, 기술, 경험을 융합적으로 활용하여 새로운 것을 창출하는 능력

라. 심미적 감성 역량 : 인간에 대한 공감적 이해와 문화적 감수성을 바탕으로 삶의 의미와 가치를 성찰하고 향유하는 능력

마. 협력적 소통 역량 : 다른 사람의 관점을 존중하고 경청하는 가운데 자신의 생각과 감정을 효과적으로 표현하며 상호협력적인 관계에서 공동의 목적을 구현하는 능력

바. 공동체 역량 : 지역·국가·세계 공동체의 구성원에게 요구되는 개방적·포용적 가치와 태도로 지속 가능한 인류 공동체 발전에 적극적이고 책임감 있게 참여하는 능력

2. 2022 개정 국어과 교육과정의 이해[5]

가. 교육과정 설계의 개요

2022 국어과 교육과정 개정의 배경은 총론에서 밝힌 그것과 다르지 않지만, 한 가지 더 부가하자면 기초학력 보장에 대한 요구이다. 기초학력보장법(2022.3.25. 시행, 법률 제18458호)으로 모든 학생의 기초학력 보장을 위합 법적 근거가 마련되고 이에 따라 특히 초등학교 저학년 시기에 기초학력으로서의 문식성('문해력') 교육을 강화할 것이 요구되었다. 앞서 언급하였듯이 이에 따라 국어과 시수도 증배되었다. 초등학교에서 국어에 배당된 최소 이수 시간은 1~2학년군 482차시, 3~4학년군 408차시, 5~6학년군 408차시이다.[6]

총론의 핵심역량을 국어과 특성에 맞게 재구성한 핵심역량은, 2015 국어과 교육과정의 내용을 수용하되, 다만 디지털 다매체 시대로 변화한 언어 환경을 고려하여

---

5 이 절의 내용은 교육부(2022), 한국교육과정평가원(2022)을 참조하여 구성하였다.

6 이 학년군별 총 수업 시간 수는 최소 수업 시수를 나타낸 것이므로 학교 교육과정을 구성할 때는 반드시 이 시수가 확보되도록 유념해야 한다.

2015 국어과 교육과정의 역량 중 '자료정보 활용 역량'은 '디지털·미디어 역량'으로 수정하였다. 또한 비판적·창의적 이해와 표현, 협력적 의사소통과 공동체 문화, 언어생활에 대한 성찰과 개선, 문화 향유 등의 강조점을 중심으로 국어 과목의 성격과 목표에 반영하였다.

> ※ 2022 개정 국어과 교육과정의 핵심역량
> ◦ 비판적·창의적 사고 역량 : 다양한 상황이나 자료, 담화, 글을 주체적인 관점에서 해석하고 평가하여 새롭고 독창적인 의미를 부여하거나 만드는 능력
> ◦ 의사소통 역량 : 음성 언어, 문자 언어, 기호와 매체 등을 활용하여 생각과 느낌, 경험을 표현하거나 이해하면서 의미를 구성하고 자아와 타인, 세계의 관계를 점검·조정하는 능력
> ◦ 공동체·대인 관계 역량 : 공동체의 가치와 공동체 구성원의 다양성을 존중하고 상호협력하며 관계를 맺고 갈등을 조정하는 능력
> ◦ 문화 향유 역량 : 국어로 형성·계승되는 다양한 문화를 이해하고 그 아름다움과 가치를 내면화하여 수준 높은 문화를 향유·생산하는 능력
> ◦ 자기 성찰·계발 역량 : 삶의 가치와 의미를 끊임없이 반성하고 탐색하며 변화하는 사회에서 필요한 재능과 자질을 계발하고 관리하는 능력
> ◦ 디지털·미디어 역량 : 필요한 자료나 정보를 수집, 분석, 평가하고 이를 효과적으로 활용하여 의사를 결정하거나 문제를 해결하는 능력

공통 교육과정으로서의 '국어'의 영역은 '듣기·말하기, 읽기, 쓰기, 문법, 문학, 매체'의 여섯이다. 이 중 '매체'는 총론의 디지털 기초소양에 대한 요구를 미디어 리터러시와 결합하여 비판적이고 창의적인 디지털 미디어 리터러시를 함양하도록 내용요소를 선정하였다. 교육과정의 체제는 '1. 성격 및 목표', '2. 내용 체계 및 성취기준', '3. 교수·학습 및 평가'로 구성되어 있다. '1. 성격 및 목표'에는 국어과 학습의 필요성과 핵심역량과의 연계성을 강조한 국어과 학습의 목표를 제시하였다. '2. 내용 체계 및 성취기준' 중 '내용 체계'에는 영역별로 '핵심 아이디어'를 밝히고 '지식·이해', '과정·기능', '가치·태도'의 세 범주와 그에 따른 학년군별 '내용 요소'를 제시하였다. '성취기준'은 학습자의 역량 함양을 위하여 내용 체계의 '내용 요소'를 유기적으로 결합하여 구성하고, '교수·학습 및 평가'에서는 국어과 교수·학습 및 평가 시

강조할 사항을 중심으로 교수·학습 및 평가의 방향과 방법을 나누어 제시하였다. 이와 같은 국어과 공통 교육과정의 설계 개요는 다음 그림과 같이 나타낼 수 있다.

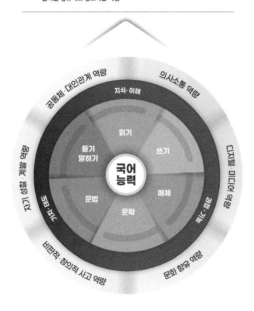

〈그림 2〉 2022 '국어' 교육과정 설계 개요

나. 성격 및 목표

'1. 성격 및 목표'에서는 먼저 교육 내용으로서의 국어가 무엇인지를 규정하고, 이를 토대로 교과로서의 '국어'의 중요성을 진술한다. 국어 교과의 교육 내용인 국어는 대한민국의 공용어로서 사고와 의사소통의 도구이자 문화를 창조하고 전승하는 기반임을 강조한다. 이는 2015 국어과 교육과정과 다르지 않지만, 전통적인 음성 언어, 문자 언어에 더하여 시각 언어로 국어의 외연을 확장하고 있다는 점은 새롭다.

이어서 국어 과목은 국어를 정확하고 효과적으로 사용하는 능력을 기르고, 가치 있는 국어 활동을 통하여 바람직한 인성과 공동체 의식을 함양하며, 비판적이고 창의적인 사고와 활동을 바탕으로 국어 문화를 향유하도록 하는 교과임을 들어 그 필요성을 제시한다. 2015 국어과 교육과정의 진술과 대비해 보면, 바람직한 인성과 공동체 의식의 함양을 국어 문화 향유보다 앞세우고 있는데,[7] 이는 총론과의 연계를 염두에 두고 있는 것으로 이해된다.

목표의 진술에서는 총괄 목표와 세부 목표로 나누어 제시하는 기존의 방식을 유지한다. 그렇지만 그 내용 구성에는 차이가 있다. 2015 국어과 교육과정에서는 국어과 교육 내용으로서 각 영역의 지식, 기능, 태도 범주에 대한 학습 자체를 강조한다. 이에 비해 2022 개정 국어과 교육과정에서는 학습의 결과로 달성해야 할 학습 도달점을 중심으로 진술함으로써 국어 과목의 학습 결과 학습자가 궁극적으로 성취해야 국어 능력과 핵심역량의 관련성이 드러나도록 하였다. 세부 목표의 수도 다음과 같이 다섯으로 늘렸다.

※ 2022 '국어' 교육과정의 목표

국어 의사소통의 맥락과 요소를 이해하고 다양한 의사소통의 과정에 협력적으로 참여하면서 언어생활을 성찰하고 국어 문화를 향유함으로써 미래 사회에서 요구되는 높은 수준의 국어 능력을 기른다.

(1) 다양한 유형의 담화, 글, 국어 자료, 작품, 복합 매체 자료를 비판적으로 이해하고 자신의 생각을 창의적으로 표현한다.

(2) 다양성에 대한 이해를 바탕으로 타인의 의견과 감정, 가치관을 존중하면서 협력적으로 의사소통한다.

(3) 민주시민으로서 의사소통에 적극적으로 참여하여 개인과 공동체의 문제를 해결한다.

(4) 공동체의 언어문화를 탐구하고 자신의 언어생활을 성찰하고 개선한다.

(5) 다양한 사상과 정서가 반영되어 있는 국어 문화를 감상하고 향유한다.

---

7 2015 국어과 교육과정에서는 '국어'의 성격을 "'국어'는 국어를 정확하고 효과적으로 사용하는 데 필요한 능력과 태도를 기르고, 비판적이고 창의적인 국어 사용을 바탕으로 하여 국어 발전과 국어 문화 창달에 이바지하려는 뜻을 세우며, 가치 있는 국어 활동을 통해 바람직한 인성과 공동체 의식을 함양하는 과목이다."라고 규정하였다.

다. 내용 체계 및 성취기준

1) '가. 내용 체계'

내용 체계는 이전 시기와 동일하게 영역별로 제시하였다. 내용 체계의 범주도 이전 시기와 마찬가지로 국어과에서 고유하게 개발한 것이 아니라 총론에서 제시한 내용을 준수하여, '핵심 아이디어', '범주', '내용 요소'로 항목을 설정하였다.

'핵심 아이디어'는 내용 체계의 설계를 위한 핵심 조직자로, 영역을 아우르면서 영역의 학습을 통해 일반화할 수 있는 내용을 핵심적으로 진술한 것인데, 해당 영역 학습의 초점을 부여하여 깊이 있는 학습을 가능하게 하는 토대가 된다. 학습자를 언어 주체로 보고 국어 활동을 수행하는 언어 주체의 역할에 주목하여 핵심 아이디어를 영역별로 3~4개의 문장으로 기술하였다. '내용 요소'는 교과에서 배워야 할 필수 학습 내용인데, 총론을 따라 상위에 '지식·이해', '과정·기능', '가치·태도'로 구분하여 범주화하였다. 다음은 각 범주의 의미이다.

> ※ 내용 체계 '범주'의 의미
> - 지식·이해 : 교과(목) 및 학년(군)별로 해당 영역에서 알고 이해해야 할 내용
> - 과정·기능 : 교과 고유의 사고 및 탐구 과정 또는 기능
> - 가치·태도 : 교과 활동을 통해 기를 수 있는 고유한 가치와 태도

'지식·이해', '과정·기능', '가치·태도' 범주의 하위 범주는 영역의 특수성을 고려하되 영역 간의 일관성도 함께 고려하여 설정하였다. 예를 들어 '지식·이해'에는 맥락과 유형/갈래 등의 하위 범주를 일관되게 설정하였다. 신설된 '매체' 영역은 비록 언어 이외의 다양한 기호를 활용하기는 하지만 그 역시 의사소통의 한 방법이라는 점에서 내용 요소 각 범주의 선정 기준을 언어 기능과 동일하게 설정하고, '문법'과 '문학'은 해당 영역의 특성을 고려하여 선정하였다. 각 범주의 내용 요소는 학년(군) 별 수준과 범위를 고려하여 계열화, 위계화하였다. 이는 나선형 교육과정의 원리를 따른 것이다. 각 영역의 하위 범주별 내용 요소 선정의 기준을 정리하면 다음과 같다.

<표 2> 영역별 범주에 따른 내용 요소의 선정 기준

	지식 · 이해	과정 · 기능	가치 · 태도
언어 기능, 매체	의사소통의 맥락과 유형	의사소통의 과정과 전략	흥미, 효능감, 자기 성찰 등
문법	언어의 본질과 맥락, 규범 등	탐구 활동 관련 요소	국어에 대한 호기심, 민감성 등
문학	문학의 갈래와 맥락	문학 활동 (이해, 해석, 감상, 비평 등)	문학에 대한 흥미와 타자 이해, 가치 내면화 등

이러한 범주와 내용 요소 선정 기준에 따라 세부 교육 내용을 선정하여 내용 체계가 구성되었는데, 새롭게 구성된 2022 개정 교육과정의 내용 체계를 2015 교육과정의 그것과 대비하여 변화된 내용 몇을 살펴보면 다음과 같다.

첫째, 2015 교육과정의 '일반화된 지식'은 2022 개정 교육과정에서는 '핵심 아이디어'로 재구성하여 반영하였다. 아울러 핵심 아이디어를 영역을 아우르면서 해당 영역의 학습을 통해 일반화할 수 있는 내용을 핵심적으로 진술한 것[8]으로 규정하는데, 이로써 2022 개정 교육과정이 이해 중심 교육과정의 성격을 지니고 있음이 명백하게 드러난다.

둘째, 2015 교육과정에서는 '과정'과 '전략', '기능'이 각각 독립 범주였으나 2022 개정 교육과정에서는 '과정 · 기능'으로 통합되었다.

셋째, 기초소양 및 기초 학력 보장의 일환인 한글 해득 교육 강화를 위해 읽기와 쓰기 영역에서는 '과정 · 기능' 범주의 하위에 '읽기의 기초', '쓰기의 기초'를 두었고, 문법 영역에서는 '지식 · 이해'의 하위에 '한글의 기초'를 두었다.

넷째, 2009 교육과정부터 듣기 영역과 말하기 영역을 통합하였음에도 불구하고 내용 체계나 내용 요소 선정에서는 여전히 분리되어 있었는데, 2022 개정 교육과정에서는 이런 한계를 극복하고자 구두 의사소통의 특성, 즉 참여자들의 역동적인 상호작용에 의해 구두 의사소통이 수행됨을 반영하여 '상호 작용'을 하위 범주로 설정하였다.

2022 개정 교육과정의 영역별 내용 체계는 다음과 같다.

---

8 2015 교육과정과 2022 개정 교육과정에 따르면 '일반화된 지식'과 '핵심 개념'은 각기 다음과 같이 정의된다.
  ㅇ일반화된 지식 : 학생들이 해당 영역에서 알아야 할 보편적인 지식
  ㅇ핵심 아이디어 : 영역을 아우르면서 해당 영역의 학습을 통해 일반화할 수 있는 내용을 핵심적으로 진술한 것.

<**표 3**> 2022 '국어' 교육과정의 내용 체계

[듣기·말하기]

| 핵심 아이디어 | ◦ 듣기·말하기는 언어, 준언어, 비언어, 매체 등을 활용하여 서로의 생각과 감정을 주고받는 행위이다.
◦ 화자와 청자는 상황 맥락 및 사회·문화적 맥락 속에서 의사소통 목적을 달성하기 위하여 다양한 유형의 담화를 듣고 말한다.
◦ 화자와 청자는 의사소통 과정에 협력적으로 참여하고 듣기·말하기 과정에서의 문제를 해결하기 위해 적절한 전략을 사용하여 듣고 말한다.
◦ 화자와 청자는 듣기·말하기에 흥미를 가지고 적극적으로 참여하면서 담화 공동체 구성원으로 성장하고, 상호 존중하고 공감하는 소통 문화를 만들어 간다. | | | |

범주		내용 요소			
		초등학교			중학교
		1~2학년	3~4학년	5~6학년	1~3학년
지식·이해	듣기·말하기 맥락	◦ 상황 맥락		◦ 상황 맥락 ◦ 사회·문화적 맥락	
	담화 유형	◦ 대화 ◦ 발표	◦ 대화 ◦ 발표 ◦ 토의	◦ 대화 ◦ 토의 ◦ 면담 ◦ 토론 ◦ 발표	◦ 대화 ◦ 연설 ◦ 면담 ◦ 토의 ◦ 발표 ◦ 토론
과정·기능	내용 확인·추론·평가	◦ 집중하기 ◦ 중요한 내용 확인하기 ◦ 일이 일어난 순서 파악하기	◦ 중요한 내용과 주제 파악하기 ◦ 내용 요약하기 ◦ 원인과 결과 파악하기 ◦ 내용 예측하기	◦ 생략된 내용 추론하기 ◦ 주장, 이유, 근거가 타당한지 평가하기	◦ 의도와 관점 추론하기 ◦ 논증이 타당한지 평가하기 ◦ 설득 전략 평가하기
	내용 생성·조직·표현과 전달	◦ 경험과 배경지식 활용하기 ◦ 일이 일어난 순서에 따라 조직하기 ◦ 바르고 고운 말로 표현하기 ◦ 바른 자세로 말하기	◦ 목적과 주제 고려하기 ◦ 자료 정리하기 ◦ 원인과 결과 구조에 따라 조직하기 ◦ 주제에 적절한 의견과 이유 제시하기 ◦ 준언어·비언어적 표현 활용하기	◦ 청자와 매체 고려하기 ◦ 자료 선별하기 ◦ 핵심 정보 중심으로 내용 구성하기 ◦ 주장, 이유, 근거로 내용 구성하기 ◦ 매체 활용하여 전달하기	◦ 담화 공동체 고려하기 ◦ 자료 재구성하기 ◦ 체계적으로 내용 구성하기 ◦ 반론 고려하여 논증 구성하기 ◦ 상호 존중하며 표현하기 ◦ 말하기 불안에 대처하기
	상호 작용	◦ 말차례 지키기 ◦ 감정 나누기	◦ 상황과 상대의 입장 이해하기 ◦ 예의를 지키며 듣고 말하기 ◦ 의견 교환하기	◦ 궁금한 내용 질문하기 ◦ 절차와 규칙 준수하기 ◦ 협력적으로 참여하기 ◦ 의견 비교하기 및 조정하기	◦ 목적과 상대에 맞는 질문하기 ◦ 듣기·말하기 방식의 다양성 고려하기 ◦ 경청과 공감적 반응하기 ◦ 대안 탐색하기 ◦ 갈등 조정하기
	점검과 조정	◦ 듣기·말하기 과정과 전략에 대해 점검·조정하기			
가치·태도		◦ 듣기·말하기에 대한 흥미	◦ 듣기·말하기 효능감	◦ 듣기·말하기에 적극적 참여	◦ 듣기·말하기에 대한 성찰 ◦ 공감적 소통 문화 형성

[읽기]

핵심 아이디어	◦ 읽기는 독자가 자신의 배경지식이나 경험을 활용하여 언어를 비롯한 다양한 기호나 매체로 표현된 글의 의미를 능동적으로 구성하는 행위이다. ◦ 독자는 다양한 상황 맥락과 사회·문화적 맥락 속에서 자신의 읽기 목적을 달성하기 위하여 다양한 유형의 글을 읽는다. ◦ 독자는 읽기 과정을 점검·조정하며 읽기 과정에서 부딪히는 문제를 해결하기 위해 적절한 읽기 전략을 사용하여 글을 읽는다. ◦ 독자는 읽기 경험을 통해 읽기에 대한 긍정적 정서를 형성하고 삶과 공동체의 문제 해결을 위해 공동체 구성원과 함께 독서를 통해 소통함으로써 사회적 독서 문화를 만들어 간다.

범주		내용 요소			
		초등학교			중학교
		1~2학년	3~4학년	5~6학년	1~3학년
지식·이해	읽기 맥락		◦ 상황 맥락	◦ 상황 맥락 ◦ 사회·문화적 맥락	
	글의 유형	◦ 친숙한 화제의 글 ◦ 설명 대상과 주제가 명시적인 글 ◦ 생각이나 감정이 명시적으로 제시된 글	◦ 친숙한 화제의 글 ◦ 설명 대상과 주제가 명시적인 글 ◦ 주장, 이유, 근거가 명시적인 글 ◦ 생각이나 감정이 명시적으로 제시된 글	◦ 일상적 화제나 사회·문화적 화제의 글 ◦ 다양한 설명 방법을 활용하여 주제를 제시한 글 ◦ 주장이 명시적이고 다양한 이유와 근거가 제시된 글 ◦ 생각이나 감정이 함축적으로 제시된 글	◦ 인문, 예술, 사회, 문화, 과학, 기술 등 다양한 분야의 글 ◦ 다양한 설명 방법을 활용하여 주제를 제시한 글 ◦ 다양한 논증 방법을 활용하여 주장을 제시한 글 ◦ 생각과 감정이 함축적이고 복합적으로 제시된 글
과정·기능	읽기의 기초	◦ 글자, 단어 읽기 ◦ 문장, 짧은 글 소리 내어 읽기 ◦ 알맞게 띄어 읽기	◦ 유창하게 읽기		
	내용 확인과 추론	◦ 글의 중심 내용 확인하기 ◦ 인물의 마음이나 생각 짐작하기	◦ 중심 생각 파악하기 ◦ 내용 요약하기 ◦ 단어의 의미나 내용 예측하기	◦ 글의 구조를 파악하기 ◦ 글의 주장이나 주제 파악하기 ◦ 글의 구조 고려하며 내용 요약하기 ◦ 생략된 내용과 함축된 의미 추론하기	◦ 설명 방법과 논증 방법 파악하기 ◦ 글의 관점이나 주제 파악하기 ◦ 읽기 목적과 글의 구조를 고려하며 내용 요약하기 ◦ 드러나지 않은 의도나 관점 추론하기
	평가와 창의	◦ 인물과 자신의 마음이나 생각 비교하기	◦ 사실과 의견 구별하기 ◦ 글이나 자료의 출처 신뢰성 평가하기 ◦ 필자와 자신의 의견 비교하기	◦ 글이나 자료의 내용과 표현 평가하기 ◦ 다양한 글이나 자료 읽기를 통해 문제 해결하기	◦ 복합양식의 글·자료의 내용과 표현 평가하기 ◦ 설명 방법과 논증 방법의 타당성 평가하기 ◦ 동일 화제에 대한 주제 통합적 읽기 ◦ 진로나 관심 분야에 대한 자기 선택적 읽기
	점검과 조정	◦ 읽기 과정과 전략에 대해 점검·조정하기			
가치·태도		◦ 읽기에 대한 흥미	◦ 읽기 효능감	◦ 긍정적 읽기 동기 ◦ 읽기에 적극적 참여	◦ 읽기에 대한 성찰 ◦ 사회적 독서 문화 형성

[쓰기]

핵심 아이디어	◦ 쓰기는 언어를 비롯한 다양한 기호나 매체를 활용하여 인간의 생각과 감정을 글로 표현함으로써 의미를 구성하는 행위이다. ◦ 필자는 상황 맥락 및 사회·문화적 맥락 속에서 자신의 의사소통 목적을 달성하기 위하여 다양한 유형의 글을 쓴다. ◦ 필자는 쓰기 과정에서 부딪히는 문제를 해결하기 위하여 적절한 쓰기 전략을 사용하여 글을 쓴다. ◦ 필자는 쓰기 경험을 통해 언어 공동체의 구성원으로 성장하고, 쓰기 윤리를 갖추어 독자와 소통함으로써 바람직한 의사소통 문화를 만들어 간다.			

범주		내용 요소			
		초등학교			중학교
		1~2학년	3~4학년	5~6학년	1~3학년
지식·이해	쓰기 맥락		◦ 상황 맥락	◦ 상황 맥락 ◦ 사회·문화적 맥락	
	글의 유형	◦ 주변 소재에 대해 소개하는 글 ◦ 겪은 일을 표현하는 글	◦ 절차와 결과를 보고 하는 글 ◦ 이유를 들어 의견을 제시하는 글 ◦ 독자에게 마음을 전하는 글	◦ 대상의 특성이 나타나게 설명하는 글 ◦ 적절한 근거를 들어 주장하는 글 ◦ 체험에 대한 감상을 나타내는 글	◦ 복수의 자료를 활용 하여 다양한 형식으로 쓴 글 ◦ 대상에 적합한 설명 방법을 사용하여 쓴 글 ◦ 타당한 근거를 들어 주장하는 글 ◦ 의견 차이가 있는 사안에 대해 주장하는 글 ◦ 자신의 정서를 표현하는 글
과정·기능	쓰기의 기초	◦ 글자 쓰기 ◦ 단어 쓰기 ◦ 문장 쓰기	◦ 문단 쓰기		
	계획하기		◦ 목적, 주제 고려하기	◦ 독자, 매체 고려하기	◦ 언어 공동체 고려하기
	내용 생성하기	◦ 일상을 소재로 내용 생성하기	◦ 목적, 주제에 따라 내용 생성하기	◦ 독자, 매체를 고려하여 내용 생성하기	◦ 복합양식 자료를 활용하여 내용 생성하기
	내용 조직하기		◦ 절차와 결과에 따라 내용 조직하기	◦ 통일성을 고려하여 내용 조직하기	◦ 글 유형을 고려하여 내용 조직하기
	표현하기	◦ 자유롭게 표현하기	◦ 정확하게 표현하기	◦ 독자를 고려하여 표현하기	◦ 다양하게 표현하기
	고쳐쓰기		◦ 문장, 문단 수준에서 고쳐쓰기	◦ 글 수준에서 고쳐쓰기	◦ 독자를 고려하여 고쳐쓰기
	공유하기	◦ 쓴 글을 함께 읽고 반응하기			
	점검과 조정		◦ 쓰기 과정과 전략에 대해 점검·조정하기		
가치·태도		◦ 쓰기에 대한 흥미	◦ 쓰기 효능감	◦ 쓰기에 적극적 참여 ◦ 쓰기 윤리 준수	◦ 쓰기에 대한 성찰 ◦ 윤리적 소통 문화 형성

[문법]

핵심 아이디어	<ul><li>문법은 국어의 형식과 내용을 이루는 틀로서 규칙과 원리로 구성·운영되며, 문법 탐구는 문법에 대해 사고하는 활동으로 국어에 대한 총체적 앎을 이끈다.</li><li>국어는 체계와 구조를 갖춘 의미 생성 자원이자, 사회적으로 구성된 관습적 규약이며, 공동체의 사고와 가치를 표상하는 문화적 산물이다.</li><li>국어 자료는 다양한 맥락에서 만들어지는 의사소통의 결과물로서, 국어 현상을 파악하고 국어 문제를 발견할 수 있는 문법 탐구의 대상이다.</li><li>국어 사용자는 일상생활에서 국어 현상과 국어 문제를 탐구하고 성찰하면서 언어 주체로서의 정체성과 국어 의식을 형성한다.</li></ul>			
범주	**내용 요소**			
	초등학교			중학교
	1~2학년	3~4학년	5~6학년	1~3학년
지식·이해 — 언어의 본질과 맥락		<ul><li>의사소통과 관계 형성 수단으로서의 언어</li><li>참여자 간 관계 및 장면에 따른 언어</li></ul>	<ul><li>음성 언어 및 문자 언어의 특성과 매체</li><li>지역에 따른 언어와 표준어</li></ul>	<ul><li>국어의 음운 체계와 문자 체계</li><li>세대·분야·매체에 따른 언어</li></ul>
지식·이해 — 언어 단위	<ul><li>글자·단어·문장</li></ul>	<ul><li>단어의 의미와 단어 간의 의미 관계</li><li>단어의 분류</li><li>문장의 기본 구조</li><li>글과 담화의 높임 표현과 지시·접속 표현</li></ul>	<ul><li>어휘 체계와 고유어</li><li>관용 표현</li><li>문장 성분과 호응</li><li>글과 담화의 시간 표현</li></ul>	<ul><li>단어의 형성 방법</li><li>품사의 종류와 특성</li><li>어휘의 양상과 쓰임</li><li>문장의 짜임과 확장</li><li>글과 담화의 피동·인용 표현</li></ul>
지식·이해 — 한글의 기초와 국어 규범	<ul><li>한글 자모의 이름과 소리</li><li>단어의 발음과 표기</li><li>문장과 문장 부호</li></ul>	<ul><li>단어의 정확한 발음과 표기</li></ul>	<ul><li>단어와 문장의 정확한 표기와 사용</li></ul>	<ul><li>한글 맞춤법의 원리와 내용</li></ul>
과정·기능 — 국어의 분석과 활용	<ul><li>언어 단위 관찰하기</li></ul>	<ul><li>언어 단위 관찰하고 분석하기</li><li>국어사전 활용하여 문제 해결하기</li><li>글과 담화에 적절한 표현 사용하기</li></ul>	<ul><li>언어 표현의 특징 분석하기</li><li>글과 담화에 적절한 표현 사용하기</li></ul>	<ul><li>기준에 따라 분류하고 분석하기</li><li>원리 적용하여 표현 창안하기</li><li>글과 담화에 적절한 표현을 사용하고 효과 비교하기</li><li>자료를 해석하고 창의적으로 활용하기</li></ul>
과정·기능 — 국어 실천의 성찰과 비판	<ul><li>소리와 표기의 차이 인식하기</li></ul>	<ul><li>국어 규범 인지하고 수용하기</li></ul>	<ul><li>국어생활 점검하고 실천하기</li><li>언어 표현의 효과 평가하기</li></ul>	<ul><li>국어 규범의 원리 탐색하기</li><li>언어 표현의 의도 탐색하고 대안 모색하기</li><li>국어 문제 발견하고 실천 양상 비판하기</li></ul>
가치·태도	<ul><li>한글에 대한 호기심</li></ul>	<ul><li>국어의 소중함 인식</li></ul>	<ul><li>국어생활에 대한 민감성</li><li>집단·사회의 언어와 나의 언어의 관계 인식</li></ul>	<ul><li>다양한 집단·사회의 언어에 대한 언어적 관용</li><li>언어로 구성되는 세계와 자아 인식</li></ul>

[문학]

핵심 아이디어	◦ 문학은 인간의 삶을 언어로 형상화한 작품을 통해 즐거움과 깨달음을 얻고 타자와 소통하는 행위이다. ◦ 문학 작품을 통한 소통은 작품의 갈래, 작가와 독자, 사회와 문화, 문학사의 영향 등을 고려하며 이루어진다. ◦ 문학 수용·생산 능력은 문학의 해석, 감상, 비평, 창작 활동을 통해 향상된다. ◦ 인간은 문학을 향유하면서 자아를 성찰하고 타자를 이해하며 공동체의 일원으로 성장한다.			

범주		내용 요소			
		초등학교			중학교
		1~2학년	3~4학년	5~6학년	1~3학년
지식·이해	갈래	◦ 시, 노래 ◦ 이야기, 그림책	◦ 시 ◦ 이야기 ◦ 극	◦ 시 ◦ 소설 ◦ 극 ◦ 수필	◦ 서정 ◦ 서사 ◦ 극 ◦ 교술
	맥락		◦ 독자 맥락	◦ 작가 맥락 ◦ 독자 맥락	◦ 작가 맥락 ◦ 독자 맥락 ◦ 사회·문화적 맥락
과정·기능	작품 읽기와 이해	◦ 낭송하기, 말놀이하기 ◦ 말의 재미 느끼기	◦ 자신의 경험을 바탕으로 읽기 ◦ 사실과 허구의 차이 이해하기	◦ 작가의 의도를 생각하며 읽기 ◦ 갈래의 기본 특성 이해하기	◦ 사회·문화적 상황을 생각하며 읽기 ◦ 연관된 작품들과의 관계 이해하기
	해석과 감상	◦ 작품 속 인물 상상하기 ◦ 작품 읽고 느낀 점 말하기	◦ 인물의 성격과 역할 파악하기 ◦ 이야기의 흐름 생각하며 감상하기	◦ 인물, 사건, 배경 파악하기 ◦ 비유적 표현에 유의하여 감상하기	◦ 근거를 바탕으로 작품 해석하기 ◦ 갈등의 진행과 해결 과정 파악하기 ◦ 보는 이, 말하는 이의 효과 파악하기 ◦ 운율, 비유, 상징의 특성과 효과를 생각하며 감상하기
	비평		◦ 마음에 드는 작품 소개하기	◦ 인상적인 부분을 중심으로 작품에 대해 의견 나누기	◦ 다양한 해석 비교·평가하기
	창작	◦ 시, 노래, 이야기, 그림 등 다양한 형식으로 표현하기	◦ 감각적 표현 활용하여 표현하기	◦ 갈래 특성에 따라 표현하기	◦ 개성적 발상과 표현으로 형상화하기
가치·태도		◦ 문학에 대한 흥미	◦ 작품 감상의 즐거움	◦ 문학을 통한 자아 성찰 ◦ 문학 소통의 즐거움	◦ 문학을 통한 타자 이해 ◦ 문학을 통한 공동체 문제에의 참여 ◦ 문학의 가치 내면화

[매체]

핵심 아이디어	◦ 매체는 소통을 매개하는 도구, 기술, 환경으로 당대 사회의 소통 방식과 소통 문화에 영향을 미친다. ◦ 매체 이용자는 매체 자료의 주체적인 수용과 생산을 통해 정체성을 형성하고 사회적 의미 구성 과정에 관여한다. ◦ 매체 이용자는 매체 및 매체 소통의 영향력에 대한 이해와 자신과 타인의 권리를 지키기 위한 적극적인 노력을 통해 건강한 소통 공동체를 형성한다.			
범주	**내용 요소**			
	초등학교			중학교
	1~2학년	3~4학년	5~6학년	1~3학년
지식 · 이해 / 매체 소통 맥락		◦ 상황 맥락	◦ 상황 맥락 ◦ 사회·문화적 맥락	
지식 · 이해 / 매체 자료 유형	◦ 일상의 매체 자료	◦ 인터넷의 학습 자료	◦ 뉴스 및 각종 정보 매체 자료	◦ 대중매체와 개인 인 터넷 방송 ◦ 광고·홍보물
과정 · 기능 / 접근과 선택	◦ 매체 자료 접근하기	◦ 인터넷 자료 탐색·선 택하기	◦ 목적에 맞는 정보 검색 하기	
과정 · 기능 / 해석과 평가		◦ 매체 자료 의미 파악 하기	◦ 매체 자료의 신뢰성 평 가하기	◦ 매체의 특성과 영향 력 비교하기 ◦ 매체 자료의 재현 방 식 분석하기 ◦ 매체 자료의 공정성 평가하기
과정 · 기능 / 제작과 공유	◦ 글과 그림으로 표현하기	◦ 발표 자료 만들기 ◦ 매체 자료 활용·공유 하기	◦ 복합양식 매체 자료 제 작·공유하기	◦ 영상 매체 자료 제작 ·공유하기
과정 · 기능 / 점검과 조정		◦ 매체 소통의 목적 점검 하기	◦ 매체 이용 양상 점검 하기	◦ 상호 작용적 매체를 통한 소통 점검하기
가치·태도	◦ 매체 소통에 대한 흥미 와 관심	◦ 매체 소통 윤리	◦ 매체 소통에 대한 성찰	◦ 매체 소통의 권리와 책임

2) '나. 성취기준'

'나. 성취기준' 부분은 각 학년군 영역별로 성취기준을 먼저 제시하고, '성취기준 해설'과 '성취기준 적용 시 고려 사항'을 함께 제시하고 있다. 2015 국어과 교육과정 과 비교해 보면 '학습 요소'를 삭제하고, '교수·학습 방법 및 유의 사항'과 '평가 방법 및 유의 사항'을 대신하여 '성취기준 적용 시 고려 사항'을 두었다.

성취기준은 영역별 내용 요소를 학습한 결과 학생이 궁극적으로 할 수 있거나 할 수 있기를 기대하는 도달점을 의미하는데, 대부분 내용 체계표의 세 범주 중 둘 이상의 범주 내용 요소를 결합하여 진술하고 있다. 비록 '매체' 영역이 신설되기는 하였지만 성취기준의 수를 조정함으로써 학습량의 적정화를 도모하였다. '성취기준 해설'은 필요한 경우에만 두었는데, 해당 성취의 설정 취지 및 의미, 학습 의도 등을 설명함으로써 학습 내용의 수준과 범위 등을 명확하게 이해하는 데 도움이 되도록 하였다. '성취기준 적용 시 고려 사항'은 각 학년군의 영역별 성취기준을 적용하여 지도할 때 주요하게 다루어야 할 교수·학습 및 평가의 주안점, 총론의 주요 사항과 해당 영역 학습과의 연계 등을 설명한 것으로, 실제로 교수·학습을 계획할 때 교사가 참고하여야 할 내용이다. 2015 국어과 교육과정과는 달리 학년군 총괄 목표, 학년군의 영역별 목표는 설정하지 않았다.

〈표 4〉 2022 '국어' 교육과정의 '성취기준' 내용 구성의 예

---

2. 내용 체계 및 성취기준

가. 내용 체계

나. 성취기준
[초등학교 1~2학년]
(1) 듣기·말하기

> [2국01-01] 중요한 내용이나 일이 일어난 순서를 고려하며 듣고 말한다.
> [2국01-02] 바르고 고운 말로 서로의 감정을 나누며 듣고 말한다.
> [2국01-03] 상대의 말을 집중하여 듣고 말차례를 지키며 대화한다.
> [2국01-04] 자신의 경험이나 생각을 바른 자세로 발표한다.
> [2국01-05] 듣기와 말하기에 관심과 흥미를 가진다.

(가) 성취기준 해설
· [2국01-02] 이 성취기준은 대화를 나눌 때 자신의 감정을 적절하게 표현함으로써 타인과의 관계를 형성하고 유지하며 발전시키는 능력을 기르기 위해 설정하였다. 기쁨, 슬픔, 사랑, 미움 등 다양한 감정과 관련된 표현 알기, 감정을 표현하는 과정에서 바르고 고운 말을 사용하기, 상대의 감정을 이해하고 수용하기 등을 학습한다.
· [2국01-03] 이 성취기준은 구어 의사소통의 상호 교섭성을 인식하는 출발점으로, 대화 상황에서 상대의 말에 집중하여 그 내용을 이해하고 순서를 교대하며 구어 의사소통에 참여하는 기본 능력을 기르기 위해 설정하였다. 상대의 말을 집중하여 듣기, 다음 말할 사람을 선택하여 다음 말할 사람을 선택하여 부르거나, 고갯짓, 시선, 억양 등의 말차례 교환 신호를 활용하여 다음 사람이 말차례를 알아차릴 수 있도록 하기, 말차례 교환 신호를 확인하여 자신의 말차례 지키기 등을 학습한다.
· [2국01-04] 이 성취기준은 교실에서 자신의 경험이나 생각을 바른 자세로 표현하고 학습에 참여할 수 있는 기본 능력을 기르기 위해 설정하였다. 자신의 경험이나 생각을 동료 학습자들 앞에서 간단히 말하기, 자신의

경험이나 배경지식을 바탕으로 말하기, 수업 시간에 바른 자세로 서서 말하기, 듣는 사람을 바라보며 말하기, 적절한 크기의 소리로 말하기 등을 학습한다.

- [2국01-05] 이 성취기준은 삶에서 듣기·말하기의 즐거움을 느끼고 듣기·말하기의 중요성을 인식하도록 하기 위해 설정하였다. 듣기·말하기가 다양한 생각과 감정을 나누며 의사소통하기 위한 기본적인 도구임을 인식하기, 듣기·말하기의 역할과 중요성을 직접 경험해 보기, 다양한 놀이를 통해 듣기·말하기에 흥미 가지기 등을 학습한다.

(나) 성취기준 적용 시 고려 사항
- 학습자가 학교생활에 적응하는 과정에서 다른 사람과 상호 작용하는 데 필요한 기초적인 듣기·말하기 능력을 갖출 수 있도록 한다. 일상생활에서 친숙하게 접할 수 있는 주제로 대화하는 상황, 교사나 동료 학습자 앞에서 자신의 경험이나 배경지식을 바탕으로 간단히 발표하는 상황을 중심으로 듣기·말하기 활동이 이루어지도록 한다.
- 올바른 구어 의사소통 습관을 형성할 수 있도록 학습자의 삶과 연계하여 지도한다. 말차례 지키기나 바르고 고운 말로 말하기에 대해 학습하는 수업 시간뿐만 아니라 평소 학교생활이나 가정생활에서도 말차례 지키기와 바르고 고운 말 사용하기를 실천하도록 한다.
- 학습자가 경험할 수 있는 실제적이고 구체적인 상황 맥락을 설정하여 학습자가 듣기·말하기 활동에 관심과 흥미를 가지고 자발적으로 참여할 수 있도록 하고, 그 과정에서 자연스럽게 평가가 이루어지도록 하여 평가에 대한 부담을 느끼지 않게 한다.
- 감정 나누기를 지도할 때는 화자의 감정을 일방적으로 전달하는 데 그치지 않고 상대의 감정 표현도 이해하며 서로의 감정을 교류할 수 있도록 한다.
- 발표하기를 지도할 때는 학습자가 공적 발표 상황에 대해 부담감이나 불안감을 느낄 수 있으며 발표 수행 결과에 따라 부정적인 자아 개념을 형성할 수도 있다는 점에 유의하여, 동료 학습자의 발표에 대해 긍정적으로 반응하고 상호 격려하는 교실 문화를 조성하도록 한다.

라. 교수·학습 및 평가

'성취기준 적용시 고려 사항'이 각 학년군의 영역별 성취기준 지도와 관련된 내용을 구체적으로 제시하고 있음에 비해, '교수·학습 및 평가'는 '국어' 과목 전반을 아우르는 교수·학습 방법이나 평가를 포괄적으로 진술하고 있다. '교수·학습'과 '평가'를 통합한 것은 평가 역시 교수·학습의 한 부분이라는 인식에서 비롯된 것으로 해석할 수 있다.

먼저 '교수·학습의 방향'에서는 미래 사회에서 요구하는 국어과 역량을 함양하기, 개인차를 고려한 학습자 맞춤형 교수·학습 및 자기 선택적 교수·학습 운용하기, 디지털 도구를 적극적으로 활용하기, 문제 해결을 위한 언어 소양과 디지털 소양을 기르기, 다양한 국어 활동을 통해 진로 탐색 습관을 형성하기, 비판적이고 창의적으로 국어 활동하기, 깊이 있는 학습을 위한 독서 등을 강조한다.

'교수·학습 방법'에서는 깊이 있는 학습이 이루어질 수 있도록 영역별 성취기준의 특성을 고려하여 효과적인 교수·학습 방법을 적용할 것을 강조한다. 또한 영역 무관하게 개별화 수업, 프로젝트 기반 수업, 토의·토론 및 협동 수업을 제시하고 안내하는데, 이는 이전 교육과정에서 구체적인 학습 모형을 제시한 것과 대비된다. 기초학력의 보장, 온오프라인 연계 수업, 디지털 도구의 적극적 활용, 긴 호흡으로 한 권 이상의 책 읽기 등도 교수·학습 방법 설계에서 주요하게 참조해야 함을 규정하고 있다.

'평가'에서는 평가의 방향과 평가의 방법을 제시한다. 평가 요소에 적합한 평가 방법을 선정하여 활용하기, 교사 주도 평가 외에 자기평가나 동료평가 등을 활용하기, 인지적 영역과 정의적 영역의 평가가 균형을 이루도록 하기, 과정 중심 평가를 적극적으로 활용하기 등 이전 시기의 내용을 대부분 수용하였다. 그러나 내용 체계 구성이나 내용 요소 선정에서 변화가 있듯이 평가에서도 새롭게 강조되는 내용이 있다. 예를 들면, 학습자의 발달 단계에 적합한 학습 플랫폼과 디지털 도구를 활용하여 상시 피드백을 제공할 수 있도록 하기, 서·논술형 평가를 활용하여 학습자가 학습 내용을 깊이 있게 이해하고 탐구하는 능력을 갖추었는지 평가하기, 상시적이고 누적적인 평가를 통해 기초학력에 도달하지 못할 가능성이 있는 학습자를 사전에 파악하여 지원하고 피드백 제공하기 등이다. 신설된 '매체' 영역에서는 상황 맥락과 사회·문화적 맥락을 고려하여 매체를 수용하고 생산하는 능력과 능동적인 태도에 중점을 두어 평가하여야 하며, 다른 영역과 통합하여 평가 과제를 구성할 것을 강조하였다.

참고

2022 개정 교육과정과 2015 교육과정의 내용 체계 비교

시기	내용 체계		
2022 개정 교육과정	**핵심 아이디어**		
	범주	학년(군)별 내용 요소	
	지식·이해 : 듣기·말하기 맥락		
	지식·이해 : 담화 유형		
	과정·기능 : 내용 확인·추론·평가		
	과정·기능 : 내용 생성·조직·표현과 전달		
	과정·기능 : 상호 작용		
	과정·기능 : 점검과 조정		
	가치·태도		

시기	핵심 개념	일반화된 지식	학년(군)별 내용 요소	기능
2015 교육과정	듣기·말하기의 본질			
	목적에 따른 담화의 유형 / 듣기·말하기와 매체			
	듣기·말하기의 구성 요소 / 듣기·말하기의 과정 / 듣기·말하기의 전략			
	듣기·말하기의 태도			

/ 제 6 장 /

국어과 교재

1. 국어과 교재의 특성

가. 교재[1]의 개념과 기능

교실 수업의 내용은 공적 문서로서의 교육과정, 가령 초등학교 국어 수업은 교육부에서 발행된 국어과 교육과정에 제시된 교육 내용을 준거로 구성되어야 한다. 그렇지만 교육과정은 그 내용의 추상성으로 인해 교사가 자신의 수업에서 직접 활용하기는 어렵다. 이에 어떤 시기든 교육과정의 개정에 이어 공을 들이는 것이 교재로 사용할 교과서의 개발이다. 교재는 교육과정의 포괄적이고 추상적 내용을 구체적인 자료로 변환해 놓은 것이다.[2] 교실에서 교사와 학생은 교재를 매개로 가르치고 배우는 것이다.

글자 그대로 해석하면 '교재'는 가르침의 재료인데, 그 구체적인 정의는 연구자에 따라 다소 차이가 있다. 흔히 교재의 요건을 표상성, 실체성, 학습 촉진성으로 이야기하는데, 이는 '교수·학습 과정을 촉진하게 하기 위해 사용되는 본질적으로 표상적인 물리적 실체'라는 갈(Gall, 1981)의 정의에 힘입은 것이다. 교재가 표상적(表象的, representational)이어야 한다는 것은 그것이 교육과정의 내용을 담고 있어야 함을 의미한다. 달리 말하면 교재가 교육과정을 의미 있게 대신할 수 있어야 한다는 것이다.

---

1 '교재'와 '교과서'는 엄밀하게는 동의어가 아니다. 그러나 현재 우리의 초등학교 국어 교실에서 공적으로 사용되는 교재는 단일한 국정 교과서이므로 여기에서는 이 둘을 구분하지 않고 맥락에 따라 혼용한다.
2 흔히 사용하는 '교과용 도서'는 교재뿐만 아니라 교육과정 자료, 교수학습 자료 등을 포괄하는 용어이다.

실체성(physical entities)은 교재란 구체적인 형상을 지닌 물체라야 함을 의미하며, 학습 촉진성(facilitating learning)이란 교육 목표를 효과적으로 달성하도록 교수 학습 활동을 돕는 것이어야 함을 의미한다. 교실 수업에서 흔히 활용되는 여러 가지 기자재를 교재라고 하지 않는 것은 이러한 요건을 충족시키지 못하기 때문이다.

교재는 한편으로는 교육과정과 교수·학습을 매개하고, 다른 한편으로는 교사와 학생을 매개한다. 교실 수업에서 교사와 학생의 직접 대화를 통해 교수와 학습이 일어나기도 하지만 대부분의 경우는 교재를 매개로 교사와 학생이 대화를 나누는 것이다. 이러한 교재의 위치를 도식화 하면 아래와 같다.

〈그림 1〉 국어 교재의 위치(최현섭 외, 1999: 98)

표상성이라는 교재의 요건에서 드러나듯이 교재의 기능은 무엇보다 교수·학습의 내용을 제공하는 것이다. 앞선 연구자들은 교재의 기능으로 다음 내용을 들고 있다.

※ 교재의 기능(이영덕 외, 1985; 노명완 외, 1988에서 재인용)
① 관점 반영의 기능: 넓게는 국어과교육의 목표, 좁게는 언어의 표현이나 이해에 대한 관점의 변화를 반영한다.
② 내용 제공 및 재해석의 기능: 교육과정에 추상적이고 포괄적으로 진술된 내용 요소를 구체화하여 제시한다.
③ 교수·학습 자료의 제공 기능: 교수·학습 목표의 달성에 가장 효과적인 국어활

동 전략을 익힐 수 있는 구체적인 자료를 제공한다.

④ 교수·학습 방법의 제시 기능: 교과서는 교사용 자료이면서 동시에 학생용 자료이므로 교사뿐만 아니라 학생에게도 무엇을 어떻게 하여야 한다고 구체적으로 안내해 준다.

⑤ 학습동기 유발의 기능: 학습자의 심리적·지적 상태를 고려하여 학습 성취도를 높일 수 있도록 흥미를 갖게 한다.

⑥ 연습을 통한 기능의 정착 기능: 기능 숙달을 위한 연습 시간 및 공간을 제공해야 한다.

⑦ 평가 자료의 제공 기능: 학습 결과를 확인할 수 있는 자료 및 방법을 담아야 한다.

현재 우리의 초등학교 국어 교실은 국가 수준에서 개발된 단일 교과서[3]를 사용하고 있으며, 위의 기능들이 고루 반영되어 있다. 예를 들면 단원의 표지는 학습 동기를 유발하는 기능을 하도록 구성되어 있으며, 차시나 단원이 마무리되는 되는 부분에는 평가를 위한 내용이 구성되어 있다. 그러므로 교사가 수업을 위해 교과서를 분석할 때는 단순하게 내용 요소만을 볼 것이 아니라 이러한 기능까지도 함께 교과서에서 읽어낼 수 있어야 한다.

참고

◦ 교과서 관련 용어의 정의

1. "교과용도서"라 함은 교과서 및 지도서를 말한다.
2. "교과서"라 함은 학교에서 학생들의 교육을 위하여 사용되는 학생용의 서책·음반·영상 및 전자저작물 등을 말한다.

---

3 신헌재(1992: 229~231)에 의하면 단일본 교과서(국정)는 순기능과 역기능을 함께 가지고 있는데 경제성, 교수·학습의 통일성과 균질성, 정교한 수업 기술의 개발과 적용 등이 그 순기능으로 내용의 피상성, 획일성, 보수성 등이 그 역기능으로 제시되고 있다.

3. "지도서"라 함은 학교에서 학생들의 교육을 위하여 사용되는 교사용의 서책·음반·영상 및 전자저작물 등을 말한다.
4. "국정도서"라 함은 교육부가 저작권을 가진 교과용도서를 말한다.
5. "검정도서"라 함은 교육부장관의 검정을 받은 교과용도서를 말한다.
6. "인정도서"라 함은 국정도서·검정도서가 없는 경우 또는 이를 사용하기 곤란하거나 보충할 필요가 있는 경우에 사용하기 위하여 교육부장관의 인정을 받은 교과용도서를 말한다.

※ 용어의 정의는 '교과용 도서에 관한 규정(대통령령 제33829호, 제2조)'에서 가져 옴.

나. 국어과 교재의 층위

우리가 매일 수없이 보고, 듣고, 읽는 광고는 교재가 될 수 있을까? 상업 광고이든 공익 광고이든 만일 교사가 교실 수업에서 광고를 비판적으로 읽기를 지도하기 위한 자료로 활용한다면 그것은 교재의 성격을 지닌다. 그러나 지하철에서 무료한 시간을 보내기 위해 읽는 광고라면 교재가 될 수 없다. 이처럼 국어 능력의 신장이라는 국어 교육의 목표를 달성하기 위해 국어 수업에서 활용되는 자료라면 비록 그것이 애초에 교육적 의도에 만들어진 것이 아니라고 할지라도 교재가 될 수 있는 것이다. 이를 자료(material)로서의 교재라고 한다. 국어 수업에 활용할 수 있는 각종 시청각 자료, 영화나 드라마, 음악, 미술 작품도 자료로서의 교재가 될 수 있다.

교사가 출근길에 눈에 뜨인 지하철 게시판의 광고를 학습의 자료로 활용할 수도 있지만 처음부터 의도적, 체계적으로 학습 목표를 염두에 두고 여러 광고 중에서 적절한 내용의 광고를 선정하고, 학습 활동을 구성하여 교재를 구성할 수 있다. 교육적 의도를 가지고 교수·학습 활동에 사용하기 위해서 자료를 선정하고 조직하며, 교육과정의 의도를 구체적으로 실현하기 위해서 체계화하는 것이다. 이렇게 교육 목표와 내용, 방법, 평가 등의 측면에서 체계적으로 마련된 교재를 제재(subject)로서의 교재라고 부를 수 있다. 제재로서의 교재는 교육과정의 통제 속에서 교사와 학습자의 상관관계 속에 놓이며 학교 교육과 같은 일정한 교육프로그램을 운영하는 단위로서 사용된다. 제재로서의 교재로서 가장 일반적이고 전형적인 형태를 띠는 것이 교과서(textbook)이다. 교과서는 교육과정의 목표 및 내용을 상세화하여 교수·학습의 절차와 방법을 염두에 두고 체계화한 교재이기 때문이다.

각 층위의 교재들은 다시 크게 담화 교재와 비담화 교재로 나눌 수 있다. 담화(Text)로서의 교재는 언어 사용의 관습과 형식을 갖춘 언어적 실체로서의 교재이다. 담화로서의 교재는 형식적 완결성이나 교육적 의도와 관계없이 교육적 의사소통 과정에서 사용할 수 있으면 된다. 학습자들이 일상적으로 접하는 설명문이나 논설문, 시, 소설, 신문, 사전 등이 담화로서의 교재에 해당된다. 비담화 교재는 자료서의 교재 중 언어적인 것들을 제외한 나머지 교재에 해당된다. 예를 들면 사진이나 그림, 동영상, 도표, 실험 등이 여기에 해당된다. 비담화 교재는 담화 교재에 비해 그 범위가 상당히 넓은데 앞서 언급한 교재의 조건을 충족한다면 비담화 교재가 될 수 있다. 이를 그림으로 나타내면 다음과 같다.

〈그림 2〉 국어 교재의 층위(최현섭 외, 1999: 101)

2. 국어과 교재관과 교과서의 변천

가. 국어과 교재관

교재가 교수·학습 장면에서 어떤 역할을 하는지에 대한 생각을 드러내는 것이 교재관이다. 국어 교재를 어떤 관점을 가지고 바라보느냐에 따라 국어과 교수·학습의 계획, 전개, 정리, 평가가 달라지게 된다. 곽병선·이혜영(1988: 7~10)은 국어과 교재관을 크게 닫힌 교재관과 열린 교재관으로 나누어 설명한다.

닫힌 교재관은 교사가 교과서를 가장 이상적인 교재라고 바라보는 관점이다. 닫힌 교재관에서의 교과서는 교육과정의 내용을 가장 잘 담아내고 있으며 교사는 학습자에게 이를 제대로 전달해야 한다고 생각한다. 그러므로 교수·학습 과정은 자연스럽게 교사 중심으로 이루어지게 되고 교재의 내용을 학습하는 것에 초점을 두게 된다. 또한 교육의 효율성과 균질성, 규범성을 중시하고 표준화된 단일 교과서를 지향하며, 교과서의 내용을 그대로 학습하는 모방 학습과 전범 학습을 강조한다. 그러다보니 자연적으로 교재의 내용을 설명하고, 분석하는 활동 중심의 수업이 이루어지게 된다. 결국 교육의 대상이 교과서이기 때문에 완벽하고 이상적인 언어자료를 교재로 제공하는 데 중점을 두게 된다.

이에 반해 열린 교재관은 교과서를 교수·학습 과정 속에 사용하는 다양한 교재 중의 하나로 바라보는 관점이다. 교과서는 완전한 것이 아니기 때문에 여러 가지 보조 교재를 사용하고, 불완전한 자료라도 목표달성에 효과를 거둘 수 있으면 수용을 하게 된다. 그러다보니 학습 목표 도달을 중심으로 학습자의 다양한 활동을 강조하게 된다. 또한 교육의 창의성, 자율성, 전이성을 중시하여 비판학습과 창의학습을 강조하고, 학생들의 상호작용 과정에 중심을 두는 데 초점을 둔다.

〈표 1〉 교재관의 구분

구분	닫힌 교재관	열린 교재관
교과서를 보는 시각	◦교과서는 가장 이상적인 교재	◦교과서는 다양한 교재 중의 하나
교과서 구성의 지향	◦표준적인 단일 교과서 지향 ◦교육의 효율성, 균질성, 규범성을 중시 ◦완벽하고 이상적인 언어 자료를 교재로 선택	◦여러 보조 교재 활용 ◦교육의 창의성, 자율성, 전이성을 중시 ◦불완전한 자료라도 목표 달성에 활용할 수 있으면 수용
교수·학습 방법	◦교사 및 교재 중심 ◦모방학습 강조 ◦내용 설명, 분석 중심의 수업	◦학습자 및 목표 중심 ◦비판학습, 창의학습 강조 ◦아동 활동, 상호작용 중심 수업

이들 교재관은 서로 상반되는 점을 갖고 있지만 어느 한쪽이 절대적으로 바람직하다고 보기는 어려우며, 교사는 학습 목표 및 내용, 학생의 수준 등을 고려하여 적절한 관점을 갖는 것이 필요하다.

과거의 국어교육에서는 교재가 국어 교수·학습 활동을 구성하는 기준이 되었다. 교재에 제시된 학습 목표를 준거로 하여, 구안된 절차에 따라 교재의 내용을 명시적으로 전달하는 데 초점이 있었다. 하지만 최근 들어 교수·학습 과정에 사용할 수 있는 자료들이 다양하게 개발되고, 개별 학습자의 발달 수준의 차이가 심해지게 되자 교과서의 내용을 그대로 전달하기 보다는 교과서의 내용을 바탕으로 다양한 창의적인 활동을 구안하거나 수업 환경에 적절한 보조 교재를 활용하여 수업을 하고 있다. 2015 교육과정의 총론(교육부 2015: 32)에서 "학교는 교과용 도서 이외에 교육청이나 학교에서 개발한 다양한 교수·학습 자료를 활용할 수 있다."라고 한 데서도 교재에 대한 이러한 입장을 확인할 수 있다.

교재에 대한 시각이 이처럼 닫힌 교재관 일변도에서 열린 교재관으로 확대되면서 교재 구성도 다양해지게 되었다. 창의적이고 개방형 학습이 가능한 열린 결말을 추구하는 형태로 교재를 구성하거나, 모둠 학습이나 개별 학습이 가능한 형태로 교재를 구성하기도 한다. 또한 자기주도적 학습을 강조한 구성, 프로젝트 학습이 가능한 형태로 교재를 구성하기도 한다. 이러한 교재의 구성은 언어사용의 총체성과 국어교육의 범교과성을 고려하면서 교수·학습의 과정과 자료를 재구성할 수 있도록 이루어져야 할 것이다.

나. 국어과 교과서의 변천[4]

교과서는 가장 모범적인 교재이다. 특히 초등학교 국어과처럼 국정으로 단일하게 편찬·보급되는 교과서는 교실에서 실행되는 교수·학습의 질을 좌우할 만큼 영향력이 크다. 교육과정이 개정될 때마다 교과서도 새롭게 편찬한 것은 이런 이유 때문이다.

---

4 이하 국어과 변천의 내용은 이상태(1993), 최현섭 외(1996/1999), 허재영(2013)을 참조하여 정리하였다.

지금과 같이 교과와 교과서가 구분된 것은 근대 이후의 일이다. 그 이전에는 이 둘이 구분되지 않았다. 가령, 「소학」은 교과명이면서 동시에 교과서의 이름이었다. 근대적인 의미의 교과서는 1985년 '소학교령'과 '한성사범학교령'이 공포된 이후에 만들어지게 된다. 이후 일제 강점기에도 「보통학교국어독본」, 「국어독본」 등이 편찬되지만 이때 '국어'는 우리말이 아니라 일본어를 의미하는 것이었다. 이 시기 우리말 학습을 위한 교과서는 「보통학교조선어독본」, 「조선어독본」 등의 제목으로 편찬되었다.

지금의 교과서처럼 국어를 내용으로 하면서 국어로 쓰여진 교과서는 광복 후 조선어학회가 편찬한 「한글 첫걸음」(1945)과 「초등 국어 교본」, 「중등 국어 교본」[5]이다. 미군정청의 지원을 받아 편찬된 이 교과서들은 오랜 일제 강점기로 인해 오염된 우리말과 잊혀진 우리글을 다시 찾는 데 크게 기여하였다.

유명한 초등학교 교과서 「바둑이와 철수」(1948~1950)는 정부 수립 후 처음 발행된 입문기 교과서이다. 이 교과서는 어린이들의 언어생활을 그대로 내용으로 제시하여 문자 습득과 국어 수업에 대한 흥미를 높이려 하였고, 듣기·말하기·읽기·쓰기를 종합적으로 지도하려고 시도하였다.

1955년 제1차 교육과정이 제정되고 그에 따라 교과서가 편찬되었다. 그 이후 2015 교육과정에 이르기까지 교육과정이 개정될 때마다 교과서가 새롭게 편찬되었다.

1차 교육과정 시기 초등 국어 교과서는 1955년에 1, 2, 3학년 전·후 학기용이, 1956년에 4, 5, 6학년 전·후 학기용이 편찬되었다. 내용을 보면 단원 체제를 갖추고 있으며, 단원마다 '학습문제'를 두었다. 1958년에는 교사용지도서도 발간되었다. 2차 교육과정 시기는 1차와 크게 다른 점이 없다. 다만 1968년 이후 초등학교 1~3학년에서 「쓰기」 교과서를 발간하였는데, 이는 각 단원의 글씨 쓰기(경필 쓰기)와 글짓기 요소를 따로 모아 체계적으로 학습하도록 한 일종의 보조 교과서이다.

3차 교육과정 시기에는 문형 연구를 바탕으로 문자 학습을 위한 단어를 선정하여 제시하고, 이들을 연결하여 자연스럽게 기본 문형을 익힐 수 있도록 하였다. '공부할

---

5 「초등 국어 교본」은 상(1, 2학년), 중(3, 4학년), 하(5, 6학년) 세 권, 「중등 국어 교본」은 상(1, 2학년)과 하(3, 4학년) 두 권이 발행되었고, 발행 시기는 1945년~1946년이다.

문제'는 양을 늘리고 체계화하여 국어 교과서가 학습 방법의 안내 역할도 할 수 있도록 하였다. 이 시기는 주제 중심으로 단원을 편성하였는데, 이는 국어 교과서를 이념 교육의 도구로 수단화하려는 의도가 반영된 것이었다.

4차 교육과정 시기는 초등학교 저학년에서 통합교과서를 개발하였는데, 국어과의 내용은 도덕과, 사회과의 내용과 통합하여 「바른생활」에서 다루도록 하였다. 그러나 곧 「국어」 교과서를 분리하여 국어과의 도구 교과적 성격을 구현하려고 하였다.

5차 교육과정 시기는 기능 중심 언어관을 수용하면서 국어 교과서에도 큰 변화가 일어났다. 초등학교 국어 교과서를 언어 기능에 따라 분책하여 「말하기·듣기」, 「읽기」, 「쓰기」 세 책으로 발행하였다. 이는 독해중심의 국어교육에서 벗어나 언어 기능을 총체적으로 학습할 수 있도록 하기 위한 것이었다. 5차 교과서는 그림그리기, 문제 풀기 등의 학습 활동을 기록할 수 있게 한 점이 큰 특징인데, 이는 교과서가 활용 가능한 자료나 교재의 일종이라는 인식에서 비롯된 것이다.

6차와 7차 교육과정 시기는 유사하다. 6차 교육과정 시기에는 5차와 동일하게 세 책으로 분책하되, 언어활동의 통합성을 고려하여 5, 6학년은 두 책으로 분책하여,「말하기·듣기·쓰기」와 「읽기」로 발행하였다. 4학년 이상의 「읽기」에는 날개와 처마를 도입하여 자율학습이 가능하도록 하고, 언어 자료나 그림 자료의 선정에서 다양성을 강조하였다. 7차 교과서는 외적 체제에서 6차와 유사하며, 활동중심, 자기주도학습, 통합적 언어활동 등을 더욱 강조하였다.

2007 교육과정기에는 교과서 발행에서 이전과는 개발 기관을 공모함으로써 약간의 자율성을 부여하였다. 그러나 제도상으로는 여전히 국정제를 유지한다. 교과서의 체제는 앞 시기와 동일하게 세 책으로 분책하되 「말하기·듣기」를 교육과정의 내용 체계 순에 따라 「듣기·말하기」로 변경하였다. 단원의 체제는 6차의 소단원 체제와 7차의 대단원 체제를 절충한 중간 형태로 편찬하였다.

2009 교육과정기는 초등학교 교과서가 두 책으로 분책되어 「국어」와 「국어 활동」으로 편찬, 발행된다. 5차 이래 언어 기능에 따라 분책하였던 교과서를 학습의 성격에 따라 주교과서와 보조 교과서로 분책한 것이다. 또한 이 시기에 '2010년 교과서 선진화 방안'에 따라 종래의 서책형 교과서와 함께 e-교과서가 개발되어 학생들이 '무거운 책가방'의 부담을 덜 수 있기를 꾀하였다.

2015 교육과정기 교과서에서도 「국어」와 「국어 활동」의 두 책 체제는 그대로 유지된다. 이 둘은 주 교과서와 보조 교과서(실천형 워크북)의 관계로, 「국어」에서 학습한 내용을 「국어 활동」에서 자기 점검 및 연습을 통해 내면화하도록 하였다.

1차 교육과정기에서 2015 교육과정기 초등학교 국어과 교과서의 책 구성상의 변화 양상을 요약하여 보면 아래와 같다.

〈표 2〉 초등학교 국어과 교과서의 변천

교육과정	교과서 구성 내용
1차 ~ 4차	국정, 학년당 2책
5차	기능별 분책: 말하기·듣기, 읽기, 쓰기
6차 ~ 7차	저학년: 3책으로 5차와 동일 고학년: 2책(말하기·듣기·쓰기, 읽기)
2007	분책은 7차와 동일 책명: 듣기·말하기(·쓰기)
2009	국어, 국어활동
2015	국어, 국어활동

교과서의 변화 과정을 개관해 보면, 국어과교육의 토대 이론이 정교화됨에 따라 교과서도 체제와 구성에 변화가 있었음을 알 수 있다. 그러므로 새로운 교과서가 개발·적용될 때 교사는 이전 시기 교과서와 왜, 어떠한 점이 변화되었는지를 이해하도록 해야 한다.

참고

◦ **교과서에 반영된 교육과정의 특징**

제7차 교육과정은 '본질, 원리, 태도'가 각각 성취기준 선정의 범주로 작용하고, 2007 교육과정에서는 '실제'가 성취기준 선정의 범주로 작용한다. 이에 따라 교과서 대단원 학습 목표 설정, 차시별 목표 및 활동의 구성도 달라진다. 아래 두 시기 교과서를 비교해 보자.

제7차 교과서	2007 교과서

제7차 교과서에서는 글쓰기의 과정 중 내용 생성 단계의 전략(상상하기), 즉 '원리'를 학습 목표로 제시하고 있음에 비해, 2007 교과서는 '쪽지'라는 실제 범주를 소개하고 자신의 생각을 전하는 쪽지를 쓰는 것을 학습 목표로 제시하고 있음을 볼 수 있다.

3. 2022 개정 교육과정에 따른 국어 교과서의 이해

가. 교과서 개발의 원리

교과서는 학교에서 교육을 위해 사용되는 학생용의 주된 교재[6]를 의미한다. 곧

---

6 종래에는 교과서라고 하면 서책을 일컬었지만 근래에는 그 외연이 확대되어, '교과용 도서에 관한 규정'

교육목적 달성을 위해 교육과정의 기본 정신에 따라 만들어진 학습 자료로서, 주로 학생용으로 제공되는 도서를 교과서라 부른다. 교과서는 수업 장면에서 가장 중심이 되는 교재이다. 교과서는 교육공동체의 합의 속에서 교육과정을 반영한 교재로서 국가 수준의 교육과정을 표준화한 형태로 바꾸어 제공하는 구실을 한다. 특히 초등학교 국어과의 경우 단일본 교과서를 사용하기 때문에 교과서가 갖는 영향력은 막대하다.

교과서는 대개 다음과 같은 일련의 절차에 따라 개발된다. 먼저 교육과정을 분석하고 성취기준을 상세화 한다. 교육과정의 성취기준은 추상적이고 포괄적인 언어로 진술이 되어 있기 때문에 이를 학습 가능한 구체적이고 실제적인 언어로 바꾸어 주고, 학습 내용을 구체화하며, 수준을 결정해야 하는 것이다. 교육과정의 내용이 상세화 되면 단원 구성의 방법과 단원의 목표를 설정하고 목표들 사이의 위계를 설정해 계열성을 확보한다. 그런 다음 텍스트의 특성(장르, 구조, 주제 등)을 결정하고, 차시별 활동 계획을 수립한다. 차시 활동은 실제적인 수업 장면에서 자연스럽게 이루어질 수 있도록 유기적으로 구성한다. 그리고 끝으로 구체적이고 미시적인 활동을 구안한다. 이러한 과정은 반드시 순차적으로 일어나기 보다는 교육과정의 전체적인 조망 아래 통합적으로 이루어진다고 보는 것이 적합할 것이다.

교과서에 실릴 자료를 선정할 때는 명확한 기준과 원리에 의해 선정해야 한다. 열린 교과서관을 취한다고 하더라도 교과서는 국가 수준의 모범적인 교재이므로 이러한 위상에 비추어 적합한 자료를 제공해야 한다. 최현섭 외(1999: 110~111)에서는 교과서 자료 선정의 원리를 다음과 같이 제시하고 있다.

① 철학적 적합성: 국어교육의 목적과 목표에 관한 교육공동체의 이념, 의도, 철학에 부합하는 자료를 선정한다.
② 심리적 적합성: 학습자의 흥미, 요구, 언어발달 수준 및 사고 수준에 적합한 자료를 선정한다.
③ 사회적 적합성: 교육공동체의 보편적 가치관과 윤리, 사회적 구성원으로서 요구되는 언어수행 능력을 반영하는 자료를 선정한다.

의 제2조에서는 교과서에 대하여 '교과서라 함은 학교에서 학생들의 교육을 이하여 사용되는 학생용의 서책·음반·영상 및 전자적물 등을 말한다.'라고 정의하고 있다.

④ 담화적 적합성: 기호들의 체계로서 언어텍스트가 지니는 담화적 조건, 즉 어휘·문법·문체·구성 및 상호텍스트성 등의 측면에서 정확성과 적절성, 대표성을 지닌 자료를 선정한다.

⑤ 학문적 적합성: 보편성과 객관성, 타당성, 진실성 등의 측면에서 국어교육의 배경이 되는 제반 학문의 이론에 부합하는 자료를 선정한다.

⑥ 교육과정적 적합성: 교육과정의 목표, 학년별 내용 및 제계 선정의 기준을 포괄적으로 반영하는 자료를 선정한다. 특히 어느 한 쪽에 편중되거나 누락되는 자료가 없도록 한다.

교과서의 기능과 위에서 제시한 자료 선정의 원리를 바탕으로 교과서 개발의 원리를 구체적으로 살펴보면 먼저 학습자가 의미 있는 국어 사용 경험을 하도록 실제적인 자료와 활동을 제공해야 한다. 이때 '실제적'이란 교과서에서 학습자가 경험하는 것이 교실 밖에서도 여전히 유효해야 함을 의미한다. 둘째로 학습자의 문화적 소양을 고양하여 언어문화에 대한 이해를 높이고 그것을 향유, 창조할 수 있는 힘을 길러 줄 수 있게 해야 한다. 국어 교과서의 글은 국어 사용 기능과 관련된 학습 목표 달성을 위한 '자료'일 뿐만 아니라 그 자체가 감상하고 반응할 독자적 가치 있는 텍스트로, 학습자의 문화적 소양을 함양하는 데 기여한다. 셋째로 수업에서 교사와 학생, 학생과 학생의 상호작용을 촉발할 수 있어야 한다. 좋은 수업이란 교사와 학생, 학생과 학생이 만나 더불어 의미를 공유하고 생성하는 소통 행위이므로 교과서를 이를 매개할 수 있어야 한다. 넷째로 국어 교과서는 심층적 교육과정을 실현해야 한다. 교육과정의 표층적 수준만을 이해해서는 개발하는 것이 아니라 교육과정의 기저에 존재하는 철학적, 인식론적 토대를 반영하고 있어야 한다. 다섯째로, 언어의 특성을 총체적으로 반영해야 한다. 언어 미적, 윤리적, 심리적, 사회적, 역사적, 기호적 특성을 복합적으로 갖고 있는 것이기 때문이 이를 반영할 수 있어야 한다. 여섯째로 다양성을 인정하고 다양한 목소리를 담아내야 한다. 교과서는 다양한 집단과 계층, 여러 가지 시각의 텍스트를 담아야 한다. 일곱째로 학습자를 지원해야 한다. 교과서는 학습자의 텍스트이므로 학습자가 심리적으로 가깝게 느끼고 사용이 용이하도록 만들어야 한다. 끝으로 사회의 문식 환경을 반영하고 문식성 요구를 충족시켜야 한다. 국어과교육이 의사소통 능력을 길러 주는 것에 초점이 놓인다면 국어 교과서는 변화

하는 소통 환경에 능동적으로 대처해야 하며 사회가 요구하는 소통 능력을 계발할 수 있게 해야 한다.[7]

나. 2022 개정 교육과정에 따른 국어과 교과서의 이해[8]

1) 교과서 개발의 방향

가장 대표적인 교재인 교과서는 교육과정의 지향점을 반영하여 개발하여야 한다. 교육과정에 설정되어 있는 교과의 성격과 목표, 내용, 교수 학습 방법, 평가관 등을 반영하면서 교실 수업에서 교사가 활용하기에 적합하도록 그 체제와 내용이 구성되어야 하는 것이다. 2022 개정 교육과정에 따른 국어 교과서 역시 이러한 인식을 토대로 하고 있으며 궁극적으로는 국어과 역량을 함양하는 교과서를 지향하고 있다. 교과서 개발의 중점을 더 구체적으로 살펴보면 다음과 같다.

① 국어과 역량을 함양하는 교과서
◦ 대단원을 국어과 역량을 중심으로 설정하고, 소단원의 내용을 해당 역량의 핵심 내용을 학습할 수 있도록 구성한다.
◦ 국어과 역량 함양에 필요한 성취기준을 선정하여 통합적인 학습을 할 수 있도록 차시 활동을 구성한다.
◦ 대단원 오른쪽 상단에 해당 단원에서 중점적으로 기르고자 하는 역량을 표기한다.

② 한글 해득과 문식성을 강조한 교과서
◦ 2022 개정 국어과 교육과정은 입학 초기 한글을 배우고 익히는 시간 확보를 위한 34시간 학습 시간 증배를 명시하고 있는바, 이를 반영하여 교과서를 개발함으로써 한글 해득 교육을 강화한다.
◦ 전통적인 기초 문식성(한글 해득)보다 적극적이며 포괄적인 관점에서의 문해력 교육을 지향하며, 이를 위해 한글 해득뿐만 아니라 어휘력, 읽기와 쓰기, 구두언어의 이해와 표현, 복합매체의 생산과 수용 등을 폭넓게 반영한다.

---

7 교과서 개발 원리는 최미숙 외(2008: 54~56)를 바탕으로 재구성하였다.
8 2022 국어 교과서 관련 내용은 교육부(2023), 「초등학교 국어 1-1 교사용지도서」를 참조하였다.

∘ 다양한 지도 방법과 충분한 지도 자료를 내용으로 구성하여 기초 문식성 교육을 도모한다. 특히 학생들의 실제 언어활동과 맞물려 재미있는 활동을 통하여 학습함으로써 경험을 확장할 수 있도록 한다.

③ 미래 언어 환경에 대비하여 디지털 소양을 강화하는 교과서
∘ 2022 개정 교육과정에서는 미래 사회의 변화, 특히 일상생활 및 교육환경의 급속한 디지털화에 대응하기 위해 매체 영역을 신설, 디지털 리터러시 함양을 선언하였고, 교과서 역시 이를 반영하여 디지털 소양을 강화하는 교수·학습과 평가가 실행될 수 있도록 구성한다.

④ 학습자의 언어 발달에 따른 맞춤형 교과서
∘ 특히 초등학교 1~1학년 교과서는 학교 학습은 물론이고 장차 사회생활을 위하여 한글 교육, 기초 문식성 교육, 기초 학력을 학습자의 언어 발달에 따라 맞춤형으로 다양한 교육 방안을 제공한다.
∘ 모든 학생의 기초 학력 보장 및 지원뿐만 아니라 특수교육 대상 학생, 다문화 학생 등 '모두를 위한 교육과정의 강화'에 따른 학습자의 언어 발달에 따른 맞춤형 교과서를 개발한다.

⑤ 배움의 과정을 성찰할 수 있는 교과서
∘ 학습자가 평가의 주체가 되고 평가가 곧 학습으로 전이되는 과정을 경험하게 함으로써 진정한 배움이 일어날 수 있도록 지원하는 교과서를 개발한다.

⑥ 학습자의 실제 언어생활을 반영한 앎이 삶이 되는 교과서
∘ 학교 안팎의 삶과 연결되는 학습 내용과 방식을 개발함으로써 실제성을 확보할 수 있도록 구성한다.
∘ 실제 맥락 속에서 언어 수행을 경험하게 하고, 학습을 실제 삶과 연결하여 역량을 기르는 기회를 제공한다.

⑦ 공동체 문제 해결을 위한 협업적 소통 능력을 함양하는 교과서
∘ 2022 개정 교과서는 영역별 성취기준을 통합적으로 연계하여 학생들이 의미를 주체적이고 협력적으로 발견하고 구성하며 공동체 구성원들과 소통하는 행위가 구현될 수 있도록 개발한다.

◦ 또한 공동체의 문제를 합리적으로 해결하는 학습 경험을 교과서에서 제공하도록 한다.

⑧ 학습자의 자기 주도적 학습과 성장을 촉진하는 교과서
◦ '학생 주도성(student agency)'[9]을 계발하기 위해 학습활동에서 학생의 선택권을 확대하여 자기 주도적 학습과 성장을 촉진하는 활동이 담긴 교과서를 개발한다.

⑨ 교사와 학생이 함께 만들어 가는 교과서
◦ 학생을 학습자로만 보는 것이 아니라 소통 의도를 가진 주체, 즉 실생활에서 언어를 주체적으로 수행할 수 있는 사람으로 인정하고 교과서에 반영한다.
◦ 학생이 공감할 수 있는 텍스트와 학습 활동을 교사와 학생이 함께 구현하여 능동적인 학습이 이루어지도록 교과서를 개발한다.

위와 같은 2022 개정 교육과정에 따른 국어 교과서 개발의 중점을 요약해 보면 아래와 같다.

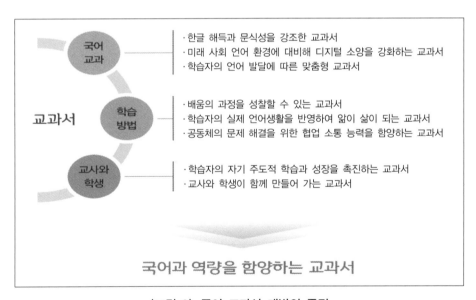

〈그림 3〉 국어 교과서 개발의 중점

---

9 「초등학교 국어 1-1 교사용지도서」에서는 '학생 주도성'을 학생이 스스로 목표를 세우고 그것을 성취하기 위해 결정하고 책임감 있게 행동하는 역량으로 정의한다(교육부 2023: 37).

2) 교과서의 체제

2022 교육과정에 따른 초등학교 국어 교과서는 「국어」와 「국어 활동」 두 권으로 제공되는데, 이 둘의 관계는 주교과서와 보조 교과서이다. 보조 교과서인 「국어 활동」은 「국어」의 소단원별 학습 내용을 활동과 연계해서 학습하도록 구성하였으며, 국어 수업 시간이나 자기 주도 학습 활동에서 활용할 수 있는 학습장이다.[10] 책의 수는 학기별로 각 한 권으로 구성하지만 학생의 편의를 위해 「국어」는 가 권, 나 권으로 분책하여 제공된다. 「국어」 및 「국어 활동」의 단원 구성 체제를 아래에서 더 자세히 살펴본다.

가) 「국어」의 단원 구성 체제

2022 교과서 「국어」의 단원은 2015와는 달리 소단원 체제이다.[11] 하나의 대단원은 총 12~15차시(30쪽 분량)로 전개되며, '(대단원 표지-) 준비 → 소단원 1 → 소단원 2 → 실천'의 체제를 지닌다. 물론 이 단원 전개 방식은 다양한 변이가 가능하다. 또한 각 단원은 국어 교과 역량 함양을 위하여 언어활동의 총체성을 보장하고, 활용의 편의성을 기하기 위해 대체로 연속 차시로 구성하고 있다.

각 대단원의 시작을 알리는 표지는 한 쪽이며, 해당 단원의 역량, 대단원명, 대단원 학습 목표 등을 안내한다. 이어지는 〈준비〉에서는 생활 상황과 관련하여 국어과 교과 역량의 필요성 또는 중요성을 학생들이 인식하도록 하는 것이 목적이다. 그래서 자신의 경험과 관련하여 배울 내용을 살펴봄으로써('배울 내용 살펴보기') 단원 학습을 위한 사전 지식을 확인하고 활성화하도록('생각 열기') 구성하였다.

〈소단원 1〉과 〈소단원 2〉는 상황, 목적, 내용, 과정, 난이도, 범위, 맥락 등의 관련성에 의해 설정하고, 각 소단원은 기본 학습-통합 학습, 또는 통합 학습-기본 학습으로 전개된다.

'기본 학습'은 국어과 역량 함양을 위해 대단원에서 선정된 성취기준의 내용 요소

---

10 예를 들어, 1학년 1학기라면 「국어1-1①」, 「국어1-1②」, 「국어 활동」의 3책으로 제공된다. 2022 교과서에도 국어와 국어 활동을 보조하거나 보완하는 자료를 실은 전자저작물을 제공한다.

11 2015 교과서는 '준비 → 기본 학습 → 실천 학습 → 정리하기'로 대단원이 구성되어 있다.

(지식·이해, 과정·기능, 가치·태도)를 이해 중심, 탐구 및 수행 중심으로 학습하도록 구성하였다. '통합 학습'은 내용 요소인 지식·이해, 과정·기능, 가치·태도가 상호 보완적으로 작용하여 한 편의 글·담화·작품·매체를 온전하게 수용하고 생산하는 통합적 학습이 일어날 수 있도록 구성하여 학생들이 깊이 있는 학습을 경험할 수 있도록 하고 있다. '통합 학습'의 세부 내용 사례는 다음과 같다.

> ※ '통합 학습'의 내용
> ○ 내용 알기, 낱말 알기, 기본 학습의 학습 활동
> ○ 텍스트 수용(이해, 감상)의 활동명 : 자신과 관련 짓기, 글과 연결하기, 글쓴이와 연결하기, 세상과 연결하기 등
> ○ 텍스트 생산(표현, 창작)의 활동명 : 계획하기, 표현하기(말하기, 글쓰기), 점검하기, 더 나아가기 등

〈실천〉은 '배운 내용 실천하기'와 '마무리하기'로 구성하며, 대단원의 국어 교과 역량을 일상생활의 삶, 교과 간, 교과 내의 연계를 통해 국어 교과 역량을 전이할 수 있도록 함이 목적이다. '배운 내용 실천하기'는 예시 활동을 제시하고 이를 참조하여 교사와 학생이 함께 학생들의 삶과 관련이 있는 활동을 구안하여 학습하는 차시이다.

'마무리하기'는 '정리하기'와 '기초 다지기'로 전개된다. '정리하기'는 해당 단원에서 학습한 국어 교과 역량 관련 내용 요소를 정리하고 점검하는 것이 목적이며, 단원 정리, 평가, 성찰 활동으로 구성한다. '기초 다지기'에서는 언어 예절, 바르게 발음하기, 정확하게 표기하기, 유창하게 읽기, 문장 학습, 어휘 전략 학습, 글씨 쓰기 등의 학습이 이루어지도록 구성한다. 글씨 쓰기는 대단원에서 학습한 낱말이나 문장을 선정하여 집필 자세, 필순, 낱자의 모양 및 간격, 글자 모양 및 간격, 문장 부호, 낱말 쓰기, 문장 쓰기 등을 내용으로 한다.

「국어」의 단원 구성 체제를 요약하여 제시하면 다음과 같다.

<표 3> 2022 「국어」의 대단원 구성 체제와 전개 방식

단원전개	성격	주요 내용
준비 1~2차시 (4~6쪽)	◦ 대단원 도입 ◦ 대단원 국어과 역량의 학습 내용 살펴 보기	◦ 대단원 국어 교과 역량 인식 ◦ 대단원명, 대단원 목표, 소단원 1과 소단원 2의 목표 ◦ 국어과 역량 함양이 필요한 상황 이해(삽화, 사진) ◦ 대단원 학습 내용의 개념 및 용어의 이해 ◦ 대단원 학습의 중요성, 필요성 등

소단원1
3~5차시
 	
소단원2
3~5차시
 	
(12~20쪽)
	◦ 대단원 국어과 역량의 기본 학습 및 통합 학습	◦ 소단원 목표 인식(소단원명)
		◦ 소단원내 전개(기본 학습-통합 학습 또는 통합 학습-기본 학습)
		◦ **[기본 학습]** 국어과 역량 함양을 위해 선정한 성취기준 내용 요소(지식·이해, 과정·기능, 가치·태도) 학습
		◦ **[통합 학습]** 학습한 내용을 활용하여 글·담화·작품·매체를 온전하게 수용하고 생산하는 통합적 학습
		  - 내용 알기, 낱말 알기, 기본 학습의 학습 활동
		  - 텍스트 수용(이해, 감상) 활동
		  - 텍스트 생산(표현, 창작) 활동

실천 2~3차시 (4~6쪽)	◦ 대단원 국어과 역량의 실천 학습	◦ 국어과 역량을 고려하여 아동의 삶, 교과 간, 교과 내 연계를 통한 실천 학습 ◦ [배운 내용 실천하기] 교사와 학생이 함께 구성하는 활동 ◦ [마무리하기] 정리하기 및 기초 다지기 활동

나) 「국어 활동」의 구성 체제

「국어 활동」은 「국어」의 소단원별 학습 내용과 연계되는데, '실력 키우기 → 스스로 읽기'의 체제로 구성한다. '실력 키우기'는 매 단원 제시하고, '스스로 읽기'는 일부 단원에서만 제시한다.

'스스로 읽기'는 「국어 활동」의 모든 단원과 상호 텍스트성을 지니는 제재로 구성하고, 이 제재를 활용하여 기초적인 읽기 능력을 키우고 텍스트에 대한 흥미와 즐거움을 기를 수 있도록 한다. 또한 '스스로 읽기'에 있는 낱말이나 문장을 활용하여 읽기 유창성을 신장할 수 있는 기회를 제공한다. 다음은 「국어 활동」의 단원 구성 체제를 요약한 것이다.

〈표 4〉 2022 「국어 활동」의 단원 전개 방식

활동면	학습 성격	주요 내용
실력 키우기 (6~8쪽)	「국어」의 두 소단원과 연계한 확인 ·연습·자기정착 활동	◦ 소단원명 ◦ 내용 요소(지식·이해, 과정·기능, 가치·태도)의 　학습을 위한 보충·연습·확인·점검 활동 ◦ 생활 실천을 위한 언어 태도 점검 및 습관 형성
스스로 읽기 (8~10쪽)	학생이 국어과 교과 역량과 연계한 자료임을 인식하며 다양하게 읽을 수 있는 담화·글·작품을 제공	◦ 대단원에서 사용한 담화·글·작품과 관련하여 작 　가, 주제, 소재, 관점 등과 연관된 다른 자료를 　제시 ◦ 읽기 유창성 신장을 위한 연습 활동

3) 「국어」 교과서의 활용

가) 교과서 읽기

교사는 교과서를 읽을 수 있어야 한다. 교과서를 읽는다는 것은 중층적으로 해석될 수 있지만, 무엇보다 우선적으로 해당 교과서가 교육과정을 어떻게 반영하고 있는지를 읽어야 한다. 특히 국어 교과서는, 교육과정 반영에서 다른 교과 교과서와는 다른 점이 있어 주의깊게 읽어야 한다.

국어 교과서는 단일 하위 영역의 성취기준 하나로 단원이 구성되는 것이 아니라 둘 이상의 하위 영역을 통합하여 구성된다. 그러므로 하나의 단원에는 둘 이상의 성취기준이 통합되어 있다. 이는 국어 교과서가 학습자의 실제 언어생활을 반영하고자 하기 때문이다. 일상생활에서 우리는 말하고 들으며, 읽은 후 쓰기도 하고, 말한 내용을 쓰기도 하는 것이 보통인 것이다.

이에 더하여 국어 교과서는 하나의 성취기준이 여러 단원에 반영되기도 하고, 때로는 학년군에 걸쳐 반복적으로 반영되기도 한다. 환언하면, 하나의 단원이 하나의 성취기준만으로 구성되는 것이 아니라는 것이다. 이는 국어과의 하위 영역 또는 영역 내 기능 간의 위계가 명확하지 않으며, 언어 능력이 한 번의 학습으로 완전하게 획득되지 않기 때문이다.

아래 예를 통해 이를 확인해 보자.

<表 5> 성취기준의 교과서 반영 양상

대단원명	단원 성취기준	단원 학습 목표
1. 기분을 말해요	[2국01-02] 바르고 고운 말로 서로의 감정을 나누면 듣고 말한다. [2국03-02] 쓰기에 흥미를 가지며 자신의 생각이나 느낌을 문장으로 표현한다. [2국05-01] 말놀이, 낭송 등을 통해 말의 재미와 즐거움을 느낀다.	듣는 이를 배려하여 생각과 느낌 표현하기
5. 바르고 재미있게	[2국02-02] 의미가 잘 드러나도록 문장과 짧은 글을 알맞게 띄어 읽는다. [2국03-02] 쓰기에 흥미를 가지며 자신의 생각이나 느낌을 문장으로 표현한다. [2국04-03] 문장과 문장 부호를 알맞게 쓰고 한글에 호기심을 가진다. [2국05-04] 시나 노래, 이야기에 흥미를 가진다.	생각을 문장으로 표현하고 자연스럽게 읽기

위 표는 1학년 2학기 교과서 1단원과 5단원이 교육과정 성취기준을 어떻게 반영하고 있는지를 보여준다. 먼저, 두 단원 모두 여러 영역을 통합하여 반영하고 있음을 알 수 있다. 1단원은 듣기·말하기, 쓰기, 문학 영역의 성취기준을 통합하여 구성되어 있고, 5단원은 네 영역(읽기, 쓰기, 문법, 문학)의 성취기준을 통합하여 구성되어 있다. 다음으로, 성취기준 [2국03-02]가 1단원과 5단원에 반복되어 반영되어 있음도 알수 있다. 따라서 교사는 교과서와 교육과정의 이러한 관련성을 먼저 정확하게 이해한 다음 수업을 계획해야 한다. 특히 학년군에 걸쳐서 반영되어 있는 성취기준이 있다면 최소한 전 학년에서 학습한 내용이 무엇인지를 정확하게 파악하는 일이 선행되어야 한다.

교과서에는 그저 하나의 제재가 아니라 시대상, 교육관, 학생관 등이 복합적으로 반영되어 있고, 따라서 교사는 이러한 교과서의 이면도 읽을 수 있어야 한다. 가령, 우리의 공교육은 교육의 중립성을 강조하므로 특정 작품이 성취기준(또는 단원 학습 목표) 학습의 면에서는 좋은 제재가 될 수 있다고 하더라도 그 내용이 성별에 대한 편견, 정치적 편견 등을 심을 가능성이 있다면 교과서에 수록될 수 없다. 교과서의 이러한 이면을 읽는 것은 교과서 재구성을 위해서도 반드시 필요한 일이다.[12]

나) 교과서 재구성[13]

2022 교육과정에 따른 교과서 중에서 초등 전 학년에 단일한 교과서가 제공되는 것은 국어과가 유일하다. 단일 교과서는 교육 내용을 표준화하고 균질화한다는 장점이 있다. 교사 개인의 역량이 다소 차이가 있을지라도 동일한 교과서를 사용함으로써 어느 정도 동질적인 교육 효과를 담보할 수 있는 것이다. 그러나 이러한 장점에도 불구하고 교과서 재구성은 강조된다. 학습의 주체인 학생의 흥미와 수준, 학습이 이루어지는 학교와 교실이 동일하지 않기 때문이다. 곧, '지금, 여기'의 학생들에게 적합한 교재를 제공하기 위해서이다. 국어 수업은 교사의 수업관, 국어교육관, 교과 지식, 학습자의 개인적, 사회적, 문화적 상황에 따라 다양하게 실현되는 역동성을 지니는데, 이를 표준화된 교과서에 모두 담기에는 부족하다는 것이다. 그래서 교과서 재구성은 선택적인 것이라기보다는 학습 목표에 도달하기 위해 개별적인 수업 상황을 반영한 최선의 교재를 제공하는 필수적인 교육 활동으로 접근해야 할 것이다.

교과서 재구성의 범위는 다양하다. 교과와 교과를 통합하여 프로젝트로 재구성할 수도 있고, 차시 안에서 제재를 교체하는 재구성도 할 수 있다. 물론 어떤 경우에도 재구성은 국가 수준 교육과정 안에서 이루어져야 한다.

2022 교과서의 체제를 염두에 두면 국어과 내에서 이루어지는 재구성은 단원의 범위를 넘어서는 재구성과 단원 안에서 이루어지는 재구성으로 크게 나누어 볼 수 있다. 학습 내용의 난이도나 학습 목표의 계열성을 기준으로 단원의 순서를 재배치할 수도 있고, 계절이나 학교 행사 등을 고려하여 단원의 순서를 바꿀 수도 있으며, 더 적극적으로는 단원을 통합하여 새로운 단원으로 재구성할 수도 있다. 또는 여러 단원에 분절적으로 반영되어 있는 하나의 성취기준 요소를 특정 단원에서 종합적으로 학습하도록 단원 간 학습 내용을 재구성할 수 도 있다. 단원 안에서 이루어지는 재구성도 다음과 같이 범위가 여럿이다.

---

12 참고로 2022 교육과정에 따른 교과서의 공통 검정 기준은 '헌법 이념과 가치 존중, 교육의 중립성 유지, 지식재산권의 존중'이다.
13 이 절의 내용은 류덕제 외(2017: 135~136)을 수정·보완하였다.

- 소단원의 순서를 재배열하거나 또는 통합하여 재구성하기
- 소단원 안의 활동 순서를 재배열하거나 다른 활동으로 대체하기
- 제재 글을 다른 것으로 대체하기
- 활동이나 제재 글을 삭제하기
- 활동, 자료, 제재 글 등을 추가하기 등

이렇듯 다양한 수준과 범위에서 교과서를 재구성하여 활용할 수 있는데 좀더 자세하게 몇 가지를 예를 들어 보자. 먼저 초등학교의 경우 담임교사가 국어 시간을 주당 6~7시간 정도 가르치게 되는데 차시 특성에 따라 한 시간씩 따로 편성하지 않고, 연차시(블록) 수업을 통해 학습 내용을 집중해서 익힐 수 있게 할 수 있다. 이 경우 말하거나 쓸 내용을 생성, 조직, 정리, 발표하는 과정이 자연스럽게 연계되거나, 긴 글을 읽고 다양한 활동을 하는 수업을 구안할 수 있게 되므로 학습의 연계성을 강화할 수 있는 장점이 있다. 둘째로는 교육과정을 분석하거나 교사용지도서에 제시된 연계 단원을 중심으로 하여 학생들의 수준[14]을 고려하여 학습된 내용을 다시 가져오거나 이어서 학습할 내용을 함께 다루는 것을 생각할 수 있다. 이럴 경우 학습자의 흥미와 수준을 함께 고려한 교과서를 재구성할 수 있어 학습의 효율성을 높이게 된다. 셋째로는 목표를 도달하기 위해 적절한 모형을 구안하고 교수·학습 모형의 절차에 따라 텍스트와 그래픽 자료를 재구성할 수 있다. 표준화된 교과서의 경우 교과서 집필자가 의도하는 교수·학습 과정에 따라 구성된 경우가 많으므로, 교사가 수업 목표를 도달하기 위해 더 적합하다고 생각되는 과정이 있을 경우 그에 따라 재구성을 하게 되면 수업 사태를 적극적으로 반영하는 교과서가 될 것이다.

교과서를 재구성한다고 하더라도 교과서의 특성을 고려할 필요가 있다. 표준화된 교과서가 갖는 장점을 가능한 한 살리면서 실제 수업 장면을 반영할 수 있도록 재구성을 해야 한다. 그러므로 교과서를 재구성할 때도 다음 사항에 유의를 하면서 구성하는 것이 필요하다. 먼저 교과서에 제시된 단원의 순서를 바꿀 때에는 신중하게 접근해야 한다. 교과서 단원의 경우 텍스트나 그래픽 자료가 학습의 계열성, 학습

---

14 국어과 교육과정에서 의미하는 수준은 ① 학습자의 준비도 수준, ② 가르칠 내용의 수준, ③ 학습 활동 후 결과 수준을 모두 포함하나 여기서는 ①에 중점을 두었다.

시기(계절) 등을 고려해서 제시되어 있으므로 단원의 순서를 바꿀 경우 이를 모두 고려해야 한다. 둘째로 교수·학습 과정에 너무 얽매여 자료를 재구성하지 않도록 한다. 실제 수업은 의도한 과정보다 더 구체적이고 미시적으로 이루어지므로 교수·학습의 과정이나 단계에 너무 매몰되지 않도록 한다. 셋째로 교사용 지도서에 제시된 '단원의 특성'과 '지도상의 유의점' 등을 고려하며 재구성을 하도록 한다. 학생들의 흥미를 유발시킬 수 있는 자료가 반드시 단원 학습 목표와 연계되는 경우가 많지 않으므로 이를 고려해야 한다. 끝으로 교사용 지도서나 다른 참고 사이트 등에 제시된 자료들은 교사용으로 제시된 경우가 많으므로 이를 학생들에게 재구조화 없이 직접 투입해서는 안 된다. 아무리 좋은 자료라고 하더라도 학생들의 수준에 맞는 형태로 바꾸어서 제시해야 할 것이다.

교과서의 재구성은 학습자의 특성을 적극적으로 반영하여 학습 효과를 제고하기 위해 요구되는 일이기도 하지만 교사의 전문적이고 자율적인 역량의 실현이라는 점에서도 격려되어야 하는 일이다. 2022 교육과정 시기에도 국어 교과서는 단일 교과서로 개발되므로 교사의 역량 발휘가 다른 교과에 비해 더욱 필요하다. 자신이 담당하고 있는 학생들의 흥미가 어디에 있는지, 그들의 성취 수준은 어느 정도인지, 강점과 취약점은 무엇인지 등을 정확하게 파악하고 그를 반영하여 자신의 교실에 적합한 교과서를 만드는 것도 생각해 볼 일이다. '모든 학생을 위한 교육 기회의 제공'이 2022 교육과정 중점 사항 중 하나임을 고려한다면 교과서 재구성은 교사가 갖추어야 할 핵심역량인 것이다.

/ 제 7 장 /

국어과 교수·학습 모형

1. 국어과 교육과정과 교수·학습 모형

국어과 교수·학습 모형은 국어 학습을 효과적으로 수행하기 위해 수업의 과정을 단순화하여 나타낸 절차를 말한다. 교사는 국어과 교수·학습 모형을 활용하여 국어 수업을 짜임새 있고 효율적으로 운영함으로써 학생의 창의적인 국어 사용 능력을 발달시킬 수 있다. 따라서 교사는 국어과교육의 목적을 성취하기 위해서 교수·학습 내용, 학생의 수준과 흥미, 교수·학습 환경 등과 같은 여러 요소를 고려하여 가장 적합한 교수·학습 모형을 선택하고 조정하고 적용할 수 있어야 한다.

국어과 수업에서 활용할 수 있는 교수·학습 방법으로써 교수·학습 모형이 국어과 교육과정에 제시된 것은 제6차 국어과 교육과정부터이다. 제6차 국어과 교육과정은 '4. 방법 - 나.'에서 학생의 국어 사용 능력을 신장하기 위하여 여러 교수·학습의 원리를 창의적으로 활용할 것을 제안하면서, 이해·표현 기능을 가르칠 때에는 언어 기능 수행의 세부 과정을 '설명하기 → 시범 보이기 → 질문하기 → 활동하기'의 단계를 밟아 지도할 것을 권고하였다(교육부, 1992). 이 교수·학습 모형은 직접 교수 모형으로 불리는데 국어과 수업에서 국어 사용 기능을 가르치고 배우는 데 가장 널리 사용되고 있다.

그 후, 제7차 국어과 교육과정은 제6차 국어과 교육과정에서 제시했던 직접 교수 모형만으로는 국어과의 여러 교수·학습 내용을 효과적으로 다루는 데 한계가 있음을 지적했다. 이를 반영하여, 제7차 국어과 교육과정은 학습 내용과 학습 목표에 적합한 교수·학습 모형을 적용하여 교수·학습을 전개할 것을 권고하면서, 초등학교 교사용 지도서 부록에 국어과 수업에서 활용할 수 있는 7개의 국어과 교수·학습 모형을 제시하였다. 이러한 교수·학습 모형에는 제6차 국어과 교육과정에서 제안되었던 직접 교수 모형을 비롯하여, 문제 해결 학습 모형, 전문가 협력 학습 모형, 창의성 계발 학습 모형, 역할놀이 학습 모형, 가치 탐구 학습 모형, 반응 중심 학습 모형이 포함된다(교육 인적 자원부, 1997).

2007 국어과 교육과정은 제7차 국어과 교육과정이 제시했던 7개의 국어과 교수·학습 모형에 2개의 교수·학습 모형을 추가로 제안했다. 문법 영역에서 활용할 수 있는 지식 탐구 학습 모형과 듣기·말하기 영역에서 적용될 수 있는 토의·토론 학습 모형이 그것이다. 또한, 전문가 협력 학습 모형과 역할놀이 학습 모형의 명칭을 각각 전문가 협동 학습 모형과 역할 수행 학습 모형으로 바꾸었다.

마지막으로, 2022 개정 국어과 교육과정은 2007 국어과 교육과정에서 제시했던 9개의 국어과 교수·학습 모형 중에서 전문가 협동 학습 모형을 제외하였다. 그 이유는 이 모형이 국어과 수업, 특히 고학년 국어과 수업에서 활용도가 낮을 뿐만 아니라 모형 자체를 익혀 활용하는 데에도 별도의 학습이 필요하기 때문이다. 결과적으로 2022 개정 국어과 교육과정은 국어과 수업에 적용할 수 있는 국어과 교수·학습 모형으로 8개의 모형을 제시하였다. 직접 교수 모형, 문제 해결 학습 모형, 창의성 계발 학습 모형, 지식 탐구 학습 모형, 반응 중심 학습 모형, 역할 수행 학습 모형, 토의·토론 학습 모형이 그것이다(교육부, 2022).

2. 국어과 수업을 위한 교수·학습 모형

2022 개정 국어과 교육과정은 국어 수업을 짜임새 있고 효율적으로 운영할 수 있도록 하기 위하여 8개의 국어과 교수·학습 모형을 제시하였다. 직접 교수 모형, 문제 해결 학습 모형, 창의성 계발 학습 모형, 지식 탐구 학습 모형, 반응 중심 학습 모형, 역할 수행 학습 모형, 가치 탐구 학습 모형, 토의·토론 학습 모형이 그것이다. 다음에서 국어과 교수·학습 모형의 특성, 수업 절차, 적용상의 유의점에 대해 살펴보았다.

가. 직접 교수 모형

1) 모형의 특성

직접 교수 모형은 언어 수행에 필요한 학습 내용이나 과제 해결 과정을 명시적·단계적으로 지도하는 데 초점을 둔 교사 중심의 교수 모형이다. 이 모형은 전체를 세부 요소나 과정으로 나눈 뒤, 이를 순서대로 익히면 전체에 도달할 수 있다는 가정에 기초하고 있다. 학습 내용을 세분화하여 구체적이고 명시적으로 지도하기 때문에 학습 목표 도달에 유리한 교수·학습 모형이다. 또한, 학습 목표 도달에 불필요한 과정이나 활동을 최대한 배제함으로써 교수·학습의 효율성을 높일 수 있다.

이 교수·학습 모형은 로젠사인(Rosenshine, 1976)의 교사 효과성 연구로부터 도출된 직접 교수법(direct instruction, 영어 소문자를 사용함), 읽기 능력이 떨어지는 어린 아동들을 가르치기 위해 엥겔만(Englemann, 1980)이 개발한 직접 교수법(Direct Instruction, 영어 대문자를 사용함), 그리고 글을 효과적으로 이해하는 데 필요한 읽기 전략을 가르치기 위해 개발된 명시적 읽기 지도법(Explicit Reading Instruction)을 토대로 하고 있다. 비록 개별 모형이 세부 특성에 있어서는 서로 다르지만, 교사의 명시적 설명, 시범과 안내 및 학생들의 독립적인 연습을 토대로 언어 사용 기능을 명료하게 가르치고 배우는 데에 초점을 둔다는 공통점을 갖고 있다. 이 모형은 제6차 국어과 교육과정에서부터 2022 개정 국어과 교육과정에 이르기까지 국어과 수업에서 활용되고 있는 대표적인 수업 모형이라 하겠다.

2) 수업 절차

단 계	주요 활동
설명하기	◦ 동기 유발 ◦ 학습 문제 제시 ◦ 학습의 필요성과 중요성 안내 ◦ 학습의 방법 또는 절차 안내
시범 보이기	◦ 적용 사례 또는 예시 제시 ◦ 방법 또는 절차 시범

질문하기	◦ 세부 단계별 질문하기 ◦ 학습 내용 및 방법 재확인
활동하기	◦ 적용 ◦ 반복 연습

직접 교수 모형을 적용하여 국어 수업을 진행하는 단계는 4단계로 구성되어 있다.

첫 번째, 설명하기 단계는 학습에 대한 동기를 유발하고 학습 내용을 소개하며, 학습의 필요성과 중요성을 인식시키고, 그리고 학습 내용을 어떤 절차나 방법으로 습득할 수 있는지에 대해 안내하는 단계이다.

두 번째, 시범 보이기 단계는 직접 교수 모형의 핵심 단계인데 학습 내용의 적용 사례를 보여주고, 그것의 습득 방법이나 절차를 세부 단계별로 나누어 교사가 직접 적으로 시범을 보이는 단계이다. 이때, 교사의 사고 과정을 언어적으로 보여주는 방법이 있는데, 이것을 사고구술법(think-aloud)이라고 한다. 사고구술을 사용하면 완벽하지는 않지만 교사의 사고 과정을 언어적으로 드러냄으로써 학습에 대한 학생들의 이해를 도울 수 있다.

3) 적용상 유의점

직접 교수 모형은 과정이나 절차를 세분화할 수 있고 구체적인 시범이 가능한 학습 과제나 개별 언어 기능을 가르치는 데 적합하다. 그러므로 교사가 구체적으로 시범 보일 수 있는 국어 사용 기능이나 문제 해결 과정에 잘 활용될 수 있다. 학생의 수준에 비추어 학습 내용이 새롭거나 어려운 경우, 자기 주도적 학습 능력이 부족한 학생에게 적용하는 것이 바람직하다.

직접 교수 모형을 적용하는 교사는 학생이 교수·학습의 과정을 충분히 이해하고 따라올 수 있도록 해야 한다. 이를 위해서는 가르칠 내용이나 과정을 세분화하고 구체적이고 명시적인 설명과 시범을 보여 줄 수 있어야 한다. 또한, 교수·학습 과정을 단계별로 안내하고 유도할 수 있어야 한다.

이 모형은 자칫하면 교사 중심으로 흘러갈 수 있으므로 설명과 시범 단계에서 학생의 참여를 최대한 확대하고, 단순 모방에 그치지 않도록 확장된 사고와 활동을 적극 권장해야 한다.

나. 문제 해결 학습 모형

1) 모형의 특성

문제 해결 학습 모형은 학생 주도의 문제 해결 과정을 강조하는 학생 중심의 학습 모형으로 타 교과에서도 많이 활용되고 있다. 그러나 국어과에서의 문제 해결 학습은 엄격한 가설 검증과 일반화를 통한 결과에 초점을 두기보다는 그 결과에 도달하기까지의 과정에 초점을 둔다. 즉, 교사나 동료 학생들과 함께 해결할 문제를 확인하고, 문제 해결 방법을 찾고, 문제를 해결하고, 그리고 이를 일반화하는 활동을 강조한다.

이 모형은 최대한 학생 스스로 문제 해결 방법을 찾아 문제를 해결하도록 함으로써 자발적인 학습 참여를 유도하고, 학생의 탐구력을 신장시키는 데 유리하다. 학생은 문제 해결 과정에서 지식이나 개념을 단순 수용하는 것이 아니라, 나름대로 지식이나 개념을 탐구하고 재구성할 수 있는 기회를 가짐으로써 학습에 대한 주도성을 가지게 된다.

2) 수업 절차

단 계	주요 활동
문제 확인하기	◦ 동기 유발 ◦ 학습 문제 확인 ◦ 학습의 필요성 또는 중요성 안내
문제 해결 방법 찾기	◦ 문제 해결 방법 탐색 ◦ 문제 해결 계획 및 절차 확인
문제 해결하기	◦ 문제 해결 활동 ◦ 문제 해결
일반화하기	◦ 적용 및 연습 ◦ 점검 및 정착

문제 해결 학습 모형을 적용하여 국어 수업을 진행하는 단계는 4단계로 구성되어 있다.

첫 번째, 문제 확인하기 단계는 해결할 문제와 관련된 상황을 파악하고, 그중에서 해결할 문제를 추출하거나 확인하는 단계이다.

두 번째, 문제 해결 방법 찾기 단계는 학습 문제 해결을 위한 방법을 탐구하고, 이를 바탕으로 하여 학습 절차를 계획하거나 확인하는 단계이다.

세 번째, 문제 해결하기 단계는 탐구한 문제 해결 방법을 바탕으로 하여 문제를 해결하고, 이를 통하여 새로운 원리를 터득하거나 기존의 원리를 재구성하는 단계이다.

네 번째, 일반화하기 단계는 터득한 원리를 다른 상황에 적용하고 연습함으로써 학습 내용을 점검하고 정착시키는 단계이다.

3) 적용상 유의점

문제 해결 학습 모형은 모든 차시가 해결해야 할 문제, 즉 학습 문제를 포함한다는 점에서 그 적용 범위가 광범위하다. 다만, 이 모형은 문제 해결 과정을 중시하고 학생의 탐구 능력을 강조한다는 점에 유의하여 적절한 적용 상황을 선택하여야 한다. 그러므로 이 모형은 문제 해결에 필요한 지식을 탐구하는 경우, 학생의 수준에 비하여 학습 내용이나 절차가 쉽고 간결한 경우, 기본 학습 훈련이 잘 되어 있는 경우에 적용하는 것이 보다 바람직하다.

이 모형을 적용하는 교사는 학생에게 학습 문제를 명확히 인식시키고, 학생이 스스로 문제 해결 방법을 탐구하고, 그리고 문제를 해결할 수 있도록 해야 한다. 이를 위해서 교사는 문제 해결 방법 찾기 단계와 문제 해결하기 단계에서 직접적인 개입을 최대한 줄여 학생의 자발적인 탐구 활동을 극대화하도록 한다. 이것은 학생에게 '해 보라'고만 하는 방관자로서의 교사가 아니라, 학생의 사고를 자극하고 탐구를 지원하는 적극적인 중재자로서의 교사의 역할을 요구한다. 특히 학습 능력이 부족한 학생이나 시간이 충분하지 못할 경우에는 처음부터 일련의 문제 해결 과정을 거치게 하기 보다는 한두 단계에서 학생 스스로 탐구하게 하는 것이 효과적이다. 더 나아가, 개별적으로 문제 해결이 어려울 경우 모둠별로 문제 해결 방법을 찾고 문제를 해결할 수 있도록 안내한다.

다. 창의성 계발 학습 모형

1) 모형의 특성

창의성 계발 학습 모형은 창의적인 국어 사용 능력을 계발하는 데 초점을 둔 모형이다. 이 모형은 국어 수행 과정에서의 사고의 유창성, 독창성, 융통성, 다양성을 강조하는 모형이라고 할 수 있다. 유창성은 풍부한 사고의 양을, 독창성은 사고의 새로움을, 융통성을 사고의 유연함을, 그리고 다양성은 넓은 사고를 강조한다. 그러므로이 모형은 주어진 문제를 해결하기 위하여 정답을 요구하기보다는 학생의 독창적이고 다양한 아이디어 생성과 문제 해결 방법을 중시한다.

2) 수업 절차

단 계	주요 활동
문제 발견하기	◦ 동기 유발 ◦ 학습 문제 확인 ◦ 학습의 필요성 또는 중요성 안내 ◦ 학습 과제 분석
아이디어 생성하기	◦ 문제 또는 과제를 다른 각도에서 검토 ◦ 문제 해결을 위한 다양한 아이디어 산출
아이디어 선택하기	◦ 아이디어 비교하기 ◦ 최선의 아이디어 선택하기
아이디어 적용하기	◦ 아이디어 적용하기 ◦ 아이디어 적용 결과 발표하기 ◦ 아이디어 적용 결과 평가하기

창의성 계발 학습 모형을 적용하여 국어 수업을 진행하는 단계는 4단계로 구성되어 있다.

첫 번째, 문제 발견하기 단계는 학습 문제를 확인하고, 학습 문제 해결을 위하여

주어진 학습 과제를 이해하고 분석하는 단계이다.

두 번째, 아이디어 생성하기 단계는 아이디어를 생성할 수 있는 방법을 탐구하고, 이를 바탕으로 하여 다양한 아이디어를 생성하는 단계이다.

세 번째, 아이디어 선택하기 단계는 다양하게 생성된 아이디어를 비교·검토하고, 그중에서 최선의 아이디어를 선택하는 단계이다.

네 번째, 아이디어 적용하기 단계는 선택한 아이디어를 적용하고, 그 결과를 평가하는 단계이다.

3) 적용상 유의점

창의성 계발 학습 모형은 창의적인 아이디어의 생성이나 적용이 많이 요구되는 표현 영역, 비판적 이해 영역, 문학 창작 및 감상 영역에 적합한 모형이라고 할 수 있다. 예를 들어, '이야기를 읽고 줄거리를 간추려 봅시다.'라는 차시와, '이야기를 읽고, 이어질 이야기를 상상하여 써 봅시다.'라는 차시가 있을 경우, 전자보다는 후자에 적용하기 알맞은 모형이다.

창의성 계발 학습 모형을 적용하는 교사는 허용적인 수업 분위기를 조성하고 학생의 아이디어 생성과 적용 과정에 지나치게 개입하지 않아야 한다. 그리고 아이디어 생성하기, 아이디어 선택하기, 아이디어 적용하기 단계에서 모둠 활동을 적절히 활용하는 것도 좋은 방법이다. 저학년 단계에서는 풍부하고 다양한 아이디어를 생성하는 데 초점을 두고, 학년이 올라갈수록 점차적으로 그 아이디어를 검증하고 다듬어 나가는 단계에 이르도록 한다. 그리고 학생이 아이디어 생성에 어려움이 있을 경우를 대비하여 교사가 사고를 자극할 수 있는 발문이나 과제를 미리 몇 가지 준비하는 것도 좋다. 아이디어 적용 결과를 평가할 때에는 교사가 평가 관점이나 기준을 명확히 제시하여 학습 결과물이 타당한 평가를 받을 수 있도록 해야 한다.

라. 지식 탐구 학습 모형

1) 모형의 특성

지식 탐구 학습 모형은 구체적인 국어 사용 사례나 자료에 대한 검토를 통하여 국어 생활에 일반화할 수 있는 개념이나 규칙을 발견하는 데 초점을 둔 학생 중심의 모형이다. 교사는 주어진 맥락에서 학생이 자발적으로 다양한 언어 자료를 탐구하고, 그 속에서 일반화할 수 있는 개념이나 규칙을 발견하도록 권장한다. 이러한 과정에서 학생은 스스로 학습의 필요성을 느끼고 배우게 되므로 유의미한 학습을 할 수 있다. 또한, 학생이 학습 활동을 성공적으로 마쳤을 때에는 지적인 쾌감을 맛보고 새로운 문제에 도전하려는 강한 내적 동기를 형성할 있게 한다.

2) 수업 절차

단 계	주요 활동
문제 확인하기	◦ 동기 유발 ◦ 학습 문제 확인 ◦ 학습의 필요성 또는 중요성 안내
자료 탐색하기	◦ 기본 자료 또는 사례 탐구 ◦ 추가 자료 또는 사례 탐구
지식 발견하기	◦ 자료 또는 사례 비교 ◦ 지식의 발견 및 정리
지식 적용하기	◦ 지식의 적용 ◦ 지식의 일반화

지식 탐구 학습 모형을 적용하여 국어 수업을 진행하는 단계는 4단계로 구성되어 있다.

첫 번째, 문제 확인하기 단계는 학습 문제를 발견하거나 확인하고 배경지식을 활성화하는 단계이다.

두 번째, 자료 탐색하기 단계는 문제를 해결하기 위하여 둘 이상의 사례를 검토하는 단계로 일관성 있는 지식을 추출할 수 있도록 다양한 사례 제시와 함께 교사의 적극적인 비계(飛階, scaffolding)가 필요한 단계이다.

세 번째, 지식 발견하기 단계는 둘 이상의 실제 사례로부터 공통점이나 차이점을 추출함으로써 일반화할 수 있는 개념이나 규칙을 발견하는 단계이다.

네 번째, 지식 적용하기 단계는 발견한 개념이나 규칙을 실제의 국어 생활에 적용하는 단계이다.

3) 적용상 유의점

지식 탐구 학습 모형은 국어 사용 영역의 지식, 문법 지식, 문학 지식을 습득하는 데 유용한 모형이다. 예를 들어, '주장하는 글의 특성 알아보기', '토론을 할 때에 지켜야 할 점 알아보기', '문장 부호의 종류와 기능 알아보기', '이야기의 짜임 알아보기' 등을 학습할 때에 활용할 수 있다. 그리고 학생의 학습 동기가 일정 수준을 유지하면서 학생이 관련된 정보를 많이 가지고 있을 때에 유리하다. 즉, 학생이 내적으로 학습할 준비가 되어 있지 않다거나 학생의 경험이 부족하다면 관련 지식을 스스로 탐구하는 학습은 어려울 것이다.

지식 탐구 학습 모형을 적용하는 교사는 학생이 지식을 발견할 때까지 무작정 기다리는 것이 아니라, 적절한 자료를 제공하고 학생이 적극적으로 학습에 참여할 수 있도록 유도하는 것이 필요하다. 완전한 답변을 주지 않으면서 학생과 함께 탐구하는 동료로서의 역할을 하되, 필요할 경우 추가 자료의 지원이나 단계적인 질문을 통하여 탐구 과정을 유도해야 한다. 학습 내용의 난이도나 학생 수준을 고려하여 모둠 활동을 적절히 활용할 수도 있다.

마. 반응 중심 학습 모형

1) 모형의 특성

반응 중심 학습 모형은 수용 이론이나 반응 이론에 근거한 것으로 문학 작품을 가르칠 때에 학생 개개인의 반응을 중시하는 모형이다. 이는 작품에 대한 해석이 독자(학생)에 따라 다양하게 나타날 수 있다는 점을 고려한 것이다. 그리고 이 모형은 학생 개개인의 반응을 최대한 존중하고 다양하고 창의적인 반응을 유도함으로써 학생의 역동적인 참여와 흥미를 유발할 수 있다는 장점이 있다. 그러나 개별 학생의 반응을 강조한다고 하더라도 작품(글)은 여전히 감상의 대상으로서 감상의 중심에 놓일 수밖에 없다. 작품과 연결 고리를 가지지 못하는 반응은 무의미한 반응

일 수밖에 없기 때문이다. 그러므로 이 모형은 작품과 학생 간의 원활한 소통을 강조한다.

2) 수업 절차

단 계	주요 활동
반응 준비하기	◦ 동기 유발 ◦ 학습 문제 확인 ◦ 학습의 필요성 또는 중요성 안내 ◦ 배경지식 활성화
반응 형성하기	◦ 작품 읽기 ◦ 작품에 대한 개인 반응 정리
반응 명료화하기	◦ 작품에 대한 개인 반응 공유 및 상호 작용 ◦ 자신의 반응 정교화 및 재정리
반응 심화하기	◦ 다른 작품과 관련짓기 ◦ 일반화하기

반응 중심 학습 모형을 적용하여 국어 수업을 진행하는 단계는 4단계로 구성되어 있다.

첫 번째, 반응 준비하기 단계는 학습 문제를 확인하고 작품을 이해하는 데 필요한 배경지식을 활성화하는 단계이다. 작품과 관련된 자료를 살펴보거나, 그림이나 사진 등에 대하여 이야기를 나누거나, 일상의 경험을 이야기함으로써 배경지식을 활성화할 수 있다.

두 번째, 반응 형성하기 단계는 작품을 읽으면서 학생이 최초의 반응을 형성하고, 작품을 읽고 난 뒤의 생각이나 느낌을 반응 일지 등에 간단히 정리해 보는 단계이다.

세 번째, 반응 명료화하기 단계는 각자 정리한 반응을 상호 공유하고, 이를 바탕으로 자신의 반응을 정교화하거나 확장하는 단계이다.

네 번째, 반응 심화하기 단계는 주제, 인물, 사건, 배경 등을 토대로 다른 작품과 관련지어 보면서 작품에 대한 이해를 높이고, 현실 세계나 자신의 삶에 투영하여 봄으로써 반응을 심화하는 단계이다. 주제를 정하여 토의나 토론을 함으로써 반응을 심화하는 것도 좋다.

3) 적용상 유의점

반응 중심 학습 모형은 문학 작품에 대하여 학생의 다양한 반응이 요구되는 문학 감상 학습에 적합한 모형이다. 이 모형을 적용할 때에는, 특히 작품을 읽고 난 뒤의 반응 활동에 집중한 나머지, 정작 감상의 바탕이 되는 작품 읽기와 이해 과정이 소홀히 다루어지지 않도록 유의하여야 한다. 그리고 자기중심적인 편협한 작품 이해나 해석의 무정부 상태에 빠지지 않도록 토의나 토론을 병행하여 보다 타당하고, 깊이 있고, 확장된 반응을 이끌어 낼 수 있도록 해야 한다. 학생들은 서로 다른 배경지식을 가지고 있기 때문에 문학 작품에 대하여 다양한 반응을 보인다. 그러므로 처음에는 반응을 자유롭게 표현할 수 있도록 하는 데 초점을 두고, 점차 상호 작용이나 깊이 있는 분석을 통하여 반응을 명료하고 정교하게 하면서 다른 작품과 관련지어 심화하여 나갈 수 있도록 유도한다.

교사는 학생 개개인의 반응이 최대한 존중될 수 있는 학습 분위기를 조성하고, 학생이 단순한 반응을 제시하거나 표현하는 것에 만족하지 말고, 타당하고 명료한 반응, 심화되고 확장된 반응이 되도록 학습 활동을 이끌어야 한다. 그리고 충분한 상호 작용을 거쳐 학생이 스스로 자신의 반응을 성찰할 수 있는 학습 경험을 제공하여야 한다.

바. 역할 수행 학습 모형

1) 모형의 특성

역할 수행 학습 모형은 학생이 구체적인 상황을 통하여 국어 사용을 직접 경험함으로써 학습 목표에 보다 효율적으로 도달할 수 있다는 점을 강조한다. 역할 수행을 경험함으로써 학생은 주어진 문제를 좀 더 정확하고 실감 나게 이해하고, 문제를 보다 쉽게 해결해 나갈 수 있다. 학생은 주어진 문제 상황에 대하여 생각해 보거나 주어진 상황 속의 인물이 되어 보며, 그 해결책을 제시하는 과정을 거쳐 자신에게 부딪힌 문제를 좀 더 효과적으로 해결하는 능력을 기를 수 있다. 그뿐만 아니라 새로운 의미의 발견, 기존의 가정에 대한 의문 제기하기, 고정 관념 깨기, 대안들을 시도하여 보기 등의 과정을 체험하게 된다. 또, 역할 수행을 통하여 다른 사람의 의견이나 행동을 존중하게 되고, 자신의 행동이 다른 사람에게 어떤 영향을 끼칠지 생각함으로써 인간의 행동에 대한 통찰력을 가지게 된다.

2) 수업 절차

단계	주요 활동
상황 설정하기	◦ 동기 유발 ◦ 학습 문제 확인 ◦ 학습의 필요성 또는 중요성 확인 ◦ 상황 분석 및 설정
준비 및 연습하기	◦ 역할 분석 및 선정 ◦ 역할 수행 연습
실연하기	◦ 실연 준비하기 ◦ 실연하기
평가하기	◦ 평가하기 ◦ 정리하기

역할 수행 학습 모형을 적용하여 국어 수업을 진행하는 단계는 4단계로 구성되어 있다.

첫 번째, 상황 설정하기 단계는 학습 내용을 확인하고 제시된 상황을 분석하여 실연할 상황으로 설정하는 단계이다.

두 번째, 준비 및 연습하기 단계는 설정한 상황에 등장인물을 분석하고, 배역을 정하며, 실연 연습을 하는 단계이다.

세 번째, 실연하기 단계는 학생이 상황 속의 인물이 되어 직접 역할을 수행해 보는 활동 단계로, 이를 통하여 학생은 새로운 세계를 경험하게 되며, 그 경험은 사고의 전환을 가져오게 하여 학생이 언어적 문제 상황을 해결하거나 문학적 상상력을 기르는데 도움을 준다.

네 번째, 평가하기 단계는 학생이 역할 수행을 통하여 얻게 된 언어 지식이나 문학적 체험들을 서로 주고받음으로써 주관적인 지식을 객관화하고 일반화하여 언어생활에 활용하거나 문학적 체험을 확대하는 단계이다.

3) 적용상 유의점

역할 수행 학습 모형은 역할놀이 자체가 학습 목적인 경우, 역할 수행이 학습 목표 달성에 중요 수단이 되는 경우, 통합적 국어 활동이 요구되는 경우에 적용하기 알맞은 모형이다. 예를 들어, 전화놀이, 토의·토론, 문학 감상 활동 등에 활용할 수 있다. 역할 수행 경험이 풍부하고 표현력이 어느 정도 갖추어진 학생이라면 큰 부담 없이 흥미를 가지고 학습에 참여할 수 있는 모형이다.

이 모형을 적용하는 교사는 학생이 학습 목표를 명확히 인식하고 역할 수행에 임하도록 해야 하며, 역할 수행 이후에는 학습 목표 성취를 점검하는 것이 필요하다. 학생이 역할 수행 활동에만 관심을 가지다 보면 정작 그것을 통하여 학습해야 할 내용을 소홀히 하는 경우가 있기 때문이다. 역할 수행은 대부분의 수업에서 그 자체가 목적이기보다는 목표에 도달하기 위한 수단이라는 점을 염두에 둘 필요가 있다.

사. 가치 탐구 학습 모형

1) 모형의 특성

가치 탐구 학습 모형은 학생이 글(작품)에 내재된 가치를 탐구하고 자신의 관점에서 분석하고 비판적으로 수용함으로써 학생에게 다양한 가치에 대한 이해심과 비판적 사고 능력을 길러 주는 데 알맞은 모형이다. 글에 내재된 가치를 발견하고 분석하며, 이를 재해석하는 과정에서 학생은 능동적으로 학습에 참여하게 되고, 자신의 가치를 명료화하여 긍정적인 자아 개념을 형성할 수 있다. 학생은 이러한 학습 체험을 통하여 합리적이고 비판적인 사고를 할 수 있는 기회를 더 많이 가지는 것은 물론이고, 학습 내용을 보다 확실하게 이해할 수 있게 된다. 특히 국어과에서 가치를 다루는 목적은 합의된 가치를 이끌어 내거나 내면화하는 데 있는 것이 아니라, 오히려 다양한 가치를 접하고 이를 입증하는 근거와 그것의 타당성을 탐구하고 평가하는 과정에 초점을 둔다.

2) 수업 절차

단계	주요 활동
문제 분석하기	◦ 동기 유발 ◦ 학습 문제 확인 ◦ 학습의 필요성 또는 중요성 확인 ◦ 문제 상황 분석
가치 확인하기	◦ 가치 발견 또는 추출 ◦ 가치의 근거 확인
가치 평가하기	◦ 가치의 비교 및 평가 ◦ 가치의 선택
가치 일반화하기	◦ 가치의 적용 ◦ 가치의 재평가

가치 탐구 학습 모형을 적용하여 국어 수업을 진행하는 단계는 4단계로 구성되어 있다.

첫 번째, 문제 분석하기 단계는 가치를 추출 또는 발견하기 위한 기초 단계로서 학습 문제를 확인하고 가치를 포함하는 언어 맥락이나 담화 자료를 분석하는 단계이다.

두 번째, 가치 확인하기 단계는 과제나 자료의 분석을 토대로 내재된 가치를 확인하고 제시된 맥락이나 담화 자료에서 그 가치의 근거를 찾는 단계이다.

세 번째, 가치 평가하기 단계는 확인된 가치 하나하나에 대하여 비교, 분석, 비판하고, 나름의 기준을 적용하여 가치를 평가하거나 선택하는 단계이다.

네 번째, 가치 일반화하기 단계는 발견 또는 추출한 가치를 어떻게 이해하고 표현할 것인지에 대하여 탐구하거나 적용함으로써 가치를 일반화하거나 재평가하는 단계이다.

3) 적용상 유의점

가치 탐구 학습 모형은 다양한 가치가 공존하는 상황에서 가치의 탐구가 필요하거나 특정 가치를 선택해야 하는 국어 사용 영역이나 문학 영역의 수업에 적합한 모형이다. 예를 들면, 다양한 견해가 대립되는 글을 읽고 그것을 비교, 분석하거나, 특정 논제에 대하여 주장하는 글을 쓰거나, 문학 작품에 내재된 다양한 가치를 분석하여 자신의 기준으로 재해석하거나, 바람직한 국어 사용 태도나 문화를 탐구할 때에 이 모형을 적용할 수 있다.

이 모형을 적용하는 교사는 글에 내재된 다양한 가치를 공평하게 다룰 수 있어야 한다. 그리고 교사는 학생에게 한 가지 가치만을 선택하도록 강요하지 말아야 한다. 또한, 학생이 다양한 가치에 대하여 비판만 늘어놓는 것으로 그치게 해서도 안 될 것이다. 교사는 학생이 다양한 가치를 비교, 검토하고, 자신만의 가치를 새롭게 재구성할 수 있도록 보장하고 유도해야 한다. 그리고 토의·토론 활동을 적절히 활용하는 것이 좋은데, 학생은 토의나 토론 활동을 통하여 다양한 가치에 대하여 보다 정교하고 깊이 있게 접근할 수 있고, 자신의 가치 평가가 타당한지 성찰할 수 있게 된다.

아. 토의·토론 학습 모형

1) 모형의 특성

토의·토론 학습 모형은 교사와 학생, 또는 학생끼리 일정한 규칙과 단계에 따라 대화를 나눔으로써 학습 문제를 해결하거나 학습 목표에 도달하고자 하는 공동 학습 모형의 한 형태이다. 토의는 공동의 관심사가 되는 특정 문제에 대하여 바람직한 해결 방안을 찾기 위하여 구성원들이 협력적으로 의견을 교환하는 대화 형태이다. 토론은 찬반의 입장이 분명한 특정 문제에 대하여 각각의 입장을 대변하는 사람들이 쟁점에 대하여 논쟁하는 대화 형태이다. 그러므로 국어 학습 상황에 따라 토의 학습 모형과 토론 학습 모형으로 나눌 수도 있다.

토의·토론 학습 모형은 학생의 자발적인 참여를 유도하고 학습 내용을 폭넓고 깊이 있게 이해시키는 데 효과적이다. 아울러, 합리적인 상호 작용과 협력적인 의사 소통 능력을 길러 줄 수 있고, 분석력, 종합력, 평가력과 같은 고등 사고 능력을 증진시키는 데에도 유용한 방법이다. 학생은 토의·토론 과정에서 자신의 견해나 가치, 신념을 성찰하고 재구성할 수 있는 기회를 가진다. 교사는 토의·토론을 관찰함으로써 학습 상황을 구체적으로 점검할 수 있다.

2) 수업 절차

단계	주요 활동
주제 확인하기	◦ 동기 유발 ◦ 학습 문제 확인 ◦ 토의·토론 목적 및 주제 확인
토의·토론 준비하기	◦ 주제에 대한 자신의 입장 정하기 ◦ 주제에 대한 자료 수집 및 정리 ◦ 토의·토론 방법 및 절차 확인
토의·토론하기	◦ 각자 의견 발표 ◦ 반대 또는 찬성 의견 제시
정리 및 평가하기	◦ 토의·토론 결과 정리 ◦ 토의·토론 평가

토의·토론 학습 모형을 적용하여 국어 수업을 진행하는 단계는 4단계로 구성되어 있다.

첫 번째, 주제 확인하기 단계는 토의·토론의 목적을 명확히 하고, 주제를 확인하거나 선정하는 단계이다.

두 번째, 토의·토론 준비하기 단계는 주제에 대한 자신의 입장을 정하고, 관련 자료를 수집 및 정리하고, 토의·토론의 방법 및 절차를 확인하는 단계이다. 이를 위한 관련 자료는 각종 도서나 인터넷 검색, 토의, 조사 등의 다양한 방법을 통하여 확보할 수 있다.

세 번째, 토의·토론하기 단계는 정리한 자료를 바탕으로 하여 자신의 의견을 제시하고, 다른 사람의 의견에 대하여 찬성 또는 반대 의견을 제시하는 단계인데, 이때 토의나 토론의 규칙을 준수하도록 강조한다.

네 번째, 정리 및 평가하기 단계는 토의·토론의 결과를 정리하고, 토의·토론 자체를 점검하고 평가하는 단계이다.

3) 적용상 유의점

토의·토론 학습 모형은 간단한 정보나 지식의 습득보다는 고차적인 인지 능력 향상에 적합하며, 특정 문제의 해결 방안을 모색하거나 태도 변화를 꾀하는 데에도 적합한 모형이다. 그러므로 이 모형은 학습 문제 해결을 지향하는 대부분의 국어 수업에 응용할 수 있다. 특히 듣기·말하기 영역의 토의·토론 수업에 알맞은 모형이다. 이 모형은 학생의 자발적인 참여와 창의적인 사고, 학생의 의사소통 기능, 대인 관계 기능이 성공의 관건이 된다.

이 모형을 적용하는 교사는 토의·토론 주제 선정에서부터 정리 및 평가에 이르기까지 수업 계획과 준비를 철저히 해야 한다. 특히 교사는 토의·토론의 궁극적인 목적과 가치를 인식하고, 토의·토론이 개개인의 의견만 제시하는 것으로 그치지 않도록 유의하여야 한다. 아울러, 학생이 토의·토론 자체에 집중하여 학습 목표를 소홀히 다루지 않도록 지도하여야 한다.[1]

---

1 이 장의 내용 가운데 '2. 국어과 수업을 위한 교수·학습 모형'은 '교육부(2015), 『초등학교 국어 6-2 교사용 지도서』, 교육부.' 자료를 정리한 것임.

/ 제 8 장 /

국어과 평가

1. 국어과 평가의 개념과 원리

가. 국어과 평가의 개념

평가란 무엇인가? 먼저 '평가'라는 단어에 대한 사전적 풀이를 토대로 평가의 뜻을 살펴보자. 평가는 '評'과 '價'로 구성된 단어인데, 새한한사전(동아출판사, 1990)은 '評'을 '좋고 나쁨이나 잘 되고 못 됨, 또는 옳고 그름 따위를 분석하여 논하는 일'로 풀이하고 있다. '價'은 '값이나 가격'으로, 그리고 '評價'를 '① 물품의 가격을 평정함. 또는, 그 가격, ② 사람이나 사물의 가치를 판단함'으로 설명하고 있다. 국립국어원 표준국어대사전은 '평가'를 '① 물건 값을 헤아려 매김. 또는 그 값, ② 사물의 가치나 수준 따위를 평함. 또는 그 가치나 수준'으로 풀이하고 있다. 그리고 보다 학술적으로 교육학 대백과 사전(서울대교육연구소, 1988: 70)은 평가를 '교육의 목표는 올바르게 설정되었는지, 목표 실현을 위한 교육의 계획과 과정은 적절한지, 그리고 궁극적으로 교육의 목표가 제대로 성취되었는지를 확인·판단하는 일련의 과정'으로 설명하고 있다.

평가에 대한 뜻풀이는 영어권의 경우도 크게 다르지 않다. 우리말의 평가에 해당하는 영어 단어로는 'evaluation'과 'assessment'를 꼽을 수 있다. 흔히 '평가'로 번역되는 'evaluation'은 프랑스어 'évaluer'에서 왔는데, '밖으로'라는 의미를 가진 'é'와 '가치'라는 의미를 가진 'valuer'가 결합된 말로써 '어떤 대상에 대한 가치를 결정하는 행동'을 의미한다. '사정'으로 번역되는 'assessment'는 라틴어 'assessare'에서 왔다. 이것은 판사 옆에 앉은 조수가 판사의 판결에 따라 세금이나 벌금의 액수를 결정하는 풍습에서 유래했는데, '어떤 대상이나 상황 혹은 사건에 대하여 가치를 판단하는 행위'를 가리킨다.

이처럼 일반적인 의미로 보면 'evaluation'과 'assessment'는 서로 바꿔 사용할 수도 있을 듯하다. 하지만 애플과 크럼지그(Apple & Krumsieg, 1998)는 전자가 학생의 학습 결과에 대한 판단 과정에 초점이 맞추어져 있는 반면에, 후자는 학생의 학습 과정에 대한 판단 과정에 초점이 맞추어져 있다고 주장한다. 그리고 'evaluation'과 'assessment'의 차이를 평가 시기, 평가 초점, 평가 기준, 수업 특성, 평가 결과의 활용 측면에서 대조하고 있다.

〈표 1〉 평가와 사정의 차이점

	평가(evaluation)	사정(assessment)
평가 시기	수업이 종료되는 시점 (총괄평가)	수업이 진행되는 동안 (형성평가)
평가 초점	학생이 무엇을 학습했는가(결과중심)	학생의 학습이 어떻게 진행되고 있는가(과정중심)
평가 기준	상대평가	절대평가
수업 특성	학습에서 경쟁 강조	학습에서 협동 강조
평가 결과 활용	학습 결과의 판단 (선발 및 분류)	학습 과정과 결과의 진단 (교정과 발달)

이것을 종합해 보면, 우리말의 평가란 '① 어떤 대상의 가치를 판별하여 값을 매기는 과정, ② 어떤 대상의 질을 제고하기 위하여 관련 정보를 수집하고 판단하는 과정' 모두를 포함하는 개념이라 할 수 있다. 이러한 평가의 개념을 감안하면 국어과 평가는 학생의 국어 활동에 대한 가치를 판별하여 값을 매기거나 관련 정보를 수집하여 판단하는 일련의 과정을 의미한다. 다시 말해, 학생의 국어 능력을 신장하기 위하여 학생의 국어 학습 과정과 결과에 대한 정보를 수집하고 판단하여 송환하는(feedback) 일련의 과정이라 하겠다.

나. 국어과 평가의 목적

왜 학생들은 국어 교과를 배우면서 '중간고사, 기말고사, 설명문 쓰기 수행평가, 국어 진단평가, 자기소개 말하기 평가' 등과 같은 다양한 국어과 평가에 참여하는가? 왜 학교와 교사는 학생에게 끊임없이 평가를 부가하는가? 아마도 나름의 목적이 있기 때문일 것이다.

기본적으로 학생들의 국어교육에 관여하는 교육 당사자들은 학교에서 이루어지는 국어과 평가가 이들의 국어 능력을 발달하는 데 있다고 생각한다. 즉, 학생들을 다양한 국어 평가에 참여시킴으로써 그들이 성취해야 하는 국어과교육 목표를 잘 성취했는지, 제대로 성취하지 못했다면 무엇이 부족한지 등에 관한 유용한 정보를 얻을 수 있다고 생각한다. 그리고 이러한 정보는 학생들의 차후 학습 계획을 세우는 데에도 중요한 토대가 된다고 믿는다. 더 나아가, 최근에는 학생들에 대한 국어과 평가가 학생들의 국어 능력 발달에 적절한 수업을 마련하는 데에도 활용되어야 한다고 생각한다. 왜냐하면 교사의 국어 수업은 학생들에 대한 국어과 평가가 제공하는 정보에 따라 조정되어야 그들의 발달을 최대한으로 촉진할 수 있다고 믿기 때문이다.

이를 정리하면, 국어과 평가의 목적은 학생들의 학습 과정과 결과에 대한 정보를 수집하여 그들의 국어 능력을 판단할 뿐만 아니라 학습 과정에 송환하여 국어 능력을 신장하는 데 있다. 또한 학생들의 학습 과정과 결과에 대한 정보를 토대로 교사의 수업, 교재, 평가도구를 개선하는 데에도 있다.

다. 국어과 평가 관점의 변화

지식에 대한 관점의 변화는 교육과정의 변화를 초래하고 교육과정에 대한 새로운 관점은 교수·학습의 변화를 추동한다. 그리고 지식, 교육과정 및 교수·학습에 대한 관점의 변화는 평가에서의 변화를 요청한다. 유사한 관점에서, 국어과 지식, 국어과 교육과정, 국어과 교수·학습에 대한 관점의 변화는 필연적으로 국어과 평가에서의 변화를 추동한다. 여기에서는 세라피니(Serafini, 2000/2001)의 평가에 대한 관점을 빌어 국어과 평가 관점이 어떻게 변화되어 왔는가를 살펴보자.

세라피니(2000/2001)는 평가를 세 가지의 패러다임으로 구분했는데 측정으로서의 평가, 절차로서의 평가, 탐구로서의 평가가 그것이다. 측정으로서의 평가(assessment of measurement)는 지식에 대한 객관주의 관점을 취하고 있다. 지식은 학습자와 독립적으로 존재하며 그것은 교사에 의해 학습자에게 직접적으로 전달되어 학습자의 머릿속에 채워질 수 있고, 따라서 학습의 결과는 표준화된 양적 평가 방법에 의해 가장 잘 평가될 수 있다고 간주한다. 이러한 평가의 관점은 국어 기능보다는 국어 지식을 강조했던, 학습의 질적인 과정보다는 학습의 양적 결과를 중시했던, 그리고 학생의 발달보다는 학생의 분류와 선발을 목적으로 했던 전통적인 객관식 위주의 국어과 평가에서 쉽게 찾아볼 수 있다.

절차로서의 평가(assessment of procedure)는 지식에 대한 관점뿐만 아니라 학습 및 평가에 대한 관점이 측정으로서의 평가 관점과 유사하다. 하지만 전자가 학습자의 학습에 대한 정보를 수집하는 방법과 절차를 강조한다는 점에서 후자와 동일하지 않다. 절차로서의 평가에서 학습자의 학습 과정에 대한 정보를 모으는 방법과 절차는 질적인 자료를 수집하는 과정(예, 관찰, 면접, 일지 쓰기 등)과 비슷하며, 따라서 하나의 표준화된 평가 방법에 의존하기보다는 보다 다양한 질적·양적 방법을 사용하는 특징이 있다. 그러나 이것 또한 평가의 초점이 평가의 근본적인 목적보다는 평가 과정 자체에 있기 때문에 학생의 국어 능력 발달에 대한 통찰을 제시해 주거나 수업을 질적으로 개선시키는 데에는 한계를 가지고 있다. 이러한 평가의 관점은 학습자의 직접적인 활동 및 활동의 과정(예, 실기평가, 수행평가)과 결과에 대한 절차를 강조하는 현행 국어과 평가에서 쉽게 찾아볼 수 있다.

탐구로서의 평가(assessment of inquiry)는 지식과 학습에 대한 사회적 구성주의 관점을 취하고 있다. 지식은 사회적 상황에서 개인과 개인의 상호작용에 의해 구성되며 학습은 학생과 교사의 언어적 상호작용을 토대로 한 직접적인 국어 활동을 기반으로 일어난다고 생각한다. 따라서 평가는 한두 개의 특정한 방법에 의존하기보다는 학생에게 의미 있는 상황에서 다양한 양적·질적 평가 방법을 사용하여 학습자의 학습 과정과 결과에 대한 정보를 수집하여 학생의 발달과 수업 개선에 사용할 수 있어야 한다. 이러한 탐구로서의 평가 관점을 잘 반영하고 있는 평가가 실제적 평가 (authentic assessment)이며, 최근에 주목을 받고 있는 생태적 평가(ecological assessment) (Jett-Simpson & Leslie, 1997)와도 맥을 같이 한다.

라. 국어과 평가의 원리

국어과교육의 목표가 학생들의 창의적이고 비판적인 국어 능력과 긍정적인 국어 태도를 발달시키는 데 있다면 교실에서 구현되는 국어과 평가의 모습은 어떠해야 하는가? 아마도 이것은 문서화된 국어과 평가 방법이나 절차를 강조하는 평가가 아닌, 학생들의 국어 행동을 탐구하는 과정을 강조하는 역동적인 국어과 평가일 것이다. 하지만 이러한 평가는 진공 상태에서는 일어날 수 없다. 국어과 평가를 보다 역동적으로 이끄는 데 필요한 평가 원리가 필요한데, 이것을 제시하면 다음과 같다.

첫째, 국어과 평가는 지속적인 탐구 과정이어야 한다. 국어과 평가는 한 단원이 종료된 후에, 한 학기가 마무리된 시점에 한두 번 이루어지는 분절적인 과정이 아니다. 국어과 평가는 수업이 진행되기 전에, 진행되는 동안에, 그리고 진행된 다음에도 수행되는 지속적인 과정이어야 한다. 특히 국어과 평가는 학생들의 국어 행동을 끊임없이 관찰하는 탐구 과정이어야 한다. 그래야지만 학생들의 필요에 민감하게 반응할 수 있다.

둘째, 국어과 평가는 학교 내의 국어 상황뿐만 아니라 학교 밖의 국어 상황을 지향하면서 실제적인 문제 상황에서 학생들의 직접적인 국어 행위를 진정으로 드러내야 한다. 따라서 학생들에게 의미 있는 상황과 과제가 제시되며 그러한 상황과 과제에서 학생들이 실제로 국어를 사용하는 과정과 결과가 평가된다. 또한 학습자 자신의 과제를 포함한 복잡한 지적 도전이 평가되며, 그러한 과정에서 동원되는 다양한 지식과 기능, 전략, 초인지, 태도나 동기 등도 평가된다.

셋째, 국어과 평가에서의 평가 기준은 교사와 학생들 간의 합의에 의해 구성되고 공유되어야 한다. 이것은 과거의 평가 기준이 외부에서 주어져 경직되었던 것에 반하여, 학습자와 학습 공동체의 다른 구성원들에 의해 협상되고 공유되기 때문에 교실의 맥락을 유연하게 반영할 수 있을 뿐만 아니라 책임감과 주인 의식을 불러일으킬 수 있다.

넷째, 자기평가가 반드시 포함되어야 한다. 평가의 중요한 목적은 학습자가 공유된 기준을 토대로 자신의 발달 과정을 객관적으로 바라볼 수 있는 능력을 개발하도록 하는 데 있다. 이러한 점에서, 자기평가는 자신의 인지적·정의적 변화 과정에 대해 책임감과 주인 의식을 갖고 반성적으로 되돌아 볼 수 있는 기회를 제공한다.

이것은 자기 주도적인 학습의 중요한 측면이며 자기 동기화된 학습은 실제 세계의 모든 상황에서 필수적으로 요구되는 것이다.

다섯째, 국어과 평가는 긴 호흡으로 진행되어야 한다. 학교 교실에서 이루어지는 학생들의 지식 습득, 지식 변형, 지식 창출의 과정은 오랜 시간을 필요로 한다. 단기간 동안에만 진행되는 한두 차시의 수업으로는 결코 가능하지 않다. 따라서 학생들이 수행하는 새로운 지식의 창출 과정, 즉 지식을 수용하고 변형하여 창출하는 지식 생산의 과정을 온전히 평가하고 환송하기 위해서는 국어과 평가는 장기간 동안의 지속적인 과정으로 자리매김해야 한다.

마지막으로, 국어과 평가는 교실의 문화적 다양성에 민감해야 한다. 전통적으로 국어과 평가에서 학생들의 문화적 다양성은 배제되어야 하고 국어과 평가는 문화직 차이를 넘어 비교되어야 한다고 생각했다. 그 결과, 모든 학생들에게 평가 문항에 대해 동일하게 반응하기를 기대하고 동일한 기준으로 판단하였다. 하지만 다른 문화로부터 온 학생들은 다른 언어적·문화적 기반을 가지고 있고, 그것은 국어를 사용하는 과정에 많은 영향을 준다. 따라서 학생들의 문화에 민감하지 않고서는 학생들의 국어 사용 과정을 충분히 이해할 수 없다.

2. 국어과 평가의 과정

가. 국어과 평가 방향과 계획

2022 개정 국어과 교육과정은 '평가 방향' 항에서 국어과 평가의 기본 방향을 '국어의 성취기준을 고려한 평가 요소 도출, 학습자의 관심과 수준을 고려한 평가 난도 및 과제 선정, 실제 언어생활의 맥락 반영, 결과 및 과정 중심 평가 활용, 그리고 오프라인 수업 상황과 온라인 수업 상황에서 다양한 평가 방법의 적용'으로 설정하였다. 더 나아가, 국어과 평가 방향의 세부적인 지침을 아래와 같이 제시하였다(교육부, 2022: 63).

첫째, '국어'의 성취기준을 고려하여 구체적인 평가 요소를 도출하고, 이들 평가 요소에 학습자가 도달한 수준을 정확하게 판단할 수 있도록 평가를 계획하고 운용한다.

둘째, 학습자의 수준과 관심을 고려하여 평가의 난도와 과제 내용을 고려하고, 학습자가 평가에 흥미와 동기를 가지고 참여할 수 있도록 평가를 계획하고 운용한다.

셋째, '국어'의 성취기준을 고려하되, 실제 언어생활 맥락에서 학습한 내용을 적용할 수 있는 역량을 평가할 수 있도록 평가를 계획하고 운용한다.

넷째, 결과 중심 평가와 과정 중심 평가를 적극 활용하여 학습자가 성취기준에 도달해 가는 과정을 평가하고, 학습자가 성장할 수 있는 기회를 제공할 수 있도록 평가를 계획하고 운용한다.

다섯째, 오프라인 수업 상황에서뿐만 아니라 온라인 수업 상황에서도 다양한 평가 방법을 활용하여 학습자의 국어 학습 상태를 진단하고 피드백할 수 있도록 평가를 계획하고 운용한다.

나. 국어과 평가 내용

학생들이 국어를 비판적이고 창의적으로 사용할 수 있는 학습자로 성장하고 있다는 것을 무엇으로 판단할 수 있는가? 평가적 관점에서 말하면, 학생들이 국어과교육의 목표를 제대로 성취하고 있는가를 확인하기 위하여 무엇을 평가해야 하는가? 이와 관련하여, 2022 개정 국어과 교육과정의 '내용 체계'는 국어과에서 평가해야 하는 구체적인 내용을 제시하고 있다. 이를 토대로, 국어과의 영역별 평가 내용을 살펴보면 다음과 같다.

1) 듣기·말하기 영역에서의 평가 내용

2022 개정 국어과 교육과정의 듣기·말하기 내용 체계는 학생들로 하여금 다양한 형식과 목적의 담화를 비판적·창의적으로 수용하고·생산할 수 있도록 하기 위하여, 그들이 듣기·말하기 영역에서 알아야 하고, 할 수 있어야 하고, 그리고 정의적 측면에서 갖추어야 하는 것을 제시하고 있다.

2022 개정 국어과 교육과정의 듣기·말하기 내용 체계에 따르면 학생들은 듣기·말하기의 '지식과 이해 범주' 측면에서 '듣기·말하기 맥락과 담화 유형'을, '과정·기능

범주' 측면에서 '담화 내용 확인·추론·평가, 담화 내용 생성·조직·표현과 전달, 상
호작용, 점검과 조정'을, 그리고 '가치·태도 범주' 측면에서 '듣기·말하기에 대한 흥
미, 듣기·말하기에 대한 성찰, 공감적 소통 문화 형성'을 학습해야 한다.

따라서 듣기·말하기 평가는 위에서 제시한 내용을 토대로 수행되어야 하는데, 듣
기·말하기 영역에서 평가되어야 하는 핵심 내용으로는 '담화에 대한 사실적, 추론적,
비판·평가적 듣기' 및 '담화 내용의 생성 및 조직, 정확하고 효과적인 표현'을 들
수 있다. 즉, 듣기·말하기 영역에서는 학생들이 담화에 담겨 있는 정보를 잘 확인하
고 이해하는지, 담화 내용을 비판적·평가적으로 수용하고 있는지를 평가한다. 학생
들이 말하기의 목적, 상황, 대상을 고려하면서 내용을 생성하고 조직하는지, 정확한
발음과 효과적인 방법으로 표현하고 전달하는지도 평가한다. 또한 듣기·말하기 과
정에서 상대방과 상호작용하는지, 듣기·말하기 과정을 메타적으로 점검하고 조정하
는지, 그리고 말하기에 적극적으로 참여하면서 자신 있게 말하는지를 평가한다.

2) 읽기 영역에서의 평가 내용

2022 개정 국어과 교육과정의 읽기 내용 체계는 학생들로 하여금 다양한 형태와
목적의 글을 비판적·창의적으로 수용할 수 있도록 하기 위하여, 그들이 읽기 영역에
서 반드시 알아야 하고, 할 수 있어야 하고, 그리고 정의적 측면에서 갖추어야 하는
것을 제시하고 있다.

2022 개정 국어과 교육과정의 읽기 내용 체계에 따르면 학생들은 읽기의 '지식과
이해 범주' 측면에서 '읽기 맥락과 글의 유형'을, '과정·기능 범주' 측면에서 '읽기의
기초, 내용 확인과 추론, 평가적·창의적 읽기, 점검과 조정'을, 그리고 '가치·태도
범주' 측면에서 '읽기에 대한 흥미, 읽기 효능감과 동기, 적극적인 참여'를 학습해야
한다.

그러므로 읽기 평가는 앞서 제시한 내용을 기반으로 수행되어야 하는데, 읽기 영
역에서 평가되어야 하는 핵심 내용으로는 '기초 문해뿐만 아니라 글에 대한 사실적,
추론적, 비판적, 평가적 읽기'를 꼽을 수 있다. 즉, 읽기 영역에서는 학생들이 한글을
깨치고 글을 유창하게 읽을 수 있는지, 글에 제시된 정보를 잘 확인하고 이해하는지,
글에 명시적으로 제시되어 있지 않은 의미를 추론하여 글을 보다 정교하게 이해할

수 있는지, 글을 비판적이면서도 창의적으로 읽을 수 있는지를 평가한다. 또한 학생들이 자신의 읽기 과정을 메타적으로 통제하고 조절하고 있는지, 독서 활동에 흥미를 가지고 적극적으로 참여하는지도 평가한다.

3) 쓰기 영역에서의 평가 내용

2022 개정 국어과 교육과정의 쓰기 내용 체계는 학생들로 하여금 다양한 형태와 목적의 글을 창의적으로 생산할 수 있도록 하기 위하여, 그들이 쓰기 영역에서 반드시 알아야 하고, 할 수 있어야 하고, 그리고 정의적 측면에서 갖추어야 하는 것을 제시하고 있다.

2022 개정 국어과 교육과정의 쓰기 내용 체계에 따르면 학생들은 쓰기의 '지식과 이해 범주' 측면에서 '쓰기 맥락과 글의 유형'을, '과정·기능 범주' 측면에서 '쓰기의 기초, 계획하기, 내용 생성하기, 내용 조직하기, 표현하기, 고쳐쓰기, 공유하기, 점검과 조정'을, 그리고 '가치·태도 범주' 측면에서 '쓰기에 대한 흥미, 쓰기 효능감과 참여, 쓰기 윤리'를 학습해야 한다.

그러므로 쓰기 평가는 위에서 제시한 내용을 기반으로 수행되어야 하는데, 쓰기 영역에서 평가되어야 하는 핵심 내용으로는 '쓰기의 기초, 내용의 생성·조직, 정확하고 효과적인 표현, 공유와 점검과 조정'을 들 수 있다. 즉, 쓰기 영역에서는 학생들이 글자를 바르게 쓰는지, 글쓰기의 목적, 상황, 대상에 알맞게 내용을 생성하고 조직하는지, 효과적인 방법으로 표현하고 있는지를 평가한다. 또한 학생들이 자신의 쓰기 과정을 메타적으로 점검하고 조정하는지, 쓰기 활동에 효능감과 흥미를 가지고 적극적·윤리적으로 참여하는지도 평가한다.

4) 문법 영역에서의 평가 내용

2022 개정 국어과 교육과정의 문법 내용 체계는 학생들로 하여금 문법 지식을 바탕으로 국어를 정확하고, 효율적이며, 창의적으로 사용할 수 있도록 하기 위하여, 그들이 문법 영역에서 반드시 알아야 하고, 할 수 있어야 하고, 그리고 정의적 측면에서 갖추어야 하는 것을 제시하고 있다.

2022 개정 국어과 교육과정의 문법 내용 체계에 따르면 학생들은 문법의 '지식과

이해 범주' 측면에서 '언어의 본질과 맥락, 언어 단위, 한글의 기초와 국어 규범'을, '과정·기능 범주' 측면에서 '국어의 분석과 활용, 국어 실천의 성찰과 비판'을, 그리고 '가치·태도 범주' 측면에서 '한글에 대한 호기심과 소중함, 국어생활에 대한 민감성'을 학습해야 한다.

따라서 문법 평가는 위에서 제시한 내용을 기반으로 수행되어야 하는데, 문법 영역에서 평가되어야 하는 핵심 내용으로는 '국어의 분석과 활용 및 국어 실천'을 꼽을 수 있다. 즉, 문법 영역에서는 학생들이 국어의 언어 단위를 분석하고 활용하고 있는지, 국어 규범을 이해하는지, 올바른 국어생활을 점검하고 실천하는지를 평가한다. 또한 학생들이 일상생활에서 국어에 대한 호기심과 소중함을 지니며 국어생활에 대한 민감성을 갖는지도 평가한다.

5) 문학 영역에서의 평가 내용

2022 개정 국어과 교육과정의 문학 내용 체계는 학생들로 하여금 문학 작품을 수용·생산하면서 인간의 다양한 삶을 총체적으로 이해하고 심미적 정서를 함양하도록 하기 위하여, 그들이 문학 영역에서 반드시 알아야 하고, 할 수 있어야 하고, 그리고 정의적 측면에서 갖추어야 하는 것을 제시하고 있다.

2022 개정 국어과 교육과정의 문학 내용 체계에 따르면 학생들은 문학의 '지식과 이해 범주' 측면에서 '갈래와 맥락'을, '과정·기능 범주' 측면에서 '작품 읽기와 이해, 해석과 감상, 비평과 창작'을, 그리고 '가치·태도 범주' 측면에서 '문학에 대한 흥미와 즐거움, 문학을 통한 성찰과 소통의 즐거움'을 학습해야 한다.

그러므로 문학 평가는 위에서 제시한 내용을 기반으로 수행되어야 하는데, 문학 영역에서 평가되어야 하는 핵심 내용으로는 '문학 작품에 대한 해석과 감상 및 창작'을 들 수 있다. 즉, 문학 영역에서는 학생들이 문학의 다양한 갈래를 이해하는지, 다양한 맥락을 바탕으로 문학 작품을 창의적으로 수용하고 생산하는지를 평가한다. 또한 학생들이 문학에 대한 흥미와 즐거움을 가지고 문학 소통의 즐거움을 누리는지도 평가한다.

6) 매체 영역에서의 평가 내용

2022 개정 국어과 교육과정의 매체 내용 체계는 학생들로 하여금 다양한 형태와 목적의 매체를 비판적·창의적으로 수용하고·생산할 수 있도록 하기 위하여, 그들이 매체 영역에서 반드시 알아야 하고, 할 수 있어야 하고, 그리고 정의적 측면에서 갖추어야 하는 것을 제시하고 있다.

2022 개정 국어과 교육과정의 매체 내용 체계에 따르면 학생들은 매체의 '지식과 이해 범주' 측면에서 '매체 소통 맥락과 매체 자료 유형'을, '과정·기능 범주' 측면에서 '접근과 선택, 해석과 평가, 제작과 공유, 점검과 조정'을, 그리고 '가치·태도 범주' 측면에서 '매체 소통에 대한 흥미, 윤리, 성찰'을 학습해야 한다.

그러므로 매체 평가는 위에서 제시한 내용을 기반으로 수행되어야 하는데, 매체 영역에서 평가되어야 하는 핵심 내용으로는 '매체 자료에 대한 해석과 평가 및 제작과 공유'를 들 수 있다. 즉, 매체 영역에서는 다양한 매체 자료를 해석하고 비판적으로 수용하고 생산하는지를 평가한다. 또한 학생들이 매체 소통에 대한 흥미와 관심을 가질 뿐만 아니라 매체 소통 윤리를 지키는지도 평가한다.

3. 국어과 평가 방법과 평가 결과의 활용

가. 국어과 평가 방법

2022 개정 국어과 교육과정은 국어과 평가의 목적을 학생들의 학습 과정과 결과에 대한 정보를 수집하여 학생들의 국어 능력을 판단함으로써 학생들의 국어 능력을 신장하는 데 두고 있다. 그리고 이를 위하여, 평가 목적, 평가 내용, 평가 상황, 평가 대상, 평가 주체 등을 고려하여 다양한 국어과 평가 방식(예, 양적 평가, 질적 평가, 지필 평가, 수행 평가, 관찰 평가)과 평가 방법(예, 지필검사, 구술검사, 서술형 평가, 연구 보고서 평가, 자율적 수정, 중요도 평정법, 빈칸 메우기 검사, 녹화 기록법, 프로토콜 분석법)을 적절하게 활용할 것을 제안하고 있다. 여기에서는 국어과 평가에서 두루 활용되고 있는 선다형 검사, 단어 선택형 빈칸 메우기 검사, 수행평가, 포트폴리오 평가에 대

해 살펴보자.

1) 선다형 검사

선다형 검사는 대체로 질문에 대한 답지를 4~5개 제공하여 응답자가 정답을 선택할 수 있도록 제작된 검사를 말한다. 이것은 국어 기능(즉, 절차적 지식)보다는 국어 지식(즉, 명제적 지식)을 강조하는, 학습의 질적 과정보다는 양적 결과를 중시하는, 그리고 학생의 발달보다는 분류와 선발을 목적으로 하는 평가 관점을 반영하고 있다.

선다형 검사는 문항 형식의 융통성이 커서 기억이나 이해와 같은 낮은 수준의 국어 능력뿐만 아니라 추론이나 판단과 같은 높은 수준의 국어 능력도 평가할 수 있다. 또한 채점이 객관적이며 쉽고, 많은 학생들을 대상으로 빠르게 검사하고 채점할 수 있다는 장점을 갖는다.

하지만 이 검사는 높은 수준의 국어 능력보다는 낮은 수준의 국어 능력을 평가할 가능성이 높아 학생들의 비판적·창의적인 국어 능력을 평가하기 어렵다. 학습자의 학습 과정도 평가하기 힘들어 교사의 교수·학습 방법 및 평가 도구를 개선하는 데 제한적이라는 단점을 갖는다. 다음은 읽기 영역과 문학 영역에서 많이 활용되고 있는 선다형 검사의 예인데 학생들의 추론 능력을 평가하고 있다.

※ 다음 글을 읽고, 물음에 답하십시오.

(가) 물질이 액체에 녹아 골고루 퍼져 투명하게 되는 현상을 '용해'라고 합니다. 그리고 물질이 액체에 녹아 있는 것을 '용액'이라고 합니다.

용액을 구성하는 물질 중에, 녹아 있는 물질을 '용질', 녹이고 있는 액체를 '용매'라고 합니다. 용매의 양이 많을수록 용질이 많이 녹습니다. 즉 물에 소금을 녹일 경우, 물이 많아야 많은 소금을 녹일 수 있습니다. 일정한 양의 용매에 녹는 용질의 양은 한정되어 있습니다. 일정한 양의 소금을 녹이려면 일정한 양 이상의 물이 필요합니다. 또 용액은 온도에 따라 용질의 농도, 즉 용해도가 달라집니다. 어떤 물질이 어떤 온도의 액체에서 녹을 수 있을 때까지 녹은 상태를 '포화용액'이라고 합니다.

(나) 점심때쯤 이르러 당나귀와 주인은 바닷가 마을에 닿았습니다. 주인은 '제일소금'이라는 간판이 붙은 집 앞에 멈췄습니다.

'소금을 사려는구나!'

당나귀는 조금 들뜬 기분이 되었습니다.

'좋아, 좋아. 오늘은 물에 몽땅 녹여 버릴 거야.'

당나귀는 커다란 소금자루를 네 개나 짊어졌습니다.

'이렇게 많은 소금을 녹이려면 물속에 오래 있어야겠는 걸. 아무리 때려도 안 일어날 거야.'

조금만 참으면 된다는 생각에, 당나귀는 낑낑대면서도 짜증나지 않았습니다. 당나귀는 오직 물을 찾아 두리번거렸습니다. 그때 얕긴 하지만, 물이 고여 있는 곳이 눈에 들어왔습니다.

'그래, 저기를 지날 때 슬쩍 넘어져 버리자.'

계획대로 당나귀는 그 곳에서 비틀대며 넘어져 버렸습니다. 그리고 오래오래 뒹굴었습니다. 주인이 어서 일어나라고 발길질을 해도 꾹 참았습니다.

'이제 다 녹았을 거야.'

천천히 몸을 일으키려던 당나귀는 털썩 주저앉고 말았습니다.

'어? 소금이 물에 녹질 않았네!'

주인의 도움으로 겨우 몸을 일으킨 당나귀는, 그제서 '염전'이라고 쓰인 팻말을 보았습니다. 당나귀가 넘어진 곳은 다름 아닌 소금을 만드는 '염전'이었던 것입니다.

1. 글 (가)와 (나)를 읽고 난 후, 생각할 수 있는 내용으로 알맞지 <u>않은</u> 것은?

① 당나귀는 포화용액을 잘 모르고 있었을 거야.

② 당나귀는 염전이라는 곳을 잘 알지 못했을 거야.

③ 당나귀는 물이 많은 곳에 넘어졌어야 좋았을 거야.

④ 당나귀가 넘어진 까닭을 주인이 이미 알고 있었을 거야.

⑤ 당나귀가 온도에 따라 녹는 소금의 양이 다름을 알았을 거야.

2. 글 (가)와 글 (나)를 바탕으로 한 편의 새로운 글을 쓰려고 합니다. 글의 제목으로 가장 알맞은 것은?

① 염전의 유래

② 당나귀의 지혜

③ 당나귀와 소금장수

④ 생활에서 찾은 과학

⑤ 염전은 어떤 곳일까

2) 단어 선택형 빈칸 메우기 검사

어린 학생들의 읽기 유창성과 글에 대한 이해를 평가할 수 있는 읽기 평가 방법에는 단어 선택형 빈칸 메우기 검사(Maze test)가 있다. 이것은 어린 학생들에게, 특히 읽기에 어려움을 경험하고 있는 학생들에게 단어가 가진 의미적 정보와 통사적 정보를 활용하여 문맥에 어울리는 단어를 선택하도록 하는 검사이다. 이 검사는 대체로 3분 동안 주어진 글을 읽으면서 일곱 번째 단어마다 제시되어 있는 빈칸과 그 빈칸에 들어 있는 3개의 답지로부터 문맥에 알맞은 답지 1개를 선택하는 읽기 검사이다. 검사 점수는 3분 동안 학생들이 응답한 빈칸의 총 개수에서 틀린 빈칸의 개수를 빼서 얻어진다. 이것은 빈칸 안에 선택형 답지가 주어져 있다는 점을 제외하면 빈칸에 알맞은 단어를 직접 채우는 빈칸 메우기 검사(Cloze test)와 유사하다.

단어 선택형 빈칸 메우기 검사는 학교 현장에서 어린 학생들의 읽기 유창성과 독해 능력의 발달 과정을 점검할 수 있을 뿐만 아니라 그 결과를 수업 계획에 활용할 수 있다는 장점을 가지고 있다. 또한 이것은 학생들이 배우고 있는 교과서를 토대로 제작되기 때문에 교사들의 안면 타당도가 높고, 손쉽게 만들어 간편하게 사용할 수 있으며, 그리고 컴퓨터를 활용하여 집단으로 검사를 실시할 수 있다는 장점도 지니고 있다. 다음은 어린 학생들의 읽기 발달 과정을 평가하기 위해 널리 사용되고 있는 단어 선택형 빈칸 메우기 검사의 예이다.

이름:	날짜:

어리석은 당나귀

점심때쯤 이르러 당나귀와 주인은 바닷가 마을에 닿았습니다. 주인은 '제일소금'이라는 간판이 붙은 집 앞에 (**떠났습니다, 멈췄습니다, 도망갔습니다**).
'소금을 사려는구나!'
당나귀는 조금 들뜬 (**기분이, 가슴이, 나무가**) 되었습니다.
'좋아, 좋아. 오늘은 물에 몽땅 (**끓여, 녹여, 심어**) 버릴 거야!'
당나귀는 커다란 소금자루를 네 (**개나, 가지나, 번이나**) 짊어졌습니다.
'이렇게 많은 소금을 녹이려면 물속에 (**잠시, 오래, 멀리**) 있어야겠는 걸. 아무리 때려도 안 일어날 거야.'
(**조금만, 많이, 빨리**) 참으면 된다는 생각에, 당나귀는 낑낑대면서도 짜증나지 (**않았습니다,

좋았습니다, **싫었습니다**). 당나귀는 오직 물을 찾아 두리번거렸습니다. (**그때**, **지금**, **어때**) 얕긴 하지만, 물이 고여 있는 곳이 (**귀에**, **눈에**, **입에**) 들어왔습니다.

정확하게 답한 개수 ＿＿＿＿＿＿＿＿

틀리게 답한 개수 ＿＿＿＿＿＿＿＿

총 반응한 개수 ＿＿＿＿＿＿＿＿

3) 수행평가

많은 연구자는 선다형 검사가 학생들의 수준 높은 국어 능력을 평가하기 힘들뿐만 아니라 국어과 교육과정, 국어 수업 및 학생들의 국어 학습에도 부정적인 영향을 준다고 주장한다. 선다형 검사는 학생들을 평가 과정에 능동적으로 참여시키기보다는 평가 대상으로 전락시켜 학생들의 선택과 목소리를 제한한다고 지적한다. 또한, 단일한 양적 결과로만 학생들의 국어과 성취를 판단하기 때문에 학생들의 발달 가능성을 간과할 수 있다고 말한다(Darling-Hammond, Ancess, & Falk, 1995).

이와 같은 선다형 검사가 가지고 있는 여러 문제점을 극복하기 위하여 많은 교사와 연구자는 학생들의 실제적인 과제 수행 과정을 직접적으로 들여다볼 수 있는 평가 방법을 모색해 왔는데, 그것이 수행평가(performance assessment)이다. 이것은 학생들로 하여금 자신의 지식이나 기능을 행동으로 드러내거나 문제 해결 과정을 직접적으로 나타내도록 요구하는 평가 방법이다. 이 평가 방법은 국어 지식(즉, 명제적 지식)보다는 국어 기능(즉, 절차적 지식)을, 학습의 양적 결과보다는 질적 과정을, 학생들의 분류나 선발보다는 발달을 강조하는 평가 관점을 반영하고 있다. 또한, 이 평가 방법은 실제 상황에서 학생들이 직접적으로 과제를 수행하는 과정을 관찰함으로써 평가가 이루어지기 때문에 교사와 학생 간의 의사소통을 가능케 하여 학생들의 국어 능력 발달과 교사의 국어 수업 개선에 많은 도움을 준다.

다음은 읽기 영역에서 많이 활용되고 있는 수행평가의 예이다. 이것은 학습자의 배경지식에 대한 점검에서부터 읽기 유창성 및 읽기 이해에 이르는 학습자의 전반적인 읽기 과정을 여러 검사 방법을 활용하여 종합적으로 평가하고 있다.

[수준: 1학년, 갈래: 이야기]

배경지식 평가표

---

1. 사람들은 생쥐에 대해 어떤 기분이 드나요? (3점/2점/1점/0점)

   더럽고 사람에게 해로운 병균을 옮긴다고 생각함 (3점)

2. "오래된 집을 팝니다."란 말은 무슨 말인가? (3점/2점/1점/0점)

   우리도 오래된 집을 판 적이 있음 (1점)

3. "집 안에 생쥐가 있다."는 말은 무슨 뜻인가? (3점/2점/1점/0점)

   집이 깨끗하지 않고 관리가 소홀하다는 말 (3점)

점수 : _____7_____ / 9점   =   _____78_____ %

_____✔_____ 익숙함   _____ 익숙하지 않음

〈채점 기준〉
3점: 개념에 대해 정확하게 말함.
2점: 개념에 대한 예를 제시함. 구체적인 특성이나 특성의 내용을 말함.
1점: 경험을 말하거나 일반적인 수준으로 반응함.
0점: 엉뚱한 반응을 하거나 모른다고 반응함.

집 안의 생쥐

　　옛날에 생쥐 한 마리가 있었어요. 생쥐는 오래된 집의 벽장 속에 살고 있었지요. 생쥐는 먹을 것을 찾으러 매일 밤 부엌으로 갔지요. 그 집에 살고 있는 사람은 생쥐가 돌아다니는 소리를 들었지요. 그 사람은 생쥐가 벽장 속에 살고 있다는 것을 알게 되었지요. 그러나 신경 쓰지 않았어요.

　　그런데 어느 날, 그 사람은 집을 팔기로 결심했어요. 그는 집을 매우 사랑했지만 집이 너무 컸어요. 그래서 신문에 광고를 냈어요. 그 광고에는 "백년 된 집 팝니다."라고 쓰여 있었어요. 많은 사람들이 전화를 했고 집을 찾아오기도 했어요. 일요일에는 두 사람이 왔어요. 그 사람들은 오래된 계단을 밟고 2층으로 올라갔어요. 2층에 올라왔을 때 벽장 속에서 생쥐가 벽장 속을 이리저리 뛰어 다녔어요. 그 사람들은 생쥐 소리를 들었어요. 그러고는 "우리는 이 집을 사지 않겠어요."라고 말했어요. 생쥐는 무척 기뻤어요. 생쥐는 새로 이사 온 사람들이 자기를 잡지는 않을까 걱정을 했거든요.

　　매번 사람들이 찾아올 때마다 생쥐는 똑같은 일을 했어요. 생쥐는 벽장 속을 이리저리 뛰어 다녔지요. 매번 사람들은 집을 사지 않겠다고 하면서 그 집을 떠났어요. 그런 다음에, 한 가족이 집을 보러 왔어요. 그 집은 그 가족들에게 딱 알맞은 크기였어요. 가족들이 계단을 타고 2층으로 올라왔을 때 생쥐는 벽장 속을 이리저리 뛰어 다녔지요. 사람들은 생쥐가 뛰어다니는 소리를

들었어요. 그러고는 "오, 생쥐가 살고 있군요. 우리는 이 집이 매우 마음에 듭니다. 우리가 이집을 사겠어요. 생쥐도 함께 말이에요."라고 말했지요. (196개 단어)

읽기 유창성 평가표

◦ 잘못 읽은 단어 수(정확성): _____3_____
◦ 뜻을 바꾸는 잘못 읽은 단어 수(용인성): _____1_____
◦ 채점 기준

〈정확성〉		〈용인성〉	
0 - 6개	✔	독립적 수준 ✔	0-6개
7-26개	____	지도 수준 ____	7-13개
27개 이상	____	조절 수준 ____	14개 이상

◦ 1분 동안 읽은 단어 수 : __70__ 잘못 읽은 단어 수 : __3__
  1분 동안 정확하게 읽은 단어 수 __67__

다시 이야기하기(retelling) 평가표

배경
- ✔ 한 마리 생쥐가 있다.
- ✔ 한 사람이 산다.
- ✔ 벽장 속에
- ✔ 집에
- ____ 매일 밤
- ✔ 쥐가 간다.
- ✔ 부엌으로
- ✔ 먹을 것을 찾으러
- ____ 집에 남자가 산다.
- ✔ 생쥐 소리를 들었다.
- ✔ 그는 알았다.
- ✔ 쥐가 살고 있다.
- ____ 그 벽장 속에
- ✔ 그는 신경 쓰지 않았다.

발단
- ✔ 남자는 결심했다.
- ✔ 집을 팔기로

- ✔ 사람들이 왔다.
- ✔ 일요일에
- ✔ 그들은 2층으로 올라갔다.
- ✔ 생쥐가 위로 뛰었다.
- ✔ 아래로
- ✔ 사람들이 생쥐 소리를 들었다.
- ____ 그들은 말했다.
- ✔ "이 집을 사지 않겠어요."
- ✔ 다른 사람들이 집을 보러왔다.
- ✔ 생쥐가 위로 뛰었다.
- ✔ 그리고 아래로

해결
- ✔ 한 가족이 왔다.
- ✔ 집을 보러
- ✔ 그 집은 딱 맞았다.
- ✔ 그들에게
- ✔ 그들은 말했다.
- ✔ "생쥐가 사는군요."

✔ 생쥐는 두려웠다. ✔ 사람들이 하려고 했다. ✔ 생쥐를 없애려고 **사건** ✔ 그 남자가 광고를 했다. ✔ 신문에 ✔ 광고에 쓰여 있었다. ___ 전화 224-3414 ✔ 두 사람	✔ 집이 마음에 듭니다. ✔ 집을 사겠어요. ___ 생쥐도 함께 44개 아이디어 ◦ 회상한 아이디어 수: ___38___ ◦ 추론한 것을 포함하여 회상한 다른 아이디어 수: ___6___

읽기 이해 평가표

1. 생쥐는 어디에 살고 있었나요? (정답: 벽장 속에)
   벽장 속에 살고 있음

2. 그 사람이 결심한 것은 무엇인가요? (정답: 집을 팔기로)
   이사 가기로 함

3. 사람들이 집을 보러 왔을 때, 생쥐는 무엇을 했나요?
   (정답: 벽장 속을 이리저리 뛰어다녔어요)
   벽장 속에서 뛰어다니고 있었음

4. 이 집은 몇 층인가요? (정답: 2층)
   3층

5. 왜 사람들은 집을 사지 않았나요? (정답: 생쥐가 살고 있어서)
   생쥐가 집에 살고 있어서

6. 마지막 가족들은 생쥐가 살고 있는 데에도 집을 왜 샀나요? (정답: 가족들에게 딱 맞아서)
   가족에게 잘 들어맞아서

◦ 정확하게 맞힌 답의 개수: ___4___
◦ 비슷하게 맞힌 답의 개수: ___1___
◦ 맞은 전체 개수: ___5___
   〈학생 수준〉
   ___ 독립 수준: 6개 맞힘
   ✔ 지도 수준: 4-5개
   ___ 좌절 수준: 0-3개

4) 포트폴리오 평가

선다형 검사처럼 측정으로서의 평가 관점을 반영하고 있는 평가 방법은 학생들이 무엇을 알고 있는가를 확인하고자 할 때 유용하게 활용될 수 있다. 그러나 이것은 학생들이 무엇을 할 수 있는가를 평가하기 쉽지 않다. 유사한 관점에서, 수행평가처럼 절차로서의 평가 관점을 반영하고 있는 평가 방법은 학생들이 무엇을 할 수 있는가를 파악하고자 할 때 적절하게 사용될 수 있다. 그러나 이것은 학생들의 학습 능력이 발달해 가는 과정을 제대로 담아내기 쉽지 않다.

그렇다면 학생들의 학습이 어떻게 진행되어 왔으며, 어떻게 진행되고 있는가를 알고자 할 때 사용할 수 있는 유용한 평가 방법은 무엇인가? 그것은 포트폴리오 평가 (portfolio assessment)이다. 포트폴리오 평가란 '일정한 영역에서 학습자의 학습 경험을 잘 드러내는 학습 결과물을 목적적으로 모음으로써 학습자의 학습 과정을 잘 이해하고 학습 발달을 도모하고자 하는 평가 방법'(Cohen & Wiener, 2003: 46)이다. 이것은 학생들의 학습 과정과 결과를 잘 드러낼 수 있는 평가 방법으로 알려져 있는데, 특히 학습자의 내면화 과정을 잘 파악할 수 있는 평가 방법이기도 하다. 왜냐하면 포트폴리오 평가를 수행하는 과정에서 이루어지는 학습자에 대한 세밀한 관찰, 학습 결과물의 목적적인 수집, 협력적인 학습 목표와 평가 기준의 설정, 그리고 학습 과정과 결과에 대한 반성적 성찰 과정을 담아낼 수 있기 때문이다.

포트폴리오 평가는 포트폴리오 과정(portfolio process)을 통해 구체화된다. 포트폴리오 과정에는 학습자의 국어 능력을 잘 보여줄 수 있는 다양한 활동을 선택하고 활동의 목적과 필요성을 공유하는 것에서부터 학생 및 교사의 포트폴리오를 구성하고 통합하는 모든 과정이 포함된다. 구체적으로 국어과 포트폴리오 과정의 첫 번째 단계에서는 학습자의 국어 환경, 흥미, 및 국어 능력 등과 같은 기초적인 정보가 파악되고, 이것을 바탕으로 초기의 목적과 구체적인 국어 활동이 설정된다. 두 번째 단계인 학생 포트폴리오 및 교사 포트폴리오 구성 단계에서는 학습자의 성취를 뒷받침할 수 있는 증거를 수집하고 분석하여 새로운 학습 목표와 학습 활동을 설정한다. 그리고 마지막 과정인 학생의 포트폴리오와 교사의 포트폴리오를 통합하는 단계에서는 학습자 자신의 학습 과정에 대한 성찰을 포함한 학습자의 국어 능력 발달 과정과 교사의 성찰 과정을 종합하여 학습자의 성취를 판단하고 앞으로의 학습 목표를 수립

한다. 다음의 〈그림 1〉은 포트폴리오 과정을 보여주고 있다.

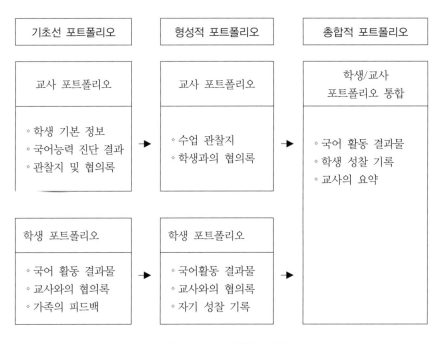

〈그림 1〉 포트폴리오 과정

포트폴리오 평가의 핵심적인 특성은 학습 과정과 결과에 대한 학습자의 깊이 있고 진지한 성찰을 담을 수 있다는 데 있다. 그런데 이러한 성찰은 학습자가 주체적으로 학습과 평가의 과정에 적극적으로 참여할 수 있는 기회가 주어질 때에만 가능하기 때문에 교사 중심의 일방적인 수업과 평가로는 그 효과를 드러낼 수 없다. 따라서 포트폴리오 평가를 수행하는데 필요한 물리적 환경이 완벽하게 구비되었다 하더라도 교사 자신의 수업과 평가에 대한 인식의 전환 없이는 결실을 맺을 수 없다. 포트폴리오 평가는 교사의 안내를 발판으로 학습자가 주체적으로 지식을 구성해 갈 수 있는 학습자 중심의 수업에서만 가능하기 때문이다.

현실적으로 포트폴리오 평가를 수행할 수 없는 다양한 어려움에도 불구하고 분명한 것은 이것을 효율적으로 활용한다면 표준화 검사로는 평가할 수 없는 복잡한 학습자의 국어적 사고 과정을 담아 낼 수 있다는 것이다. 21세기 정보화 사회에서 국어과 평가가 온전히 자리매김하기 위해서는 국어과 평가는 학습자의 국어 발달 과정을 긴 호흡을 가지고 탐구해 가는 과정이 되어야 한다. 이러한 지난한 과정에서 포트폴리오 평가는 더없이 소중한 친구가 될 수 있다.

나. 평가 결과의 활용

학생들을 다양한 국어과 평가에 참여하게 하여 수집한 그들의 국어 능력에 대한 평가 결과는 여러 목적으로 활용된다. 학생들이 도달해야 하는 교육 목표를 제대로 성취했는지 혹은 그렇지 않은지를 확인하기 위해 사용될 수 있다. 이를 토대로, 학생들의 국어 능력 발달에 적절한 수업을 마련하는 데에도 사용될 수 있다. 또한 학생들의 국어 능력 향상을 위해 가정, 학교, 교육청, 국가가 어떤 노력을 해야 하는지를 결정하는 데 필요한 자료로도 활용할 수 있다.

보다 구체적인 국어과 평가 결과의 활용 방향은 다음과 같다.

첫째, 학습자의 개인차를 고려하여 평가 결과를 해석하고 활용한다.

둘째, 평가 결과는 교수·학습 방법이나 평가 방법, 평가 도구를 개선하기 위한 자료로 활용한다.

셋째, 평가 결과를 누적하여 학습자의 성장과 발달을 파악하거나 학습자에게 피드백을 할 수 있는 근거로 활용한다.

넷째, 학습자, 학부모 및 교육 관련자가 이해하기 쉽도록 국어과가 목표로 하는 세부 능력과 성취 수준을 중심으로 평가 결과를 상세히 제공한다.

/ 제9장 /
국어과 교수 · 학습 설계와 분석

1. 국어과 교수 · 학습 설계

국어과 교수 · 학습이란 국어과 교육과정의 목표 및 내용과 방법에 따라 학습자의 국어 능력이 향상되도록 교육 활동을 하는 교사와 학습자의 상호 작용 행위이다. 교사는 교수 · 학습을 위하여 학습자를 진단하고, 교육과정 성취기준을 확인하여 적절한 목표 및 내용, 교수 · 학습 모형 및 교수 방법과 교재를 선택하며, 학습 집단 및 조직 운영을 계획하고 매체를 준비하는 등 교수 · 학습을 설계하고 운영하는 교육과정 실행의 주체이다. 교사는 국어과 교육과정의 최종 실행자로서 상위 교육과정과 학습자, 환경 등을 고려하여 교수 · 학습을 설계하고 운영하여야 한다.

가. 국어과 교수 · 학습의 방향 및 방법

국어과 교수 · 학습의 설계를 위하여 교사는 국어과 교육과정이 추구하는 국어 능력 및 교육 목표와 내용 즉, 성취기준과 교육과정에서 제시하는 국어과 교수 · 학습의 방향 및 방법을 숙지하고 있어야 한다. 또 교수 · 학습에 참여하는 학습자 개개인의 인지적 · 정서적 · 신체적 특성을 진단하고 적절한 교수 · 학습 목표 및 내용, 자료와 방법을 계획하여 교수 · 학습 활동을 구현할 수 있는 능력을 갖춰야 한다.

국어과 교육과정의 목표 및 내용 등에 대해서는 앞 장에서 살펴보았으므로 여기서는 현행 2022 개정 교육과정에서 제시하는 국어과 교수 · 학습의 방향을 중심으로 국어과 교과 목표 달성을 위한 교수 · 학습의 원칙과 중점, 그리고 교수 · 학습의 방법을 살펴본다(교육부, 2022: 59~60, 60~63).

1) 교수·학습의 방향

　가) '국어'의 목표와 성취기준을 고려하여 미래 사회에서 요구하는 국어과 역량인 '비판적·창의적 사고 역량', '디지털·미디어 역량', '의사소통 역량', '공동체·대인 관계 역량', '문화 향유 역량', '자기 성찰·계발 역량'을 기를 수 있도록 하고, 학습자의 실생활과 가까운 학습 맥락을 제공하여 흥미와 동기를 높이며, 학습자가 상호 협력적으로 문제를 해결할 수 있도록 교수·학습을 계획하고 운용한다.

　나) 학습자의 다양한 능력 수준, 관심과 흥미, 적성과 진로, 언어와 문화 배경 등 개인차를 고려하고, 학습자가 교수·학습의 과정에서 자신의 학습 방법이나 학습 소재 등을 주도적으로 선택할 수 있도록 함으로써 학습자 개개인의 발달과 성장을 지원할 수 있는 학습자 맞춤형 교수·학습 및 자기 선택적 교수·학습을 계획하고 운용한다.

　다) 디지털 환경에서의 의사소통 맥락을 고려하여 온오프라인 수업을 적절하게 활용하고 온라인 수업에서도 교사와 학생 간의 상호 작용 및 학생과 학생 간의 상호 작용을 촉진할 수 있도록 하며, 학습자가 실생활에서 활용할 수 있는 디지털 도구를 적극적으로 활용할 수 있도록 교수·학습을 계획하고 운용한다.

　라) 문자 기반의 국어 활동 외에도 디지털 기반의 음성, 시각, 영상, 복합양식 자료 등을 활용하여 새로운 정보와 지식을 창출하고, 공동체의 구성원과 적극적으로 소통하는 국어 활동 과정에서 자신과 사회의 문제를 적극적으로 해결할 수 있는 언어 소양과 디지털 소양을 기를 수 있도록 교수·학습을 계획하고 운용한다.

　마) 초등학교·중학교·고등학교 간의 교육 내용이 자연스럽게 연계되도록 하고, 진로 연계교육과 관련하여 다양한 국어 활동을 통해 학습자가 자신의 적성과 소질을 탐색하여 스스로 미래를 설계하고 꾸준히 자신의 진로에 관심을 가지면서 진로를 탐색하는 습관이 형성될 수 있도록 교수·학습을 계획하고 운용한다.

　바) 국어의 학습 도구적 성격을 이해하고 타 교과와의 통합, 비교과 활동 및 학교 밖 생활과의 통합을 통해 학습자가 다양한 주제에 대해 비판적이고 창의적으

로 국어 활동을 하는 데에 중점을 둔다. 또한 학습자가 다양한 담화, 글과 자료, 작품 등을 주제 통합적으로 이해하여 자신의 관점과 의견을 주도적으로 생성하며 이를 효과적으로 표현할 수 있도록 교수·학습을 계획하고 운용한다.

사) '국어' 성취기준에 대한 통합적이고 깊이 있는 학습을 위해 한 권 이상의 도서를 긴 호흡으로 읽을 수 있도록 선정하고, 이를 다양한 성취기준의 통합, 영역 간 통합, 교과 간 통합 수업에 활용할 수 있다. 이를 위해 개별 관심사와 진로를 고려하여 학습자가 자기 선택적으로 도서를 선정하도록 하고, 종이책이나 전자책 등 상황에 적합한 도서 준비와 충분한 독서 시간 확보 등의 물리적 여건을 조성한다.

위에서 살펴본바, 2022 개정 국어과 교육과정은 국어과 교수·학습을 설계할 때 성취기준과 더불어 국어과에서 제시한 역량을 기를 수 있도록 하며, 학습자가 경험하는 실제 삶의 맥락과 연계지어 활동하게 함으로써 흥미와 동기를 높이고 서로 협력하여 학습하도록 할 것을 강조한다.

먼저, 가)는 국어과 교수·학습 활동이 국어과가 지향하는 역량을 키우도록 설계할 것을 강조한 것이다. 현재 우리 교육과정 성취기준은 지향하는 역량과 구체적으로 어떻게 관련되는지 명확히 제시하지는 않고 있다. 교과서 차원에서 몇 가지 성취기준이 통합된 단원별로 국어과 역량 교육이 실현되도록 안내하고 있다. 이는 국어과가 지향하는 역량 교육의 효율적 실현에 대한 더 구체적이고 깊이 있는 연구가 이루어지지 못한 상황에 따른 것으로 보인다. 교육과정의 성취기준과 역량의 관계를 제시하는 교과서의 안내는 교과서 집필진의 해석에 따른 것으로 교사의 해석이나 재구성에 따라 변용될 수도 있다. 다만, 교사는 국가 교육과정을 실행하는 주체로서 고시된 교육과정이 실행되도록 최선을 다하여야 한다. 또 역량의 구체적 발현이 삶의 실제 맥락 속에서 실현되므로 삶의 실제성과 상호 협력적 학습을 설계할 것을 강조한다.

다음으로 나)는 학습자의 개인차를 고려한 교수·학습의 설계를 강조한다. 교사는 학급에서 한두 명이 아닌 많은 학생을 대상으로 교수·학습을 설계하는 것이 일반적이다. 그렇지만 교사의 교수·학습 활동은 언제나 개개인과 일대일의 교수·학습이라는 관점을 가질 필요가 있다. 최종적으로 학습자 개개인에게서 유효한 학습이 일어나야 하기 때문이다. 학습자 개개인은 학습의 수준이나 속도, 흥미나 관심이 다르다. 개인의 삶의 상황도 매우 다양하고 개별적이기 때문에 교사가 개개인 전부를 다 고려할 수 없더라도 교수·학습 활동에서 다양한 선택의 기회를 제공하며 개인차를 반영한 교수 활동을 계획하여야 한다.

다)와 라)는 온·오프라인 교수·학습을 막론하고 교사와 학생, 학생과 학생의 상호작용을 극대화하는 교수·학습과 디지털 소통 맥락에 적절한 교수·학습, 문자 기반 학습 외에도 다양한 복합 매체 자료를 바탕으로 적극적으로 실제적 사회문화적 문제 해결에 참여하는 교수·학습 설계를 강조하고 있다. 국어과 교수·학습은 언어로 언어를 학습하는 교과이기에 다양한 상호작용 활동이 핵심이 되지 않을 수 없다. 상호작용을 통히어 언어를 학습하고 문제 해결력을 기르며 실제 삶의 의사소통 능력을 길러가기 때문이다. 이는 온라인으로 진행될 때에도 반드시 강조되어야 할 부분이다. 문자에 기반한 국어교육에 머물지 말고 음성언어와 그림, 영상 등의 복합 매체 기반 학습을 확장할 필요가 있다.

마)는 초등·중등·고등 교육과정의 연계성을 고려하며 진로 교육을 할 것을 강조한다. 바)는 국어과 교수·학습에서의 앎이 삶의 실제성에서 유리된 단절성을 극복하고 다른 교과 혹은 학교 밖 삶의 문제와 통합적으로 연결되어야 함을 강조한다. 국어과 교수·학습 설계의 활동 구성에서 학습자의 앎과 삶이 밀접한 것으로 설계해야 한다. 사)는 한 학기 한 권 읽기를 강조하며 도서의 개별적 선택 등 운영의 방법과 실제적 삶의 맥락 속에서 통합적으로 운영할 것을 강조한다.

2) 교수·학습 방법

가) '국어'를 통해 학습자의 자기주도적인 학습이 가능하도록 학습자가 적극적으로 자신의 학습 계획을 수립하고, 학습자 스스로 자신의 학습 상황을 점검 및 조정하는 개별화 수업을 활용할 수 있다.

개별화 수업을 활용할 때는 학습자의 준비도, 흥미, 학습 유형 등을 고려하여 학습 소재, 학습 과정, 학습 환경 등을 개별화함으로써 학습자 개개인이 최적의 학습을 진행할 수 있도록 지원하는 것에 초점을 둔다.

▸ 개별화 수업을 활용할 때는 학습자의 준비도를 고려하여 학습의 시작점이나 학습 속도를 계획하고, 학습자의 흥미와 동기를 고려하여 선호하는 학습 방법이나 학습 결과물을 산출하는 방식을 선택하도록 할 수 있다.

▸ 개별화 수업의 과정에서 학습자의 개별 학습 과정이 '국어'에서 목표로 하는 교육 내용과 범위를 넘어서지 않도록 하고, 학습자의 개별 학습 과정을 교사가 면밀하게 관찰하고 피드백하여 성장과 발달을 지원할 수 있도록 한다.

나) '국어'를 통해 학습자가 실생활과 연계된 국어 학습 경험을 하게 하고, 학습한 내용을 자신의 언어생활에 적용하는 역량을 갖추게 하며, 학습자가 주도적으로 국어 과 교수·학습에 참여하게 하기 위해서는 프로젝트 기반의 수업을 활용할 수 있다.

▸ 프로젝트 수업을 활용할 때는 학습자의 언어생활과 관련한 실제적인 맥락을 고려하여 학습자에게 보다 유의미한 학습 주제나 탐구 문제를 선정하고, 선정 과정에 학습자가 직접 참여하게 할 수 있다.

▸ 프로젝트 수행 과정에서 학습자가 스스로 문제의식을 가지고 주도적으로 문제를 탐구하도록 하고, 조사 및 연구, 발표 및 공유, 평가에 이르는 전 과정에 적극적으로 참여하는 것에 초점을 둔다.

▸ 프로젝트 수업을 구성할 때는 학습자의 개인별 활동과 협력적인 문제 해결 활동을 조화롭게 구성하고 프로젝트 수행 과정에서 적극적인 피드백을 통해 교사와 동료가 조력자의 역할을 할 수 있도록 한다.

다) '국어'를 통해 다양한 정보를 분석·평가·종합하여 대안을 제시하는 문제 해결 능력을 신장하고 학습자의 적극적인 참여와 상호 작용을 독려하기 위해서는 토의·토론 및 협동 수업을 활용할 수 있다.

▸ 토의·토론 및 협동 수업을 활용할 때는 학습자가 개인별 언어활동 외에도 토의·토론과 같은 협력적 활동을 통해 보다 효과적으로 문제를 해결할 수 있음을 인식하게 하고, 학습자 간의 적극적인 상호 작용을 지원하는 것에 초점을 둔다.

▸ 토의·토론 및 협동 수업의 주제로는 안전·건강 교육, 인성 교육, 진로 교육, 민주시민 교육, 인권 교육, 다문화 교육, 통일 교육, 독도 교육, 경제·금융 교육,

환경·지속가능발전 교육 등의 범교과 학습 주제를 고려하여 '국어'와 타 과목 간의 주제 통합적인 수업을 구성할 수 있다.

▸ 토의·토론 및 협동 수업 과정에서 개개인의 학습자가 책임감을 가지고 적극적으로 참여할 수 있도록 학습자 간의 협의를 통해서 적절한 역할을 부여하고, 이러한 역할 수행 과정을 교사가 주의 깊게 관찰하고 피드백함으로써 학습자 간의 협력적 수행을 독려한다.

라) '국어' 수업 환경 및 학습자의 실제적인 언어 사용 환경을 고려하여 온오프라인 연계 수업 및 디지털 도구를 적극적으로 활용할 수 있다.

▸ '국어'에서 온오프라인 연계 수업이나 디지털 도구를 활용할 때는 학습사의 발달 수준에 따른 디지털 기기 활용 능력을 고려하고, 학습을 효과적으로 지원할 수 있는 온라인 수업 및 디지털 도구 활용을 계획한다.

▸ '국어' 수업에서 학습자의 언어활동 과정과 결과를 공유 문서나 온라인 플랫폼을 활용하여 실시간으로 공유하고, 이를 교사나 동료와 상호 피드백하면서 학습을 개선할 수 있도록 한다.

▸ 학습자가 실제 언어생활에서 디지털 도구를 사용하는 맥락을 고려하여 필요한 디지털 도구를 자기 선택적으로 활용하도록 하되, 디지털 도구의 활용 과정에서 지켜야 하는 디지털 윤리 의식을 함양할 수 있도록 한다.

마) '국어'의 교수·학습을 통해서 학습자가 최소 수준 이상의 학습 능력을 갖출 수 있도록 기초학력을 보장하고, 타 교과 학습의 기본이 되는 국어 능력을 신장시킬 수 있도록 지도한다.

▸ '국어' 과목을 통해서 기초적인 국어 능력은 물론 타 교과의 내용을 이해하고 활용하는 데 필요한 듣기·말하기, 읽기, 쓰기 능력을 갖출 수 있도록 지도한다.

▸ '국어'를 통해 듣기·말하기, 읽기, 쓰기의 인지적 영역 외에 학습자의 흥미, 효능감 등의 정의적 영역에 대해서도 누적적으로 관찰하고 점검하여 학습자가 스스로 자신의 국어 능력에 관심을 가지고 이를 개선하고자 하는 긍정적인 태도를 형성할 수 있도록 지도한다.

바) '국어' 학습 과정에서 학습자의 깊이 있는 학습이 이루어질 수 있도록 영역별 성취기준의 특성을 고려하여 효과적인 교수·학습 방법을 적용한다.

▸ '듣기·말하기' 영역에서는 듣기·말하기의 다양한 목적과 맥락을 반영하여 구어 의사소통 활동을 실제로 수행하는 경험을 강조한다. 구어 의사소통에 적극적으로 참여하는 과정에서 부딪히는 문제를 해결하기 위해 듣기·말하기의 전략을 점검·조정하도록 유도하고, 협력적인 태도로 상대와 상호 작용하며 삶의 문제를 해결하는 교수·학습 활동을 설계한다. 듣기와 말하기를 분리하지 않고 상호 통합하여 지도하여 구어 의사소통의 상호 교섭성을 구현하도록 하고, 국어과의 타 영역 성취기준, 타 교과 성취기준, 범교과 학습 주제를 참고하여 학습자가 경험하는 구체적인 삶의 맥락과 연계하여 담화의 상황을 설정함으로써 교수·학습의 실제성을 확보한다.

▸ '읽기' 영역에서는 지엽적인 지식이나 세부적인 기능, 전략에 대한 분절적인 학습을 지양하고, 상황 맥락과 사회·문화적 맥락을 고려하여 다양한 유형의 글이나 자료를 토대로 적절한 읽기 전략을 적용하고 그 효과성을 점검·조정하며 읽는 활동을 강조한다. 학습자의 수준, 관심, 흥미, 적성, 진로 등을 고려한 자기 선택적 읽기 활동을 안내하고 특히, 읽기 상황과 학습자의 읽기 수준을 고려하여 읽을거리의 난도나 분량 등을 결정하되, 짧고 쉬운 글이나 자료에서 한 권 이상의 책 읽기로 심화할 수 있도록 지도한다. 또한 읽기 과정에서 학습자가 스스로 질문을 생성하고 학습자 간의 발표, 대화, 토론 등의 과정을 통해 다른 독자들의 다양한 반응을 공유함으로써 학습자가 개인적 읽기에 머무르지 않고 사회적 읽기에 참여하는 독자로 성장할 수 있도록 지도한다.

▸ '쓰기' 영역에서는 쓰기의 상황 맥락 및 사회·문화적 맥락을 고려하여 실제로 글을 쓰는 활동을 강조한다. 글을 쓰는 과정에서 학습이 이루어질 수 있도록 적절한 쓰기 과제를 제시하고 학습자가 스스로 질문을 생성하며 쓰기 과정에서 부딪히는 문제를 능동적으로 해결할 수 있도록 안내한다. 또한 학습자가 생산한 글을 가능한 방법을 활용하여 발표하거나 출판하여 다양한 독자의 반응을 경험할 수 있도록 지원함으로써 학습자가 실제 삶의 맥락 속에서 적극적인 필자로 성장할 수 있도록 조력한다.

▸ '문법' 영역에서는 우리 주변에서 쉽게 접할 수 있는 국어 자료에 나타난 다양한

국어 현상과 국어 문제를 탐구하여 언어 지식을 구성하고 언어의 힘과 가치를 인식하는 활동을 강조한다. 또한 문법 교육 내용이 위계적으로 반복·심화될 수 있도록 지도하되, 학습한 내용을 국어생활의 개선에 능동적으로 활용할 수 있도록 안내함으로써, 학습자가 자신과 주변의 국어생활을 민감하게 주시하고 성찰하는 언어 주체로 성장할 수 있도록 지도한다.

▶ '문학' 영역에서는 학습자가 적극적이고 능동적으로 문학을 향유하는 주체로 성장할 수 있게 하는 활동을 강조한다. 학습자의 수준에 맞는 작품들을 다양하게 접하는 가운데 문학의 즐거움을 경험하게 하며, 학습자들이 작품을 접한 후에 각자 가지는 생각과 감정을 자유롭고 적극적으로 다른 학습자들과 공유하며 소통할 수 있게 한다. 나아가 학습자가 자신을 창의적이고 효과적으로 표현할 수 있는 능력을 기를 수 있도록 문학 창작의 경험을 충분히 쌓을 수 있게 한다. 이와 함께 온전한 작품 한 편, 또는 작품이 수록된 시집이나 작품집 한 권 등 긴 호흡으로 작품을 충분히 즐길 기회와 여건을 제공하도록 한다. 제한된 분량의 교재, 한정된 시수 등으로 인해 수업 시간에는 작품을 일부만 발췌하여 읽는다 하더라도, 책 한 권 읽기나 작품 전체 읽기 활동 등을 통해 불완전한 문학 수업의 한계를 최소화할 수 있게 한다.

▶ '매체' 영역에서는 매체 자료가 생산되고 소통되는 상황 맥락 및 사회·문화적 맥락을 고려하여 다양한 매체를 실제로 수용, 생산, 공유하는 활동과 자신과 우리 사회의 매체 소통 문화를 성찰하는 활동을 강조한다. 매체 영역의 학습 과정에서 지면을 통해 간접적으로 구현된 매체 자료를 일부 활용할 수 있으나, 되도록 디지털 기기를 활용하여 실제적인 매체 자료를 수용·생산할 수 있도록 하고, 학습자가 생산한 매체 자료를 다양한 온라인 플랫폼을 활용하여 공유할 수 있도록 안내한다. 또한 '매체' 영역에서는 '국어' 과목의 타 영역과 긴밀하게 연계함으로써, 학습자가 국어생활 전 영역에서 매체를 능동적이고 책임감 있게 사용할 수 있도록 지도한다.

2022 개정 국어과 교육과정은 학습자의 자기 주도적 학습을 강조한다. 특히 학습자 개인의 능력이나 흥미, 학습 속도 등 개인차를 고려하는 개별화 교육으로 학습자가 주도적으로 학습에 참여하도록 해야 한다. 이는 학습자에게 개개인의 삶에 필요하거나 흥미를 불러일으키는 등 유의미한 학습 주제나 문제를 설정하여 학습자의

실제 삶의 맥락과 연계된 교수·학습일 때 가능하다. 교수·학습 목표나 내용 및 활동이 학습자 개개인에게 왜 필요하고 어떤 의미에서 가치가 있는지 스스로 생각하여 알아보고 흥미를 느끼며 참여하도록 교수·학습이 설계되고 실행되어야 함을 강조한 것이다. 또한 국어과 교수·학습이 학습자의 실제 삶의 언어 맥락을 고려하여 다양한 디지털 도구를 활용하는 환경 속에서 이루어지도록 해야 하며 선택적 활용 및 윤리 의식 함양을 강조한다.

무엇보다 도구적 성격의 국어과교육에 알맞게 기초학력을 탄탄히 다지는 국어과 교수·학습을 설계해야 한다. 학습의 기초 기능(3R)인 읽기(Reading), 쓰기(wRiting), 셈하기(aRithmetic) 가운데 읽기와 쓰기를 담당할 뿐만 아니라, 학습에서의 의사소통 능력인 듣기·말하기 영역을 포함하는 국어과교육은 명실상부한 학습을 위한 도구 교과이다.

또한 국어과교육의 각 학문 영역별 성취기준에 도달할 수 있도록 효과적인 교수·학습 방법을 활용하도록 하였다. 말하기·듣기, 읽기, 쓰기 문법, 문학, 매체 영역 고유의 성취기준 도달을 위한 교수·학습 방법 차원의 강조점을 제시하고 있다. 말하기·듣기 영역에서는 실제 삶의 맥락 속에서 구어적 의사소통 활동을 강조하며, 읽기에서는 상황 맥락이나 사회문화적 맥락 속의 다양한 읽기 경험을, 쓰기 영역에서는 실제 삶의 맥락 속 글쓰기 활동을, 문법 영역에서는 주변 언어생활의 탐구와 실제적 개선을 위한 반복 심화 학습을 강조한다. 또 문학 영역도 능동적 작품의 향유로 즐거움을 느끼고 공유하며 창작 기회를 제공할 것을 강조한다. 신설된 매체 영역에서는 매체 소통의 상황 맥락 및 사회문화적 맥락을 고려한 실제 수용, 생산, 공유 활동 및 매체 소통 문화의 성찰을 강조한다.

나. 국어과 교수·학습 설계

여기서는 국어과 교수·학습의 설계의 실행과 분석에 앞서 국어과 교수·학습의 특성을 파악하고, 국어과 교수·학습의 핵심 설계 도면인 교수·학습 지도안의 특징과 구성요소를 탐색한다.

1) 국어과 교수·학습의 특성

국어과 교수·학습은 국어에 대한 단순한 지식 전달이나 기능 습득 및 숙달을 위한 활동이 아니다. 국어과 교수·학습은 국어를 활용하여 국어 능력을 신장시키는 특징을 가진다. 교육 대상도 언어이며 수단도 언어인 점에서 다른 교과와 차이가 있다. 단순히 언어를 활용한 활동을 설계하면 모두 국어과 교수·학습이라는 생각에서 벗어나 알고 있거나 할 수 있는 언어 능력을 활용하여 아직 익히거나 경험하지 못한 언어 능력을 신장시키는 활동을 설계하여야 한다. 학습자의 언어 능력 수준을 잘 진단하고 대상으로서의 언어와 수단으로서의 언어 수준을 조절하며 교수·학습 목표와 내용 범위를 설정하여야 한다.

국어과 교수·학습에서 대상으로서 언어 및 언어 수행의 특징(류덕제 외, 2017: 137~138)은 다음과 같다.

첫째, 학습자가 가지고 있는 개별성이다. 학습자 개개인이 언어 수행의 주체로서 개성을 지닌다. 언어 능력의 수준이나 언어 학습 속도 및 흥미 등에서 개인의 차이가 있다.

둘째, 언어 수행의 상호작용성이다. 언어 수행 및 의사소통은 화자와 청자가 서로 영향을 주고받으며 상호작용을 한다는 특징을 가진다. 학습자의 사고 및 언어의 발달에 대하여 비고츠키(Vygotsky)는 사고의 발달은 언어를 매개로 이루어지며, 언어는 사회적 상호작용 가운데 이루어진다고 보았다.

셋째는 언어의 상황 관련성이다. 의사소통은 언어 자체의 구조만이 아니라 화자와 청자의 의도와 소통이 이루어지는 상황 맥락(situational context)에 의존한다는 점에서 상황관련성을 갖는다. 의사소통에서는 어떤 상황 맥락에서 소통이 이루어지고 있는지가 크게 작용한다.

넷째는 언어의 문화 관련성이다. 언어 수행은 언어에 담긴 문화와 가치의 작용을 함께 다룰 수밖에 없다. 언어에는 문화권의 세계에 대한 인식이나 가치관이 담겨 있고 이는 언어 수행을 통해 표출되고 실현된다.

다섯째, 언어의 도구성이다. 국어 교과는 도구 교과(道具敎科)이다. 학습을 위한 도구가 바로 언어이기 때문이다. 매우 단순하고 표면적으로는 학습의 기초기능(3R's)

가운데 읽기와 쓰기, 의사소통의 도구로서 음성언어인 듣기·말하기는 모두 학습을 위한 도구로서의 언어 수행이라는 점에서 그러하다. 더 깊이 있게 살펴보면 언어는 사고 능력과 관련된다. 언어로 사고하고 세계와 소통하며, 언어로 고등 수준의 사고를 이해한다는 점에서 국어과는 도구 교과이다. 언어로 사고를 소통하고 이해하고 표현하며 문화를 창조한다. 국어 능력은 사고 능력으로서 모든 학습의 도구가 된다.

2) 국어과 교수·학습의 설계 및 지도안 작성

교사가 국어과 교수·학습을 설계한 내용을 정리하여 작성한 문서를 지도안 혹은 교수·학습안이라고 부른다. 교사 수준의 교육과정 실행 계획을 문서로 표현한 것이다. 일반적으로 교수·학습 안에 제시되어야 하는 내용 요소를 가르치고 배우는 내용과 방법 등 몇 가지 관점으로 정리해보면 다음과 같다.

가) 무엇을 가르치는가 : 학습 목표와 내용 선정

교수·학습에서 교사는 교육과정 해석 및 학습자 요구를 바탕으로 학습 목표를 설정해야 한다. 교육과정 및 교과서를 분석하여 학년 및 단원의 위계성과 계열성을 확인하고 적정한 학습 내용을 선정하고 조직하여야 한다.

교육과정의 성취기준과 교과서 단원의 목표 및 단원별 차시 전개 과정을 살펴서 교수·학습 내용 및 활동을 계획하여야 한다. 이때 가르치려고 하는 학년의 단원이 교육과정 성취기준과 어떻게 관련되어 있으며, 가르칠 핵심 내용과 관련된 교육과정 성취기준의 의도가 무엇인지 명확히 파악하여야 한다. 그래야만 가르칠 내용을 학습자 개개인의 수준에 맞추어 단계적으로 제시할 방법을 고민할 수 있고, 국어과 교육과정의 의도가 충분히 제대로 실현되는 국어과 교수·학습을 설계할 수 있다.

교수·학습 지도안 작성에서 주로 단원의 개관, 단원 목표, 단원 전개 계획, 발전 계통 등으로 표현되는 부분이 바로 '무엇을 가르칠 것인가'에 대한 교사의 탐색 결과를 정리하는 부분이다. 물론 무엇을 가르칠 것인지 교수·학습 내용을 설정하고 결정하는 데에서 누구(학습자)에게 어떻게 가르칠지도 크게 영향을 미칠 수밖에 없다. 같은 내용을 가르치더라도 배우는 이의 특징에 따라 달라져야 하는 내용적 구체성이나 제재의 차이 등이 있을 수밖에 없기 때문이다.

지도안 작성에서 '단원의 개관'은 본 단원의 핵심적 속성이나 특성, 의의, 가치를 규명하여 기술한다. 이를 위하여 교육과정의 교과 목표, 해당 학년 영역의 성취기준의 내용을 반드시 확인하고 그 의도를 파악하여야 한다. 또 교과서의 내용 및 교과서 설계의 타당성을 검토하고 문제점이나 개선점을 확인하여야 한다. '발전 계통'은 교재의 계열성을 확인하는 것으로 선수학습과 후속 학습의 연장선에서 본 단원의 위치를 파악하고 그 내용 수준을 확인하는 것이다. '단원의 목표'는 단원 학습의 바람직한 방향을 제시하며, 교수·학습 방법을 선택하거나 평가 방법이나 준거를 결정하는 바탕이 된다.

나) 누가 학습하는가 : 학습자 진단 및 실태 파악

교수·학습 설계에서 누가 학습하는가에 따라 그 활동이나 방법이 변화되어야 한다. 교수·학습의 목표는 학습자가 도달해야 할 성취기준이며 교수·학습의 방법이나 교사 행동도 학습자의 능력이나 욕구 성향 등 개별성과 특수성 및 동기 흥미와 적합하게 관련지어질 때 비로소 효과적일 수 있다.

학습자의 관련 내용에 대한 선수학습의 정도, 학습 적성, 지능, 학습 양식 등 행동 특성과 학습 동기나 흥미, 자신감 등이 교수·학습 설계에서 고려되어야 한다. 이러한 학습자의 지적·정의적 특성은 교수·학습 지도안 작성에서 '학습자의 실태'라는 항목으로 주로 정리된다. 좋은 국어 수업을 실행하는 교사는 학습자의 지적·정의적 특성에 대한 이해가 높아 적합한 내용과 방법으로 학습자 개개인을 성취기준에 도달하도록 안내할 수 있는 교사이다.

다) 어떻게 학습하는가 : 교수·학습 전략

교사는 어떠한 절차와 방법으로 교수·학습을 설계하고 실행할 것인지 매우 구체적으로 고민해야 한다. 교수·학습 목표에 도달하기 위해서 효율적인 절차와 방법을 구안하기 위해서 교사는 국어과 교수·학습 모형이나 전략, 교수·학습의 질을 결정하는 절차나 활동, 구성원의 조직, 발문, 매체 자료 등 여러 요소에 대해 치밀하게 고민해야 한다.

먼저 단원의 지도 계획을 아동의 실태나 학습 과제 특성에 근거하여 수립한다. 교수·학습에서 먼저 고려하여야 할 것은 절차이다. 전체 수업의 절차 흐름은 여러 가지 형태 가운데 선택하여 결정한다. '수업 목표 설정 → 출발점 행동 진단 → 학습 지도 → 학습성과 평가' 혹은 '계획 → 진단 → 지도 → 발전 → 평가', '도입 → 전개 → 정리' 등 절차를 고민할 때 국어과 교수·학습 모형을 활용할 수 있다. 이때 유의할 점은 모형을 위한 교수·학습이 아니라 교수·학습을 위해 모형을 활용한다는 점이다. 교수·학습의 최대 성과를 위하여 모형을 변형하거나 통합적으로 적용할 수 있다.

또 교수·학습 절차의 각 단계에서 전개할 활동의 유형을 설계하여야 한다. 이때는 교사주도 활동이나 아동 주도 활동 가운데에서 선택할 수 있다. 학습 과제나 학습자의 특성 등에 따라서 설계할 수 있으나 대체로 단원이나 차시의 초반부에 교사 주도 활동으로 시작하여 학생 주도 활동으로 교수·학습의 책임을 이양하는 형태가 무난하다. 어떤 활동으로 성취하고자 하는 목표에 도달할 수 있을지 충분히 고민하여 활동을 설계하여야 한다.

이때 개별활동, 짝 활동, 모둠활동, 전체 활동 등 활동의 특성에 따라 활동 조직이 설계되어야 한다. 학습자를 대집단 혹은 소집단으로 조직하여 활동하고 공유하며 교사의 안내에 따라 학습 목표에 도달하도록 효율적으로 조직하여야 한다. 팀티칭, 교과 담임제, 보조교사 활용 등 때에 따라서는 교사가 여러 명이 함께 교수·학습을 진행하게 된다면 교사 조직도 미리 준비되어야 한다.

교사는 교수·학습 활동에서 활용되는 매체에 대해서도 미리 계획하여야 한다. 교사가 활용할 매체, 학습자 활동에서 활용될 매체 혹은 자료, 함께 공유할 매체와 자료 등을 미리 설계하여 준비하여야 한다. 국어과 교수·학습에서는 문자 언어, 음성언어, 시청각 언어 등 복합언어로 표현된 학습자료를 주로 활용한다. 교사는 문자나 음성 언어 자료 외에도 교육 방송, 시청각교재, 교육 정보망 등 컴퓨터 등 멀티미디어 교육 자료를 사용하는 데에 숙달되어야 한다. 또 필요한 경우 교과서의 내용을 재구성할 수 있어야 한다. 교육과정이 추구하는 바를 잘 분석하고 학습자의 특성과 교수·학습 상황 등을 고려하여 교과서의 내용을 추가, 변경, 삭제하거나 대체하는 것을 재구성이라고 한다. 국정 교과서 집필진이 전국을 단위 학습자를 대상으로 설계한 교과서의 단원 및 차시는 각 지역이나 구체적 학습자 개인의 특징에 따른 교육 내용의 구체성이 부족할 경우가 많다. 교사는 자신이 담당한 학급의 지역적 특성, 학습자의 인원이나 개인별 정서 및 삶의 맥락 등을 고려하여 교육과정을 해석하고 교과서를 더욱 구체적으로 재구성하여 활용해야 한다.

이상의 여러 요인에 따라 설계한 내용을 정리한 것을 교수·학습안이라는 이름으로 부른다. 대체로 교수·학습의 목표, 과제, 본시 수업 전개 계획 등을 소략하게 제시한 것을 '약안'이라고 하고, 단원의 개관에서부터 평가 계획까지 자세하게 정리한 것을 '세안'이라고 부른다. 본시 교수·학습의 전개 계획은 〈표 1〉과 같이 대체로 일정한 틀을 사용하여 제시하는 경우가 많다. 교수·학습 안의 이런 형식은 그 내용이나 활동에 따라 얼마든지 자유롭게 할 수 있다. 같은 학교 공동체에서 같은 형식으로 더 쉽게 소통하기를 바라는 마음에서 통일하여 작성하는 경우가 많으나, 교육 내용이나 교사 나 학습자의 개성에 따라 자유롭게 열린 형식으로 작성할 수 있다.

〈표 1〉 본시 교수·학습 전개 계획의 일반적 양식 예시

단계	학습요항	교수·학습 활동	시간	☐자료 ※의도 및 유의점
목표 실현의 사고 활동 진행 과정	- 학습할 요소의 항목 - 목표에 포함된 내용	- 교수·학습의 방법 및 절차 - 활동 내용 및 유형 - 투입 매체 활용 방법 - 조직 유형		- 자료 색인 - 방법 적용의 의도 - 유의점

〈표 1〉에서 '단계'는 교수·학습 목표를 실현해나가는 학습자의 사고 활동의 진행 과정을 기술한다. 주로 절차와 관련된 모형의 단계에 해당한다. 학습요항은 구체적인 교수-학습 목표에 도달하기까지의 과정을 하위 내용으로 구체화하여 진술한다. 이를테면 '글을 읽고 중심내용을 간추릴 수 있다.'는 목표로 교수·학습을 진행한다면, '중심내용 간추리기의 필요성 알기 → 글 읽기 → 중심내용 간추리는 방법 알기 → 중심내용 간추리기 → 스스로 평가하기' 등의 과정이 학습 요항에 기술될 수 있다.

교수·학습 활동에는 목표 또는 내용을 가르치거나 배우는 방법과 절차를 자세히 계획하여 기술한다. 활동의 내용과 유형, 학습자 조직, 활용할 매체 등을 기술하여 누가 보아도 어떤 활동이 진행되는지 알 수 있도록 한다. 시간 계획과 활용하는 자료 목록을 지도안에 제시하고 교사의 특별한 의도나 유의점을 기술하여 교수·학습의 설계 내용이 잘 드러나도록 하려는 의도가 있다.

그러나 이러한 교수·학습안의 틀은 교수·학습의 설계에 대한 형식적 요건을 강하게 드러내어 교사의 창의적이고 자유로운 교수·학습 진행에 방해가 될 수도 있다. 형식적 요건을 넘어서 창의적이고 자유로우면서도 진정한 교수·학습이 실행될 수 있는 계획을 추구하여야 한다.

라) 평가

교수·학습을 통하여 학습자의 성취 정도를 파악하고 피드백하는 일은 매우 중요하다. 교수·학습 설계에서 미리 평가의 준거와 방법을 계획하고 실행하여야 한다. 평가의 종류에 따라서 평가 주체가 교사, 혹은 학습자 자신, 동료 학습자 등이 될 수 있고, 평가의 시기는 교수·학습의 전 과정에서 이루어질 수 있다. 관찰평가, 자기평가, 동료평가 등이 차시 내에서 주로 활용되며 단원별로 여러 가지 형태의 평가 계획이 가능하다. 평가는 학습자에게 자시의 학업 성취를 스스로 확인하고 반성하게 하며, 교사에게는 학습자의 성취에 따라 어떻게 피드백하여야 할지를 결정할 수 있게 한다. 또한 다음 교수·학습의 설계와 실행에서 개선할 점을 확인할 수 있게 한다.

이상에서 논의한 일반적 교수·학습안에 제시되는 내용을 지도안의 항목에 맞춘 예시를 살펴보면 다음 〈표 2〉와 같다.

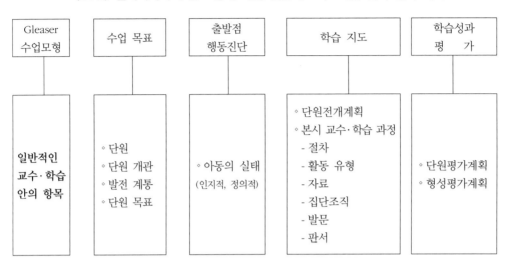

〈표 2〉 글래이저의 수업 모형에 따른 일반적 교수·학습 안의 항목 예시

Gleaser 수업모형	수업 목표	출발점 행동진단	학습 지도	학습성과 평 가
일반적인 교수·학습 안의 항목	◦ 단원 ◦ 단원 개관 ◦ 발전 계통 ◦ 단원 목표	◦ 아동의 실태 (인지적, 정의적)	◦ 단원전개계획 ◦ 본시 교수·학습 과정 - 절차 - 활동 유형 - 자료 - 집단조직 - 발문 - 판서	◦ 단원평가계획 ◦ 형성평가계획

위 〈표 2〉에서 보는 것처럼 일반적으로 활용되는 교수·학습안의 항목은 단원 전체에 대한 이해와 설계, 아동에 대한 이해, 단원 속에서 본시 학습이 과정에 대한 설계, 본시 및 단원의 평가 계획이 포함된다. 이러한 일반적 항목을 넘어서 교사가 자신의 교육과정 설계에서 필요한 항목을 추가하거나 불필요한 항목을 변형하거나 삭제할 수 있다. 이를테면 동료 장학의 차원에서 시행되는 교수·학습 평가회에서 수업자의 의도나 연구 내용을 더 자세히 드러내어 공유하고 싶을 때는 수업 방법에 대한 새로운 관점 및 이론이나 수업자의 의도를 새로운 항목으로 구분하여 작성하고 소개할 수 있다.

2. 국어과 교수·학습 실행과 분석

일반적으로 수업을 실행하고 분석하는 준거는 다양한 각도에서 마련될 수 있다. 여기서는 국어과 교수·학습의 실행을 준비하거나 실행 결과를 분석하는 준거를 거시적 관점과 미시적 관점으로 나누어 제시한다.

가. 거시적 관점에 따른 분석

거시적 관점의 국어과 교수·학습 분석 준거는 학습 내용과 학습 방법 차원으로 나누어 볼 수 있다. 국어과교육의 특성을 중심으로 설계 및 실행된 국어과 교수·학습을 분석하는 준거이다.

1) 학습 내용 분석

① 제재 자체보다 방법을 강조하였는가?

국어 교과를 흔히 도구 교과이자 방법 교과라 부른다. 국어 교과에서 가르치려고 하는 내용은 국어에 담긴 내용을 넘어 국어를 활용하는 방법에 대한 것이 중심이 되는 경우가 많기 때문이다. 이는 국어과에서 다루는 제재에서 잘 드러난다. 국어과 교수·학습에서 다루는 제재는 국어 자체에 대한 것보다 삶의 여러 분야에 대한 다양한 내용의 텍스트로 이루어진다.

이를테면 김치나 된장에 대한 설명하는 글, 환경을 보호하자는 주장하는 글, 혹은 가족회의에서의 대화, 유명한 문화유적지에 대한 기행문, 나라를 위해 희생한 이순신 장군의 전기 등 국어과 교수·학습에서 활용하는 제재의 내용은 국어 자체에 대한 설명글에 국한되지 않는다. 물론 국어의 문법 현상이나 국어의 소중함에 대한 글을 제재로 다루기도 한다.

이러한 국어과 교수·학습의 제재가 갖는 특성상 자칫하면 국어 교과 본래의 교수·학습 목표를 잊고 제재의 내용에 매몰된 활동으로 설계하게 될 수도 있다. 이를테면 김치나 된장에 대해 설명하는 글 읽기 활동은 설명하는 글의 장르적 특성을 파악하고 설명하는 글의 구조와 내용 특성 및 설명하는 글쓰기 활동 등으로 이어질 수 있는데, 이때 제재의 내용만을 강조하게 되면 실과 교수·학습에 더 가까운 활동이 되고 만다. 이순신의 전기 읽기 활동이 전기문의 특성이나 내용 이해를 넘어 역사 교수·학습에 더 열중하게 된다면 국어 교과적 특성을 제대로 살린 좋은 국어 교수·학습이라고 보기 어렵다.

물론 제재의 내용과 방법은 분리 불가능하다. 이 분석 항목에서 강조하는 것은 제재의 내용에만 초점을 두어 국어 교과에서 지향하는 교수·학습 목표를 잊지 말아야 함이다.

② 높은 수준의 사고를 유도했는가?

국어과 교과는 언어적 사고력, 즉 맥락 속에서 언어로 의미를 구성하고 의미를 언어로 표현하는 능력으로서 사고력을 강조한다. 국어과 교수·학습은 학습자의 고등 사고 능력을 기르는 데에 주안점을 두어야 한다. 국어에 대한 단순 이해 및 글자 쓰기 정도의 단순하고 재생적 사고가 아니라 높은 수준의 이해와 해석, 추론, 비판 및 판단, 종합, 감상 등 고등 수준의 사고 능력을 기를 수 있도록 설계하고 실행하여야 한다.

이를 위해서 교사는 교수·학습에서 학습자의 사고를 촉진하는 발문으로 높은 수준의 사고를 유도해야 한다. 학습자에게 단순히 정답을 찾아 말하도록 하거나, 단순 지식 및 내용 암기에 머무르는 교육 활동의 국어과 교수·학습은 본래의 목표에 도달하지 못하게 된다. 학습자 스스로 문제를 탐색하고 행간을 추론하고 적절성을 평가 비판하며, 내용을 종합하고 적용하며 감상하는 등의 사고를 할 수 있는 활동을 설계해야 한다. 또 활동의 단계에서 적절한 열린 발문과 사고의 기회 제공 및 표현 기회와 피드백을 제공함으로써 학습자의 사고력을 높일 수 있어야 한다.

③ 언어에 관련된 메타적 활동을 강조했는가?

국어과 교수·학습에서 학습자는 국어로 국어 사용 혹은 국어에 대하여 학습한다. 제재로 활용되는 언어 그 자체를 통해서 일반적인 언어 사용의 원리를 경험하고 학습할 것을 추구한다. 또한 자신의 언어 사용 그 자체를 한 차원 높은 곳에서 메타적으로 바라보면서 검토할 것을 강조한다.

이를테면 개에 대한 설명문을 제재로 하여 개에 대한 설명문 읽기 활동을 하면서 일반적인 설명문의 내용 특성과 구조적 특성 등을 알고 경험하며 학습할 것을 추구한다. 다시 말하면 교수·학습에 주어진 제재 자체에 대한 사고 활동과 그것을 넘어 그 장르가 갖는 일반적 특성을 이해하고 다양한 내용의 설명문에 적용하여 읽거나 쓸 수 있는 능력을 갖추어야 한다. 또 스스로의 능력을 점검하는 능력까지 길러주고자 한다. 개에 대한 설명문을 읽으며 스스로 개에 대한 설명을 이해하는 것과 더불어 일반적인 설명문의 내용 파악 원리를 이해하는지, 설명문의 구조적 특성을 이해하는지, 유사한 수준의 설명문 읽기나 쓰기에 적용할 특성을 파악하는지, 그리고 스스로 이해하고 적용하는 능력을 점검하는 사고를 강조한다.

또 다른 예시로는 대화나 면담을 통한 의사소통을 학습하면서 자신의 대화 및 면담 참여나 방법에 대해 스스로 점검하면서 부족한 부분과 부족하지 않은 부분 등을 사고하고 조절하는 활동을 강조한다. 대화에 참여하여 어떠한 대화를 완수하는 것 그 자체만을 목표로 하지 않으며, 그것을 넘어 일반적으로 대화에서의 원리나 예의, 참여 자세 등을 경험하는 것과 동시에 자신의 언어 수행을 메타인지적으로 바라볼 수 있는 능력을 강조한다. 국어과 교수·학습은 언어를 다루면서 언어에 대한 메타적 사고 활동을 강조하여야 한다.

④ 학습자의 수준에 맞는 교수·학습이었는가?

모든 교수·학습은 아무리 좋은 내용과 방법으로 구성되었을지라도 학습자의 수준에 알맞지 않으면 헛수고에 불과하다. 국어과 교수·학습의 설계에서도 학습자의 능력, 흥미와 선호 등 정서, 학습 속도 등을 고려해야 한다.

학습 목표에 따라 설정한 제재나 자료 및 매체가 학습자의 능력이나 흥미 등 수준에 적절하여야 한다. 또 학습 활동의 내용이나 방법도 학습자가 수행하기에 적절한 난이도여야 한다. 교사의 발문과 판서의 내용 등도 학습자가 이해하거나 참여하기 쉽도록 설계하여야 한다. 교수·학습의 모든 요소, 즉 교사의 발문, 제재의 난이도와 내용, 활동의 내용이나 방법, 자료로 활용되는 매체, 학습자료, 교수·학습의 시간 등이 모두 학습자에게 적절한 수준과 내용을 갖추었는지 면밀하게 점검하여야 한다.

2) 학습 방법 분석

⑤ 활동 중심으로 진행하되, 그 활동이 의미가 있었는가?

국어과 교수·학습에서 이루어지는 활동은 주로 학습자의 사고 활동에 초점이 놓인다. 학습자가 단순히 수동적으로 지식을 받아들이거나 상호 작용 없이 고립된 구경꾼으로서 학습에 참여하는 것은 적절치 않다. 교수·학습 설계에서 실행까지 개인별 활동, 짝 활동, 모둠별 활동, 전체 활동 등 다양한 상호 작용과 사고 활동이 적절한 단계에서 적절한 효과를 거두며 국어 능력이 길러져야 한다.

국어과 교수·학습에서 학습자의 활동 중심으로 진행되는 여러 가지 방법은 학습자의 흥미를 높이며 자기 주도적이고 적극적으로 참여할 수 있게 한다는 점에서 의미가 크다. 역할 놀이 활동, 게임 활동, 글이나 그림이나 색종이, 찰흙, 몸짓 등 표현 활동, 토의 및 토론 활동 등 다양한 활동 속에서 차시 목표에서 추구하는 경험을 하고 국어 능력을 기르도록 설계하고 실행하여야 한다.

이때 유의할 점은 활동 그 자체가 교수·학습 목표에 적합한 것으로 설계되어야 한다는 점과 학습자가 자신의 활동 목적에 대한 메타적 인식을 잃지 않아야 한다는 점이다. 학습자가 재미있는 활동 그 자체에만 매몰되어 왜, 무엇을 위해서 이 활동을 하고 있는지 의식하지 못할 때 그 의미가 제대로 실현되지 못할 수 있기 때문이다.

⑥ 학습의 주체가 교사로부터 아동으로 옮겨지는 수업 과정인가?

교수·학습에서 주도권이 점차 교사로부터 아동에게 옮겨지는 것을 '책임 이양의 원리'라고 부른다. 교수·학습의 초반부는 학습자가 적극적으로 참여할지라도 교사의 설계에 따르기에 비교적 교사 중심 활동의 비중이 높을 수밖에 없다. 교사의 안내, 시범, 비계 설정 등의 교수 활동과 협의 등이 초반부에 이루어진다. 학습자의 적극적인 참여 속에서도 학습자는 점차 비계나 안내에서 벗어나 스스로 연습하고 경험하는 활동으로 나아가게 된다. 그래서 교수·학습의 초반은 교사 활동이 중심이 되나 후반부로 갈수록 학습자 스스로 문제를 해결하고 연습하고 적용하며 창의적으로 활동하도록 권유된다는 점에서 학습자 활동이 주가 된다.

⑦ 언어 사용의 과정을 강조했는가?

국어과 교수·학습에서는 언어 사용의 결과만을 강조하지 않는다. 학습자가 듣고·말하고, 읽고 쓰는 등 언어활동의 수행 과정을 교사와 함께 논의하고 어려운 부분에서 도움을 받으며 스스로 연습하고 문제를 해결하도록 하여 그 결과를 창출하게 된다.

이를테면 국어과 교수·학습은 교사가 언어활동을 지시하고 학습자가 지시에 따라 언어활동 결과를 생산하게 하는 것은 좋지 않다. 학습자는 교사의 안내에 따라 스스로 문제를 발견하고 스스로 해결하는 과정을 경험하고 도움을 받으며 창의적으로 활동하여야 한다. 교사는 언어활동의 과정을 안내하거나 보조하여야 한다. 이를테면 한 편의 글을 쓰는 과정에서 아이디어를 생성하는 과정, 생성한 아이디어를 정리하여 글을 쓰는 과정에서 표현의 과정 등 언어활동의 모든 과정 각각에서 학습자의 사고와 문제 해결에 도움을 주어야 한다.

다시 말하면, 교사가 '읽으라', '쓰라'하고 지시만 하는 것이 아니라 구체적으로 어떤 과정에서 어떤 고민을 하면서 글을 쓰고 읽는지, 어떤 말을 하거나 들을 때 무슨 준비를 하고 분석을 해야 하는지 구체적으로 가르치는 교수·학습을 설계해야 한다.

나. 미시적 관점에 따른 분석

1) 도입

⑧ 동기 유발은 효과적이며, 학습 내용에 적절했는가

교육과정 성취기준과 단원 설정 취지 및 전개 과정을 확인하고 차시 교수·학습 목표를 설정한 교사는 차시 수업의 전개를 위해 제일 먼저 학습자의 수준에 맞는 도입 활동을 고민하게 된다. 교수·학습의 도입 단계에서는 본 차시 목표에 도달하기 위해 학습자에게 어떻게 학습 동기를 불러일으켜 적극적인 학습자가 되도록 할까를 생각하게 된다. 흔히 '동기 유발'이라고 표현되는데, 교사는 어떻게 학습자의 학습 동기를 북돋울 수 있을까?

학습자는 학습 활동이 자신에게 유의미하고 재미있다고 생각될 때 열심히 참여하려는 마음을 갖게 된다. 교육과정의 지도 방법에 대한 안내에서 의도하는 '유의미한 학습'이란 그래서 매우 중요하다. 학습자 스스로 자신에게 유의미한 학습 활동임을 인식할 수 있도록 도입 활동에서 안내해야 한다. 이를테면 교사가 하라고 하니까 하는 학습이나 교과서에 있는 내용이라 참여해야 하는 것보다는, 학습자 자신의 삶에 유익하고 도움이 되거나 재미있어서 학습하고 싶다는 마음을 갖도록 하는 것이 더 높은 학습 동기를 끌어낸 경우이다. 동기 유발을 위해서는 학습자가 스스로 본시 학습에 열심히 참여해야만 되는 이유를 찾아낼 수 있는 활동으로 설계하거나, 자신의 삶에 어떤 도움을 받을 수 있을지 구체적으로 찾아내거나, 매우 재미있고 흥미로워서 빨리 알아보고 싶은 호기심을 불러일으키는 활동을 선택하도록 해야 한다.

⑨ 학습 목표 진술은 명료하며, 적절한 시기에 적절한 방법으로 제시되었는가?

본시 학습 목표와 동기 유발은 매우 직접적인 관련이 있을 수밖에 없다. 본시 목표에 도달해야만 하겠다는 동기를 갖도록 활동을 설계해야 하기 때문이다. 흔히 본시 목표를 한 줄로 칠판에 적어 두고 다 같이 읽어보는 것으로 명확히 제시하였다고 하는데, 실제 학습자는 칠판에 목표로 제시된 문장이나 어휘의 의미를 모르는 경우도 많다. 이를테면 '시를 읽고 인상 깊은 장면을 표현할 수 있다.'라는 차시 목표를 칠판에 제시하고 따라 읽을 수 있으나, 저학년 학습자는 '인상 깊다.'는 말이 뜻하는 것이 무엇인지 의미를 모를 수 있다. 이런 경우 교사는 '인상 깊은' 것이 무엇인지 말해주고 어떤 표현 사례가 있는지 구체적으로 명확하게 안내할 필요가 있다. 명확하게 진술한다는 것은 학습자가 오늘 학습할 내용이 무엇인지, 어떻게 하는 것인지를 어느 정도 이해하도록 구체화하여 납득할 수 있게 제시하는 것을 의미한다.

일반적으로 학습 목표의 제시 시기는 대체로 도입 단계이다. 또 학습 목표는 학습이 이루어지는 시간 내내 명확하게 인식하고 있도록 잘 보이는 칠판에 제시하거나, 화면으로 계속 볼 수 있도록 제시하는 것이 알맞다. 일반적으로 학습자는 자신이 무엇을 하고 있고, 왜 하는지 자신의 학습 활동의 의미를 메타적으로 인지할 수 있을 때 훨씬 더 높은 학업 성취를 보이기 때문이다.

2) 전개

⑩ 교수·학습 안의 전체 과제 흐름은 단계적으로 전개되도록 계획되었나?

학습 목표에 도달하기 위해 설정한 활동 과제는 단계적으로 제시되어야 한다. 단계적 제시란 학습자의 수준에 알맞은 비계(scaffolding)를 설정하여 학습자가 과제를 해결할 수 있는 능력을 기르도록 안내해야 한다는 의미이다.

본시 교수·학습 목표에 도달하기 위해서는 목표 활동을 여러 가지 하위 활동으로 분리하여 차근차근 단계적으로 학습하며 더 쉬운 활동에서 더 어렵고 복합적인 활동으로 나아가고, 교사의 시범이나 안내를 받아 해결하는 활동에서 스스로 문제를 파악하고 연습하는 과정을 거쳐 해결하고 삶에 적용하는 과정을 단계적으로 밟아가도록 설계해야 한다.

⑪ 교수·학습에 적용된 교수·학습 모형이나 전략은 수업 목표 달성에 적합한가?

교수·학습에 적용되는 모형이나 전략은 학습자의 수준이나 학습 과제의 성격에 적절한 것으로 선택해야 한다.

학습 과제가 학습자의 수준에 비추어 어려울수록 교사의 안내가 많은 모형을 선택하여야 하고, 같은 학습 내용이라도 단원 내에서 기본 학습인지 실천·적용 학습인지에 따라서 각각 다른 모형을 선택해야 한다. 이를테면 문제해결학습은 어느 정도 학습자의 자주적 학습 능력이 갖추어졌을 때 적용하는 것이 더 적절하기에 자주적 학습 능력이 갖추어지지 않은 학습자에게는 교사의 안내나 시범이 더 많은 모형을 선택하는 것이 알맞다. 또 일반적으로는 단원의 초반부 차시일수록 교사 안내가 더 많은 모형을 선택하고, 후반부로 갈수록 학습자의 활동이 더 다양하고 선택적으로 이루어질 수 있는 모형을 선택하는 것이 적절하다.

이를 위해서 교사는 학습 모형의 특징을 충분히 숙지하여야 하고 능숙하게 활용하고 변용할 수 있어야 한다. 또 한 가지 모형이 아니라 여러 모형을 통합하여 목표에 도달할 수 있도록 수업을 설계할 수 있다. 교사에게 교수·학습 모형의 적용은 그 자체로 목표가 아니기 때문이다. 교수·학습 모형을 따르기 위해서 교수·학습 활동 내용을 변형할 것이 아니라, 교수·학습 목표에 더 효과적으로 도달하도록 모형을 변형하거나 통합하여 활용할 수 있다.

⑫ 수업에서 사용된 언어자료는 교수·학습 제재로서 효과적이었나?

수업에서 사용되는 언어자료는 교과서 수록 제재 외에도 다양하다. 교사가 제작하여 사용하는 학습지나 교과서 제재 대체용 텍스트, 수업에서 활용되는 광고, 잡지, 영상 속 언어자료, 또 교사의 발문도 수업에서 사용되는 언어자료이다. 교수·학습의 목표에 도달하기 위한 대상 텍스트로서 언어자료와 수단으로서의 언어가 모두 교수·학습의 자료로서 효과적이었는지 살펴볼 필요가 있다.

우선 학습 목표나 내용 성취에 알맞은 언어자료인지 점검할 필요가 있다. 예를 들면 교과서 제재나 그 대체 텍스트로서 언어자료로 사용되는 동화나 동시, 설명문, 주장하는 글 등이 학습 목표나 내용에 적합한 것이어야 한다. 한 예로 동시나 동화 작품이 학습자가 좋아하고 유명한 것이지만, 특정 해당 학습 목표를 성취하기에 적합한 제재인지는 문제가 될 수 있다. 문학 텍스트 자체는 다양한 표현 방식을 활용하기 때문에 학습 목표에 특정 표현 방식, 이를테면 비유적 표현을 이해하고 그 효과를 경험하도록 하는 학습 목표라면 비유적 표현이 사용된 동시나 동화가 아니라면 아무리 좋은 작품도 효율적이라고 보기 어렵다. 수업에 활용되는 언어자료가 단순히 재미있는 자료이기만 해서는 곤란하고 교수·학습 목표에 도달하기에 효율적인 자료여야 한다.

이와 함께 언어자료가 학습자의 언어 수준에 알맞은지 점검할 필요가 있다. 교수·학습에 활용되는 광고 영상, 잡지의 글 등은 학습자의 수준을 고려하지 않은 자료이다. 이러한 자료를 수업에 활용할 때 교수·학습을 설계하는 교사가 주어진 언어자료의 내용이나 어휘 수준 등을 세밀하게 점검한 후 적합한 언어자료를 선택해야 한다. 학습자의 지적·정서적 발달 수준을 고려해야 하고, 학습자의 삶의 상황을 고려하여 적절하고 효율적인 자료를 선택해야 한다.

3) 정리

⑬ 학습 목표에 따라 효율적으로 정리했는가?

국어과 교수·학습의 정리 단계는 본 차시의 활동 내용을 목표에 비추어 효율적으로 정리해야 한다. 학습 활동에 열심히 참여하고도 자신이 무엇을 학습하기 위해 활동하였는지 무엇을 학습하였는지 알지 못한다면 효율적이라고 보기 어렵다. 학습자 스스로 학습한 내용을 정리하며, 학습한 내용이 교수·학습 상황 밖의 삶에서 어떻게 적용할 수 있을지 생각해보는 기회를 주어야 한다. 이것은 교실 안과 밖의 경계를 허물며 교수·학습이 삶과 유리되지 않고 삶의 상황 그 자체임을 알도록 하는 행위이다.

⑭ 지속적으로 평가하고 적절한 피드백을 했는가?

한 차시 활동과 결과에 대한 평가가 정리 단계에서만 이루어지는 것으로 생각되기 쉬우나, 교수·학습의 전 과정에서 평가가 지속적으로 이루어져야 한다. 차시의 도입에서 전개 정리까지 교사는 학습자를 지속적으로 관찰하고 피드백하면서 교수·학습을 진행해야 하기 때문이다. 다만 정리 단계에서 주로 학습자 상호평가나 자기평가의 기회를 제공하고 자신의 학습 활동에 대한 메타적 점검을 시행하여 더 나아갈 수 있는 방향을 탐색하도록 할 필요가 있다.

이상에서 국어과 교수·학습 분석의 관점을 열네 가지로 간단히 정리하여 살펴보았다. 이를 정리하여 체크리스트로 작성하면 다음 〈표 3〉과 같다. 이 외에도 수업 준비에서 실행과 분석 및 재수업에 이르기까지 더 다양하고 미세한 관점이 있다.

〈표 3〉 국어과 교수·학습 분석 체크리스트(예시)

영역		기준	평가				
			1	2	3	4	5
거시적 관점	학습 내용	① 제재 자체보다는 방법을 강조했는가?					
		② 높은 수준의 사고를 유도했는가? (교사의 발문이 학생의 사고력을 촉진하는 발문인가?)					
		③ 언어에 관련된 메타적 활동을 강조했는가?					
		④ 학생 수준에 맞는 교수·학습이었는가?					
	학습 방법	⑤ 활동 중심으로 진행하되, 그 활동이 의미가 있었는가?					
		⑥ 학습의 주체가 교사로부터 아동으로 점차 옮겨지는 수업 과정인가? (책임 이양의 원리 적용)					
		⑦ 언어 사용의 과정을 강조했는가? (구체적인 방법을 가르쳐 주었는가?)					
미시적 관점	도입	⑧ 동기 유발은 효과적이며, 학습 내용에 적절했는가?					
		⑨ 학습 목표 진술은 명료하며, 적절한 시기에 적절한 방법으로 제시되었는가?					
	전개	⑩ 교수 학습 과정안의 전체 과제 흐름은 단계적으로 전개되도록 계획되었나? (비계 설정)					
		⑪ 수업에 적용된 교수·학습 모형이나 전략은 수업 목표 달성에 적합한가?					
		⑫ 수업에서 사용된 언어자료는 교수·학습 제재로서 효과적이었나?					
	정리	⑬ 학습 목표에 따라 효율적으로 정리했는가?					
		⑭ 지속적으로 평가하고 적절한 피드백을 해주었는가?					
총 점							

다. 교수·학습 실행 및 분석·평가의 실제

교수·학습의 설계와 실행 및 평가 과정을 경험하며 교사의 능력을 함양하고 수업을 개선하기 위해서 흔히 마이크로티칭(microteaching)의 방법을 적용한다. 마이크로티칭은 계획한 수업을 짧은 시간 동안 축소하여 실시하는 방법이다. 교수·학습의 시간, 방법, 학습자 수나 교실의 크기 등을 실제 수업보다 간략하게 축소하여 모의 수업을 진행하고 녹화하여 분석하는 과정을 통해 전문가적 시각이나 수업 비평적 사고 능력을 기르고 부족한 점을 보완하는 방법이다. 주로 수업의 기술을 습득하거나 개선하는 방법으로 활용된다.

마이크로티칭의 과정은 크게 수업 계획, 모의 수업, 피드백과 평가, 재수업의 과정을 거친다. 수업 계획은 핵심적으로 교수 기능을 설계하고, 학습의 규모와 대상, 수업 시간 등을 확인한다. 교수 기능은 수업에서 교사가 준비하고 실행해야 할 핵심 요소로서 교육과정 성취기준에 대한 해석과 적용, 단원 및 차시 수업 목표 및 내용을 확인하고 수업 절차를 명세화하는 등 교수·학습 설계 활동에 해당한다. 또 시청각 장비를 완벽하게 검토하여 수업에서 시간이나 학습자의 사고에 방해가 되지 않도록 준비한다.

모의 수업은 앞에서 설계한 교수·학습과정안에 따라 실행하는데 실제 학생을 대상으로 하거나 동료 교사를 대상으로 실행할 수 있다. 모의 수업은 교사의 교수 능력을 위한 것이므로 대상이 학생이 아니어도 효과 차이는 큰 의미가 없다고 본다. 일반적으로 모의 수업은 촬영 녹화하여 활용한다. 사전에 촬영 준비를 철저히 하여 녹화하고 분석할 수 있도록 한나.

모의 수업에 대한 피드백과 평가는 수업이 이루어진 직후 즉각적으로 시행하는 것이 가장 효과적이다. 이때 수업 분석을 위해 다양한 체크리스트를 활용하기도 한다. 수업자의 자기 점검, 학생의 평가 및 수업 만족도, 감상, 전문가나 동료 교사의 조언 등의 활동이 이루어진다. 평가에 따라 재수업이 이루어지는 경우도 있는데, 재수업은 교수 행동의 개선이 필요한 경우 보완된 내용을 마련하고 실행한다. 재수업도 수업 이후 최대한 빨리 시행해서 개선하는 것이 좋다.

〈표 4〉 마이크로티칭의 과정

수업 설계		모의 수업		피드백		재수업
◦ 교수 기능: 　성취기준, 단원 및 차 　시 수업 목표 확인 ◦ 수업 절차 명세화 ◦ 시청각 장비 검토	⇨	◦ 수업 녹화 ◦ 교수·학습안에 　따라 실행 ◦ 학생 혹은 동료 대상	⇨	◦ 자기 점검 　(체크리스트) ◦ 수업 만족도 및 　감상 ◦ 컨설턴트 혹은 　동료 교사 조언	⇨	◦ 교수 행동 개선이 　필요할 때 실행

앞에서 제시한 교수·학습 분석의 14가지 관점 체크리스트도 마이크로티칭의 피드백에서 활용될 수 있다. 그 외에도 일반 수업에서 활용되는 체크리스트를 참고로 제시한다.

〈표 5〉 수업 분석을 위한 자기 점검 체크리스트

구분		점검 내용	자기 평가
수업 준비	1	학생에 대한 사랑과 교육에 대한 열정을 갖고 있는가?	
	2	수업 준비는 충분한가?	
	3	학습 내용은 학생의 수준에 적절하고 도전할 과제인가?	
	4	학습 목표와 주제, 내용에 적합한 학습 전략을 세우는가?	
	5	적절한 수업단계의 시간 배분 등 수업 진행의 밑그림을 그리는가?	
	6	수업 내용과 관련한 동기 유발을 할 자료 또는 전략을 준비했는가?	
수업 진행	1	수업을 시작할 때 본시에 공부할 개요를 알려주는가?	
	2	전시 학습의 내용을 상기하는가?	
	3	학습 목표를 고려하여 동기를 유발하는가?	
	4	학습 목표를 정확히 제시하는가?	
	5	학생의 반응에 적절하게 대응하는가?	
	6	학습 내용을 평가 방법 및 기준과 연계지어 제시하는가?	

	7	학습 내용과 관련한 질의와 응답의 기회를 갖는가?	
수업방법	1	효과적인 다양한 수업 방법을 적용하는가?	
	2	정보매체 자료와 유인물 등 다양한 자료를 활용하는가?	
	3	교사 주도적 수업과 학생 주도적 수업이 적절하게 이루어지는가?	
	4	수업 내용을 학생의 수준에 맞게 제공하는가?	
	5	수업 내용에 알맞은 학습 활동 유형을 제공하는가?	
	6	보상과 강화는 적절하게 이루어지는가?	
	7	개방적 발문과 폐쇄적 발문을 적절하게 사용하는가?	
수업평가	1	수업 전에 평가 활동을 미리 준비하는가?	
	2	수업 내용에 대한 평가 방법과 기준을 제시하는가?	
	3	학습 목표와 관련된 성취 정도를 평가하는가?	
	4	평가 결과에 대한 피드백을 제공하는가?	
언어	1	음성의 크기, 높낮이, 강약의 변화는 적절한가?	
	2	말의 빠르기가 적절하고 정확하게 전달되는가?	
	3	거슬리는 습관성 말투를 사용하지 않고, 올바른 교수언어를 사용하는가?	
	4	학생의 이해와 성장을 돕고, 칭찬과 격려하는 긍정적 언어를 사용하는가?	
태도	1	단정한 복장을 갖추고 있는가?	
	2	몸동작 등 자세가 자연스럽고 적절한가?	
	3	교실 앞에서의 위치 변화와 학생 사이의 순회는 적절한가?	
	4	표정이 온화하고 밝으며 친화적인가?	
	5	모든 학생과 고르게 시선을 교감하면서 수업을 진행하는가?	
관계	1	학생의 이름을 불러주는가?	
	2	학생을 긍정적 시각으로 바라보는가?	
	3	학생의 의견을 수용하고 존중하는가?	
	4	학생과 상호작용이 활발하게 이루어지고 있는가?	

모의 수업을 보고 이루어지는 수업 비평이나 토론 활동은 수업자에게는 물론이고 더불어 논의하는 동료 교사에게도 수업에 대한 안목을 높이고 수업기술 향상에 도움을 준다. 교사 간 서로의 수업을 분석하고 장단점과 개선점을 제안하는 등 상생하는 피드백을 할 필요가 있다.

수업자는 수업을 설계하고 실연하고 평가회를 한 후에 자신의 수업에 대해 성찰하며 마무리를 짓는 것이 좋다. 수업에서 자신이 개선해야 할 방향을 탐색하여 정리하고 새롭게 알게 된 내용을 수용하여 새로운 수업에 적용하려는 자세가 필요하다.

제10장

초등국어교사와 전문성

1. 초등국어교사[1]의 전문성 영역

가. 초등 학습자 이해

교사가 여러 가지 교육활동을 수행하는 가운데 우선시해야 할 일은 바로 학생들의 흥미와 수준을 파악하는 것이다. 어느 교실이든 학생들마다 개인차가 존재하기 때문에 이를 고려한 교육이 이루어져야 효과를 기대할 수 있다.

학생들이 갖고 있는 국어과 학습에 필요한 능력도 다르고 국어과에 대한 흥미나 태도도 사뭇 다르다. 학생들의 능력 차이는 개인 간뿐만 아니라 한 개인 내에서도 존재한다. 국어과의 여러 영역(듣기·말하기, 읽기, 쓰기, 문법, 문학, 매체) 중에서 특정 능력은 뛰어난 반면에 다른 능력은 그렇지 못할 수 있다. 예를 들어 어떤 학생은 말하기는 뛰어나지만 쓰기는 잘 못할 수 있고, 어떤 학생은 듣기는 잘하는데 읽기를 어려워할 수도 있다. 국어에 관한 흥미나 태도 또한 마찬가지다. 문학 작품 읽기는 좋아하지만, 맞춤법이나 띄어쓰기와 같은 문법에는 전혀 관심이 없을 수도 있다. 이처럼 한 교실 안에 있는 수십 명의 학생들의 인지적, 기능적, 정의적 발달 수준은 그야말로 각양각색이다.

국어교사는 학생들의 다양한 국어 능력과 흥미를 고려해서 지도해야 한다. 교사는 집단을 대상으로 지도하지만 집단을 지도하는 것이 아니라 개별 학생을 지도하는 것이다. 교사가 학생들에게 어떤 내용을 설명한다고 하더라도 그 설명의 궁극적인

---

1 이 글에서 초등국어교사는 '초등학교 국어 시간에 국어 교과를 가르치는 교사'를 의미한다.

수용자는 개별 학생 한 사람 한 사람이다. 교실에 앉아 있는 수십 명의 학생들은 개별적인 인간이며, 실존하는 존재들이다. 그렇기 때문에 교사는 학생 개개인에 대하여 끊임없이 주의 깊게 관찰하고 평가해야 한다. 교사는 학생들에게 무엇을 가르치기 이전에 그들의 현상태와 요구를 우선적으로 파악해야 한다. 즉 교사는 학생들의 '국어과'에 대한 현재의 상태, 학습 능력, 태도, 기대를 정확하게 파악하고 평가해야 한다(노명완 외, 1991: 79~80).

초등국어교사는 중고등학교 국어교사와 달리 학생들과 함께 생활하는 시간이 많고 여러 과목을 가르치기 때문에 학습자에 대한 이해도가 비교적 높은 편이다. 그렇더라도 국어 교과를 보다 효과적으로 가르치기 위해서는 학생들의 국어 능력 및 교과에 관한 흥미, 좀 더 구체적으로 국어과 하위 영역에서 개별 학생들의 학업 능력과 태도에 대한 이해가 선행되어야 한다.

나. 국어과 교육과정 이해

국가 수준의 국어과 교육과정은 의도되고 계획된 교육과정으로 교사가 교육과정을 전개하고 실천하는 근간이다. 따라서 국어과 교육과정을 실행하는 주체인 교사는 국어과 교육과정에 대한 이해가 필요하다. 최근 개정된 2022 국어과 교육과정은 공통 교육과정과 선택 중심 교육과정으로 구분된다. 공통 교육과정은 초등학교 1학년에서 중학교 3학년(9학년)까지를 아우르는 교육과정이고, 선택 중심 교육과정은 고등학생들을 대상으로 한 교육과정이다. 다음은 2022 국어과 교육과정의 주요 내용을 확인할 수 있는 '교육과정 설계의 개요'이다(교육부, 2022: 3~4).

국어과 교육과정에서는 '비판적·창의적 사고 역량, 디지털·미디어 역량, 의사소통 역량, 공동체·대인 관계 역량, 문화 향유 역량, 자기 성찰·계발 역량'을 국어과 역량으로 설정하였다. 이는 2022 개정 교육과정 총론에서 미래 사회에 필요한 핵심 역량으로 제시한 '자기 관리 역량, 지식정보처리 역량, 창의적 사고 역량, 심미적 감성 역량, 협력적 소통 역량, 공동체 역량'을 국어과 특성에 맞게 재구성한 것이다. 이 중 '비판적·창의적 사고 역량, 의사소통 역량, 공동체·대인 관계 역량, 문화 향유 역량, 자기 성찰·계발 역량'은 2015 국어과 교육과정 역량을 유지한 것이고, '디지털·미디어 역량'은 디지털 다매체 시대로 변화한 언어 환경을 고려하여 2015 교육과정에서 설정한 '자료·정보 활용 역량'을 수정한 것이다. 국어과의 여섯 역량은 비판적·창의적 이해와 표현, 협력적 의사소통과 공동체 문화, 언어생활에 대한 성찰과 개선, 문화 향유 등의 강조점을 중심으로 국어 과목의 성격과 목표에 반영하였다.

국어과 공통 교육과정은 '성격, 목표, 내용 체계, 성취기준, 교수·학습 및 평가'로 구성하였다. '성격'에는 국어과 학습의 필요성을, '목표'에는 핵심역량과의 연계성을 강조한 국어과 학습의 목표를 제시하였다. '내용 체계'에는 영역별로 '핵심 아이디어'를 밝히고 '지식·이해', '과정·기능', '가치·태도'의 세 범주와 그에 따른 학년군별 '내용 요소'를 제시하였다. '성취기준'은 학습자의 역량 함양을 위하여 내용 체계의 '내용 요소'를 유기적으로 결합하여 구성하였다. '성취기준'에 대한 이해와 소통을 위해 일부 성취기준에는 '성취기준 해설'을 제시하였고, 영역별로 성취기준을 지도할 때 유의할 사항을 '성취기준 적용 시 고려 사항'에 설명하였다. '교수·학습 및 평가'에서는 국어과 교수·학습 및 평가 시 강조할 사항을 중심으로 교수·학습 및 평가의 방향과 방법을 나누어 제시하였다.

국어과 공통 교육과정의 영역은 '듣기·말하기, 읽기, 쓰기, 문법, 문학, 매체'의 여섯 영역으로 설정하였다. '듣기·말하기'는 음성 언어 의사소통을 중심으로, '읽기', '쓰기'는 문자 언어 의사소통을 중심으로, '문법'은 언어에 대한 이해와 탐구를 중심으로, '문학'은 문학에 대한 이해와 수용·창작을 중심으로 하여 내용을 구성해 온 전통적 영역이다. '매체'는 신설한 영역으로, 기존 영역에 부분적으로 반영해 온 매체 관련 내용 요소를 수정·보완하되, 디지털 매체를 기반으로 하여 새로운 의사소통 환경에서 중요하게 부각되고 있는 내용 요소를 교육 내용에 포함하였다. 국어과 여섯 영역은 언어 사용의 실제성과 학습의 유기성을 고려하여 영역 간 연계성이 확보되도록 내용을 구성하였다.

국어과 공통 교육과정의 '핵심 아이디어'는 국어과 영역을 아우르면서 영역의 학습을 통해 일반화할 수 있는 내용을 핵심적으로 진술한 것으로, 내용 체계의 설계를 위한 핵심 조직자이다. '핵심 아이디어'는 국어 학습을 통해 학습자들이 성취하기를 기대하는 결과이면서 교수·학습 과정에서 지속적으로 주목하여야 할 내용으로 구성하였다. 이러한 지향에 따라 학습자를 언어 주체로 보고 국어 활동을 수행하는 언어 주체의 역할에 주목하여 핵심 아이디어를 영역별로 3~4개의 문장으로 기술하였다.

국어과 공통 교육과정의 '내용 체계'는 '지식·이해', '과정·기능', '가치·태도'의 세 범주로 구분하여 설정하였다. 듣기·말하기, 읽기, 쓰기, 매체 영역의 경우, '지식·이해'는 의사소통의 맥락과 유형, '과정·기능'은 의사소통의 과정과 전략, '가치·태도'는 흥미, 효능감 등과 같은 정의적 요소를 중심으로 내용 요소를 구성하였다. 문법 영역의 경우, '지식·이해'는 언어의 본질, 맥락, 규범 등, '과정·기능'은 국어의 분석, 활용, 성찰, 비판 등 탐구 활동 관련 요소, '가치·태도'는 국어에 대한 호기심, 민감성 등과 같은 정의적 요소를 중심으로 내용 요소를 구성하였다. 문학 영역의 경우, '지식·이해'는 문학의 갈래와 맥락, '과정·기능'은 문학 작품의 이해, 해석, 감상, 비평 등 문학 활동 관련 요소, '가치·태도'는 문학에 대한 흥미와 타자 이해, 가치 내면화 등과 같은 정의적 요소를 중심으로 내용 요소를 구성하였다.

2022 개정 국어과 교육과정은 '성격, 목표, 내용 체계, 성취기준, 교수·학습 및 평가'로 구성되어 있다. 이들 구성 요소는 서로 유기적인 관련을 맺고 있는데 교육과정을 전개하고 실행하는 교사 입장에서 보면 성취기준이 교육과정의 핵심이라 할 수 있다. 성취기준은 '영역별 내용 요소를 학습한 결과 학생이 궁극적으로 할 수 있거나 할 수 있기를 기대하는 도달점'을 의미하는데, 이러한 성취기준은 가르치고 배우는 학습 목표이자 학습 내용으로 국어과 교재를 개발하는 과정이나 교재를 재구성하는 데 중요한 참조 준거가 된다. 따라서 초등국어교사는 국어과 교육과정의 영역별 성취기준에 대한 이해가 필요하다.

다. 국어과 교재 이해 및 재구성

국어과 교재는 국어교육을 위해 활용할 수 있는 교수·학습 자료를 의미한다. 넓은 의미에서 국어과 교재는 일상에 존재하는 모든 언어적 자료들이 대상이 된다. 언어적 자료에는 말과 글의 형태가 아니더라도 소리나 이미지와 결합된 동영상도 좋은 교수·학습 자료가 된다. 반면에 좁은 의미에서는 국어과 교재를 '국어 교과서'에 한정하기도 한다. 이러한 관점은 닫힌 교재관이자 전통적인 교재관이라 할 수 있다.

하지만 국가 수준의 교육과정이 존재하고 '국정'으로 한 권의 국어 교과서가 개발되는 현실에 비춰보면 국어 교과서가 차지하는 비중은 상당히 크다. 즉 국어 교과서는 다른 여타의 교수·학습 자료와 동일한 위상에 있는 것이 아니라 국어과 교육과정의 효과적인 실행을 도와주는 가장 핵심적인 교재이다. 따라서 초등국어교사는 교육과정을 반영한 국어 교과서를 잘 이해하고 활용할 수 있어야 한다. 특히 교육과정이 개정되고 새롭게 교과서가 개발되면 이전 교과서와 달라진 새로운 교과서의 체재 및 기능을 파악해야 한다.

2022 국어과 교육과정에 따라 개발된 1~2학년군 국어 교과서는 학기별로 주 교과서 「국어」와 보조 교과서 「국어 활동」으로 구성되어 있는데 「국어」는 학생의 편의를 위해 '가' 권과 '나' 권으로 분책되어 있다. 이와 같은 국어 교과서의 외형 체제보다 중요한 것이 내적 구성 체제이다. 「국어」 교과서는 '준비 학습-기본 학습-통합 학습-실천 학습'으로 단원이 전개되는데 각 학습 단계의 성격과 주요 내용에 대한 이해가 필요하다. '준비 학습'은 대단원의 도입 부분에서 해당 단원의 국어과 교과 역량을 일상 상황과 관련하여 학생들이 필요성이나 중요성을 인식하도록 한다. '기본 학습'은 국어과 역량 함양을 위해 선정한 성취기준 내용 요소(지식·이해, 과정·기능, 가치·태도)를 이해 중심 학습이나 탐구 및 수행 중심으로 학습하도록 한다. '통합 학습'은 국어과 역량 함양을 위해 선정한 성취기준 내용 요소를 활용하여 글, 담화, 작품, 매체의 온전한 수용이나 생산하는 과정을 학생들이 깊이 있게 학습할 수 있도록 한다. '실천 학습'은 대단원의 국어과 역량을 고려하여 아동의 삶, 교과 간, 교과 내 연계를 통해 국어 교과 역량을 전이하도록 한다.

「국어 활동」 교과서는 '실력 키우기-스스로 읽기' 체재로 구성되어 있다. '실력 키우기'는 단원마다 제시되고, '스스로 읽기'는 일부 단원에서만 제시된다. '실력 키우기'는 「국어」 교과서의 소단원과 연계하여 연습장의 역할을 할 수 있도록 활동을 구성되어 자기 주도적인 활동을 할 수 있다. 그리고 '스스로 읽기'는 「국어」 교과서와 상호 텍스트성을 지니는 제재로 구성하여 기초적인 읽기 능력을 키우고 텍스트에 대한 흥미와 즐거움을 가질 수 있도록 한다.

국어과 교재와 관련하여 초등국어교사에게 요구되는 것은 국어 교과서에 대한 이해와 더불어 교과서를 재구성할 수 있는 능력이다. 국어 교과서에 대한 이해를 바탕으로 교과서를 활용하여 국어 수업을 계획하고 실행하는 과정에서 학급 상황이나 실정에 맞지 않은 경우가 있다. 이러한 경우에 '지금-여기(now & here)'의 교실 상황을 고려하여 교과서를 재구성할 수 있어야 한다.

이때 국어 교과서를 재구성하는 것은 기존 국어 교과서의 문제나 한계 때문에 그에 따른 대안적인 교재를 마련한 것이다. 따라서 재구성을 위한 재구성이나 임의적인 재구성이 이루어져서는 안된다. 재구성의 방향과 내용은 국어과 교육과정을 근간으로 삼아야 하기 때문에 먼저 성취기준에 대한 명확한 이해와 철저한 분석이 필요하다. 그리고 학생들의 흥미와 수준을 고려하여 교수·학습 활동을 계획하고 이 과정에서 수업의 효율성과 효과성을 함께 검토하며 보다 나은 대안을 모색해야 한다.

라. 국어과 수업 설계 및 실행

국어교사는 학습자, 교육과정, 교과서에 관한 이해를 바탕으로 국어과 수업을 설계하고 실행한다. 국어과 수업 설계는 수업 전 단계에서 이루어지는 교수 행위로 좋은 수업, 효과적인 수업과 직결되는 과정이다. 따라서 수업 설계 과정이 치밀하면 치밀할수록 성공적인 수업의 가능성은 커진다고 볼 수 있다. 그런데 여러 교과를 가르치는 초등교사의 경우 국어과 수업 준비에 전념할 수 없는 현실적인 제약 요인이 있다. 그렇다고 수업 준비나 수업 계획을 소홀히 할 수는 없다.

수업 이전 수업 설계는 정해진 절차나 형식이 존재하는 것은 아니라 다양한 방식으로 가능하다. 흔히 '지도안'이라고 하는 것은 수업 설계의 한 형태에 불과하다. 수업 설계 의도에 따라 과정이 구체적으로 계획되기도 하고(세안) 대략적인 활동만(약안)을 계획하기도 한다. 또 수업 과정에서 교사와 학생의 언어적 상호작용에 초점을 맞추기도 하고, 학생들의 학습 과정이나 평가에 초점을 두기도 한다. 이처럼 수업 설계의 내용이 상황이나 목적에 따라 달라지는 것처럼 수업 설계의 형식도 다양한 스펙트럼 속에서 고려할 수 있다.

국어과 수업 설계의 한 양태가 수업 전 교육과정, 교재, 학습자에 대한 분석을 토대로 교수·학습 과정을 매우 상세하게 문서로 계획하는 방식이라면, 또 다른 양태는 수업 중 학습자의 반응에 따라 계획과 실행이 동시에 이루어지는 방식도 가능하다. 전자는 수업 경험이 부족한 예비교사가 수업에 대한 이해와 수업 준비 과정으로 절차적으로 접근하는 경우나 국어수업에 대한 이해와 실천적 지식이 충분하더라도 성공적인 수업 실행이나 수업 평가 및 수업 연구 상황에서 유용한 수업 설계 방식이다. 반면에 후자는 그동안의 교육 경험으로 교육과정, 교재, 학습자에 대한 이해가 전제된 경우로 설계와 실행을 절차적으로 분리하지 않아도 되는 경우나 현실적인 제약 요인으로 국어 수업을 실행하면서 짧은 시간 교사의 머릿속에서 수업이 계획되고 수정되는 상황이다.

국어과 수업 설계와 더불어 국어과 수업 실행은 국어교사의 수업 전문성을 구성하는 핵심적인 능력이다. 따라서 국어교사는 수업 설계와 아울러 수업 실행 능력을 갖추어야 한다. 국어 수업은 수업의 일반적인 절차를 따르되 국어과 고유의 내용을 다룬다는 점에서 다른 교과 수업과 차별화된다. 즉 국어 수업은 국어과 고유의 내용을 다루면서 교과 수업을 통해서 지향하는 목표에 도달할 수 있어야 한다. 그리고 그 수업은 학생에게 의미있고 가치있는 '좋은 수업'이어야 한다. 그러기 위해서는 다음과 같은 점에 유의해야 한다.[2]

첫째, 무언가를 가르쳐 주어야 한다.

둘째, 언어를 다루는 방법을 강조해야 한다.

셋째, 아는 것보다는 활용이 중요하다.

넷째, 학생 나름의 구성 행위를 강조한다.

다섯째, 개별보다는 통합적 견지를 가져야 한다.

여섯째, 과정 중심 접근을 취해야 한다.

일곱째, 활동 중심의 국어 수업을 진행한다.

국어과 수업 전문성의 핵심이 수업 실행 능력이지만 수업을 반복적으로 수행하는 것에 그쳐서는 안 된다. 자신의 수업을 반성적으로 성찰하며 장단점을 파악하고 개선해 나가는 노력을 병행해야 수업의 전문성이 점진적으로 향상된다.

마. 학습자 국어 능력 평가

국어교사는 학생들의 국어 능력을 효과적으로 평가할 수 있어야 한다. 평가 목적

---

2 이하 내용은 이재승(2005: 15~20)의 '좋은 국어 수업을 위한 언어 학습에 관한 관점'의 주요 방향을 제시한 것이다.

이나 시기에 따라 진단, 형성, 총괄평가 계획을 수립하고 평가를 실시하고 그 결과를 피드백할 수 있어야 한다.

진단평가는 학생들의 흥미와 수준을 확인하고 이해하기 위한 과정으로 학습자 이해를 위한 핵심적인 과정이자 국어과 교육과정을 운영하는 출발점이다. 진단평가는 학기 초에 학생들의 기초학력 도달 여부를 확인한다. 형성평가는 수업 중 학생들의 학습 과정을 평가하여 피드백을 제공하는 것으로 교수·학습에 포함된다. 수업 과정 중에 학생들의 학습 과정을 평가하는데 초점을 두기 때문에 '과정중심평가'라고 하고, 수행성을 드러나는 언어활동 중심으로 평가하기 때문에 '수행중심평가'라고도 한다. 이때 형성평가는 학생들의 학습 과정을 평가하면서 동시에 평가 결과를 수업 개선 자료로 활용할 수 있다. 총괄평가는 주로 학기말에 학생들의 학업성취도를 평가하는 것이다. 학업성취도 평가는 지필평가 형태로 실시할 경우 선택형과 서술형·논술형 평가 문항을 활용한다.

이와 같은 국어과 평가 상황을 고려하면, 초등국어교사는 학생들의 국어 능력을 진단하거나 성취 정도를 평가하기 위한 평가 문항을 개발할 수 있어야 한다. 이때 평가 목적에 따라 선택형 평가 문항과 서술형·논술형 평가 문항을 개발할 수 있어야 하는데 특히, 서술형·논술형 평가 문항은 예시 정답 및 채점 기준을 체계적으로 상세화할 수 있어야 한다.

그리고 국어 수업 중에 이루어지는 과정중심평가 계획을 수립하고 그에 따라 실제적인 평가를 실시할 수 있어야 한다. 이때 과정중심평가는 다음과 같은 지향점을 지녀야 한다(박창균, 2020).

첫째, 교육과정의 성취기준에 기반을 두고 지식, 기능, 태도를 아우르는 평가여야 한다.

둘째, 교수·학습 과정 중에 성취 정도 및 수행 과정을 평가해야 한다.

셋째, 다양한 평가 방법을 활용해야 한다.

넷째, 학습자의 성장과 발달을 위해 평가 결과를 활용해야 한다.

이상에서 논의한 바와 같이 초등국어교사의 전문성은 '초등 학습자 이해, 국어과 교육과정 이해, 국어과 교재 이해 및 재구성, 국어 수업 설계 및 실행, 국어능력 평가 차원에서 갖춰야 할 능력'으로 구성된다.

초등국어교사의 전문성 신장을 위한 교원 양성 기관의 교육은 '전직 교육(pre-service education)'으로 교사 교육과정에 있어서 기초 단계에 불과하기 때문에 전문적이고 유능한 교사로 계속 성장해 가기 위해서는 끊임없는 연찬의 기회를 접하여, 교사 개개인의 자기 연수 또는 자기 연찬이 지속적으로 이루어져야 한다. 이와 같이 교사 자신의 자기 연찬은 물론 전문직으로서 교직의 계속적 성장을 전제로 한 교사 전체의 계속 교육을 '현직 교육(in-service education)'이라 한다. 현직 교육은 일반적으로 그 직업에 종사하는 사람에서 그 직업에 대한 새로운 지식과 기술을 익히고 직업 종사자로서의 자질을 높이기 위해 실시하는 일련의 교육으로서 교사에게도 현직 교육의 필요성이 절실하다(박영목 외, 1996: 91). 현직 교육은 지나친 이론적, 개념적 논의에서 벗어나 교사들이 교육 현장에서 당면하고 있는 문제 해결에 도움을 줄 수 있는 것으로 구성되어야 하며, 전직 교육과 연계성을 충분히 고려해야 한다. 특히, 교육과정 개정이나 새 교과서 개발 교육 내용이 수정, 보완되는 경우에는 반드시 현직 교육이 이루어져야 한다. 교육과정 내용이 달라지면 교사도 이에 따라 새로운 연수나 교육을 받아서 그 내용을 파악하고 익혀야 교육 현장에서 전문성을 제대로 발휘할 수 있기 때문이다.

2. 초등국어교사의 전문성 평가

가. 초등교사의 전문성 평가를 위한 시험

초등교사가 되기 위해서는 '초등교사 임용후보자 선정경쟁시험(이하 초등 임용 시험)'을 통과해야 한다. 초등 임용 시험의 응시 자격은 '초등학교 준교사 이상의 자격증 소지자 또는 취득 예정자'이어야 한다. 교원양성기관(교육대학교 등)을 정상적으로 졸업하면 초등학교 2급 정교사 자격증을 취득하게 되므로 졸업자나 졸업 예정자 모두 임용 시험에 응시할 수 있다.

초등 임용 시험은 1차와 2차 두 차례에 걸쳐 실시된다. 제1차 시험 과목은 '교직 논술', '교육과정', '한국사'이다. 이 중에 교직 논술은 60분간, 교육과정은 A, B로 구분하여 각각 70분간 실시하며, 한국사는 한국사능력 검정 시험으로 대체된다. 제2차 시험 과목은 '교직 적성 심층 면접', '수업 실연', '영어 수업 실연', '영어 면접'이다.

〈표 1〉 2024년 대구광역시 교육청 초등 임용 시험 시행 계획

구분	시험일자	대상	시험과목		시험기간	시험장소
제1차 시험	2023. 11. 11.(토)	선발 예정 분야별 응시자 전원	교직 논술		09:00~10:00(60분)	2023. 11. 3.(금) 〈누리집 안내〉 ※대구광역시교육처-알림마당-시험·채용·정보
			교육과정	A	10:40~11:50(70분)	
				B	12:30~13:40(70분)	
			한국사		한국사능력 검정시험으로 대체	
제2차 시험	2024. 1. 10.(수)	선발 예정 분야별 제1차 시험 합격자	교직 적성 심층 면접		제1차 시험 합격자 발표 시 안내 〈누리집 안내〉 ※대구광역시교육처-알림마당-시험·채용·정보	
	2024. 1. 11.(목)		수업 실연			
	2024. 1. 12.(금)	초등교사 제1차 시험 합격자	영어 수업 실연			
			영어 면접			

제1차 초등 임용 시험은 전국 공통으로 한국교육과정평가원에서 주관하여 시험을 출제한다. 제1차 초등 임용 시험 과목의 출제 범위와 문항 수는 다음과 같다.

〈표 2〉 2024년 대구광역시 교육청 초등 임용 시험 시행 계획(제1차)

선발 분야	시험 과목	배점	출제 범위	문항 수	시간 (분)	비고
초등 학교 교사	교직 논술	20	초등학교 교직·교양 전 영역	1	60	논술형
	교육과정	80	초등학교 교육과정 전 영역	22문항 내외	140	단답형, 서술형
	한국사		한국사능력 검정시험으로 대체			

제2차 초등 임용 시험은 시험 과목은 '교직 적성 심층 면접', '수업 능력 평가', '영어수업 실연 및 영어 면접'으로 동일하지만, 각 시도교육청에 따라 배점, 출제 범위, 시간은 다소 차이가 있다.

〈표 3〉 2024년 대구광역시 교육청 초등 임용 시험 시행 계획(제2차)

선발 분야	시험 과목	배점	출제 범위	시간 (분)	비고
초등 학교 교사	교직 적성 심층 면접	45	교사로서의 적성, 교직관, 인격 및 소양	10	구술형
	수업 실연 (수업 설계 포함)	45	수업설계를 통한 학습지도 능력과 의사소통 능력	25	
	영어 수업 실연	5	영어로 진행하는 수업 능력	5	
	영어 면접	5	영어 의사소통 능력	5	

초등 임용 제1차 시험은 통상적으로 11월 둘째 주에 실시한다. 그리고 제2차 시험은 1월 첫째 주나 둘째 주에 실시한다.

나. 초등국어교사의 전문성 평가를 위한 시험

초등 임용 시험에서 국어과 교육과정은 '교육과정 A'에 포함되어 있다. 국어과 교육과정은 3문항 11점(교육과정 A는 전체 11문항 41점)으로 구성되어 있다. 3문항은 국어과 하위 영역 중 특정 영역을 중심으로 출제되기도 하고 영역 통합 문항이 출제되기도 한다. 여기에서는 국어과 하위 영역을 중심으로 초등 임용 시험 기출 문항을 살펴보도록 한다.

1) 듣기·말하기 문항

다음은 2022학년도 초등 임용 시험에서 출제된 듣기·말하기 영역 관련 문항이다. 5학년 토론 수업을 준비하는 교사의 대화와 토론 절차 그리고 토론 수업 중 교사와 학생 대화 자료를 보고 답하는 문항이다.

1. (가)는 5학년 토론 수업을 준비하기 위한 두 교사의 대화이고, (나)는 김 교사가 (다)의 토론을 위해 칠판에 적은 토론 절차이며, (다)는 김 교사의 수업 중에 학생들이 수행한 토론의 일부이다. 물음에 답하시오. [4점]

(가)

김 교사 : '토론 방법과 규칙을 알고 주제를 정해 토론할 수 있다.'를 학습 목표로 토론 수업을 진행하려는데 가장 유의해야 할 점은 무엇일까요?

수석 교사 : 학생이 토론의 절차와 규칙을 알고 이를 지키며 토론하게 하는 데 가장 유의해야 한다고 생각해요. 저도 처음에는 토론 절차를 기억하기 어려웠는데, (㉠)이/가 있는 쪽이 먼저 발언한다는 것을 이해하고 나니 기억하기 쉬웠어요. 가령, 정책 논제 토론에서는 현 상태의 변화를 주장하는 찬성 측이 먼저 주장을 제시해야 반대 측이 반박할 수 있잖아요. 그래서 고전적 토론, 반대 신문식 토론 등 많은 토론 형식에서 찬성 측이 먼저 입론하게 하는 것이더라고요.

김 교사 : 작년에 토론을 시도하는데 자기가 할 말만 생각하느라 상대편에서 말한 것을 놓치고 엉뚱한 이야기를 하는 학생이 많았어요.

수석 교사 : 맞아요. 그래서 토론에서도 한 사람의 참여자가 의사소통 상황의 매순간 화자 역할과 청자 역할을 동시에 수행하며, 참여자 간에 의미를 공유하고 협상함으로써 역동적으로 의미를 구성해 나가는 (㉡) 기능을 잘 발휘해야 해요. 그래야만 토론이 일방적인 말하기와 듣기가 아닌 양방향의 의사소통이 될 수 있을 테니까요.

김 교사 : 학생들이 토론하다가 자신의 입장이 어느 쪽이었는지를 혼동하거나 토론 중간에 입장을 바꿔 토론의 흐름이 끊기는 경우도 많았어요. 이를 예방할 수 있는 방법이 있을까요?

수석 교사 : 저는 논제를 요건에 맞게 잘 표현해 주니 도움이 되었어요. 정책 논제의 경우, 현 상태를 변화시키고자 하는 의도를 포함해야 해요. 또한 평서문 형태로 하나의 주장만 담아야 하죠. 그리고 찬성과 반대 중 어느 한 편에 유리하게 작용할 수 있는 감정적 표현은 담기지 않아야 해요. 이렇게 하면 논제를 중심으로 찬반 입장이 분명히 갈리고 논제가 어느 한 편에 유리하게 작용하는 정도도 줄일 수 있어요. 그래서 학생들이 자기 입장을 헷갈리지 않게 되고 중간에 입장을 바꾸는 일도 덜하게 되더라고요. [A]

(나)

찬성 측1 입론 → 반대 측2 질문 → 반대 측1 입론 → 찬성 측1 질문 → 찬성 측2 입론 → 반대 측1 질문 → 반대 측2 입론 → 찬성 측2 질문 → (ⓐ) 반박 → (ⓑ) 반박 → (ⓒ) 반박 → (ⓓ) 반박

(다)

사회자 : (㉢)을/를 논제로 2:2 반대 신문식 토론을 시작하겠습니다. (칠판을 가리키며) 토론 절차는 칠판에서 확인할 수 있습니다. 그럼 찬성 측1 토론자부터 입론해 주세요.

찬성 측1 : 저희는 사형 제도가 반드시 폐지되어야 한다고 주장합니다. 그 까닭은 두 가지입니다. 첫째, 헌법 제10조에 따르면 국가는 개인의 기본적 인권을 보장할 의무가 있습니다. 둘째, 무고한 사람을 오판하여 사형 집행할 가능성이 있습니다.

사회자 : 반대 측2 토론자 질문해 주세요.

반대 측2 : 가해자만큼 피해자의 인권도 중요하다고 생각하지 않나요?

… (하략) …

1) (가)의 ㉠에 들어갈 말을 쓰시오. [1점]

2) 2015 개정 국어과 교육과정의 듣기·말하기 영역 '내용 체계'에 제시된 '기능' 중 (가)의 ㉡에 들어갈 말을 쓰시오. [1점]

3) ① (나)의 ⓐ~ⓓ에 들어갈 말을 순서대로 쓰고, ② (다)의 ㉢에 들어갈 말을 [A]를 반영하여 한 문장으로 쓰시오. [2점]

① _____

② _____

　　1)번은 토론의 절차와 관련하여 현 상태의 변화를 주장하는 찬성 측이 먼저 주장을 하는데 어떤 책임이나 부담을 지게 되는지를 묻는 문항이다. 2)번 문항은 2015 국어과 교육과정 듣기·말하기 영역의 내용 체계에 제시된 '기능' 중에서 '화자 역할과 청자 역할을 동시에 수행하며, 참여자 간에 의미를 공유하고 협상함으로써 역동적으로 의미를 구성해 나가는 기능'이 무엇인지를 묻는 문항이다. 3)번은 반대 신문식 토론의 절차와 토론 논제에 관한 이해를 알아보는 문항이다.

2) 읽기 문항

다음은 2020학년도 초등 임용 시험 중 읽기 영역 관련 문항이다. 학생의 사고 구술 자료와 교사가 학생의 읽기를 관찰한 결과에 대한 자료를 보고 답하는 문항이다.

---

2. (가)는 '미래의 직업'을 읽은 영수의 사고 구술이고, (나)는 같은 글에 대한 정호의 읽기를 교사가 관찰한 결과이다. 물음에 답하시오. [4점]

(가)

> **미래의 직업**
> (제목을 보니 미래에는 지금과는 다른 새로운 직업이 생긴다는 것일까?)
>
> [A] 　미래 사회에는 어떤 직업이 주목받을까? 미래에는 '빈집 코디네이터', '반려 동물 변호사'와 같은 생소한 직업들이(위에서 짐작했던 것어 맞네.) 각광받을 것이다. (다음 문단은 '빈집 코디네이터'에 대한 것이겠지.)
>
> 　1인 가구의 증가와 저출산 그리고 고령화(고령화. 어려운 말이네.) 추세에 따라 앞으로는 빈집이 더 늘어날 것으로 전망된다. 이러한 사회적 변화로 '빈집 코디네이터'라는 새로운 직업이 생겨나고, 이 직업에 종사하는 이들은 빈집의 활용 방안을 연구하고 그것을 고객에게 제공할 것이다.
>
> [B] 　개, 고양이, 새, 금붕어를 키우는 사람들이 빠르게 늘고 있어서(빈집에서 이런 동물을 키우는 사람이 늘어난다고? 역시 나는 앞뒤 문단의 내용을 잘 연결하고 있어.) 이와 관련한 직업은 여러 직업 가운데에서도 가장 유망한 직업이 될 것이다. 동물끼리의 다툼 때문에 일어나는 소송이나 동물이 사람에게 가한 상해 때문에 발생하는 소송(동물이 사람에게 가한 상해 때문에 발생하는 소송? 이게 무슨 말이지? 그냥 무시.)처럼 동물과 관련한 다양한 법률적 문제를 조언하고 해결해 주는 '반려 동물 변호사'(반려. 앞에서도 본 것 같은데. 모르겠네. 넘어가자.) 역시 등장할 것으로 보인다.
> (이제 요약 규칙을 적용해 글을 요약해야지.)

(나)

○ "'미래의 직업'은 앞으로 생겨나는 직업에 대한 내용이 겠지."와 같이 제목을 활용하여 내용을 적극적으로 이해 하려고 함.

○ '빈집 코디네이터가 하는 일은 무엇일까?', '반려 동물 변호사의 역할은 무엇일까?'와 같은 질문을 잘함. [C]

○ 요약 규칙을 적절하게 활용하여 글을 간추림.

1) (가)의 ① [A]에서 영수가 활용하고 있는 읽기 전략을 쓰고, ② [B]의 사고 구술에 공통적으로 나타난 문제를 해결하기 위해 영수에게 지도해야 할 읽기 기능을 쓰시오. [2점]

　① _____

　② _____

2) (나)의 [C]에서 정호가 사용하고 있는 질문 유형을 쓰시오. [1점]

---

3) 다음의 '영수의 요약'과 '정호의 요약'을 비교하여, '영수의 요약'에 적용되지 않은 요약 규칙을 쓰시오. [1점]

영수의 요약

　미래에는 빈집의 활용 방안을 연구하고 그 정보를 고객에게 제공하는 빈집 코디네이터와 개, 고양이, 새, 금붕어와 관련된 법률적 문제를 다루는 반려 동물 변호사가 주목받는 직업이 될 것이다.

정호의 요약

　미래에는 빈집의 활용 방안을 연구하고 그 정보를 고객에게 제공하는 빈집 코디네이터와 동물과 관련된 법률적 문제를 다루는 반려 동물 변호사가 주목받는 직업이 될 것이다.

1)번은 학생이 활용하고 있는 읽기 전략과 학생에게 필요한 읽기 기능을 묻는 문항이다. 2)번은 학생의 읽기 과정에서 사용하는 질문의 유형이 무엇인지를 묻는 문항이다. 그리고 3)번은 두 학생이 요약한 글을 비교하여 적용되지 않은 요약 규칙이 무엇인지를 묻는 문항이다.

3) 쓰기 문항

다음은 2024학년도 초등 임용 시험 중 쓰기 영역 관련 문항이다. 6학년 쓰기 수업 후 학생들이 쓴 글과 교사가 작성한 성찰 일지를 읽고 답하는 문항이다.

2. (가)는 두 학생의 쓰기 과정과 그 학생들이 쓴 글이고, (나)는 교사 협의회의 일부이다. 물음에 답하시오. [3점]

(가)

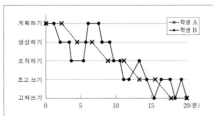

학생 A의 글: 악기는 나무, 금속, 가죽 등 다양한 재료로 만든다. 우리나라 악기인 향피리는 대나무로 만드는데, 음의 변화가 다양하여 여러 느낌을 표현할 수 있어서 좋다. 가야금과 거문고는 둘 다 현악기이지만, 현의 수가 다르다. 서양 악기에는 바이올린, 플루트, 심벌즈 등이 있다. 악기마다 소리의 느낌이 다른데, 플루트는 맑은 느낌인 반면 호른은 웅장한 느낌을 준다.

학생 B의 글: 악기는 음악을 연주하는 데 쓰는 기구를 통틀어 이르는 말이다. 악기는 연주 방법에 따라 현악기, 관악기, 타악기로 나눌 수 있다. 현악기는 현을 켜거나 타서 소리를 내는데, 가야금, 바이올린 등이 이에 속한다. 관악기는 불어서 소리를 내며, 플루트, 향피리 등이 이에 포함된다. 타악기는 두드려서 소리를 내는 악기이며, 여기에는 북이나 심벌즈 등이 있다.

(나)

최 교사: 지난 시간에는 대상의 특성을 고려하여 설명하는 글을 쓰는 수업을 하였습니다. 그런데 5학년인데도 몇몇 학생은 적절한 설명 방법을 활용하여 글을 쓰는 것을 어려워하더라고요. 동일한 화제로 쓴 학생의 글을 살펴보니, 학생 A의 경우 대상과 관련한 사실이나 인상을 단편적으로 나열할 뿐 ㉠설명하고자 하는 대상의 특성이 드러나는 설명 방법을 적절하게 활용하지는 못하였습니다. 학생 B의 글과 견주어 보면 이는 좀 더 확연히 드러납니다. 그 원인이

무엇일까요?

임 교사: 여러 원인이 있겠지만, 인지주의 쓰기 이론에서는 글 쓰는 과정을 적절하게 운용하지 못해서 그렇다고 설명하지요. 인지주의 쓰기 이론의 측면에서 학생의 어려움을 해결하는 방법을 생각해 보면 어떨까요?

최 교사: 네, 두 학생 모두 20분 동안 쓰기를 수행하였습니다. 그러나 쓰기 과정을 들여다보면 ㉡두 학생의 문제 해결 과정은 사뭇 다르며, 이는 쓰기 결과물에도 영향을 미치는 것 같습니다. 학생 A는 자신의 쓰기 과정을 전체적으로 살펴보고 지금까지 쓴 글을 반성적으로 읽을 필요가 있습니다. 그래서 다음 시간에 학생 A에게는 (㉢)을/를 중점적으로 지도하려고 합니다.

임 교사: 맞습니다. 필자마다 쓰기 과정이 다르기 때문에 이를 천편일률적으로 지도하는 것보다 우선 자신의 쓰기 과정 자체를 대상으로 그 운용의 적절성을 판단하고 필요한 과정으로 이동하도록 지도하는 것이 필요하지요. 이는 쓰기가 역동적인 의미 구성 행위임을 인식하는 데에도 도움이 됩니다.

최 교사: 네, (㉢)은/는 각각의 쓰기 과정을 통어하는 역할을 하기 때문에 이를 지도할 때에는 상위 인지 전략을 활용할 수 있도록 안내해야 효과적이겠군요.

1) (가)에 제시된 두 학생의 글에 나타난 차이에 주목하여 (나)의 ㉠에 해당하는 말을 쓰시오. [1점]

2) (나)에서 최 교사가 ① ㉡과 같이 판단한 이유를 (가)에 근거하여 설명하고, ② 다음 시간에 학생 A에게 지도하고자 하는 내용을 ㉢에 들어갈 말을 포함하여 쓰시오. [2점]

   ① _____

   ② _____

1)번은 쓰기에서 대상에 대한 설명 방법을 이해하는지를 묻는 문항이다. 그리고 2)번은 결과 중심 글쓰기와 과정 중심 글쓰기의 특성과 과정 중심 글쓰기의 상위 인지 전략에 대해 묻는 문항이다.

4) 문법 문항

다음은 2022학년도 초등 임용 시험 중 문법 영역 관련 문항이다. 3학년 '낱말의 의미 관계' 수업을 준비하는 교사가 작성한 메모와 교수·학습 과정안을 보고 답하는 문항이다.

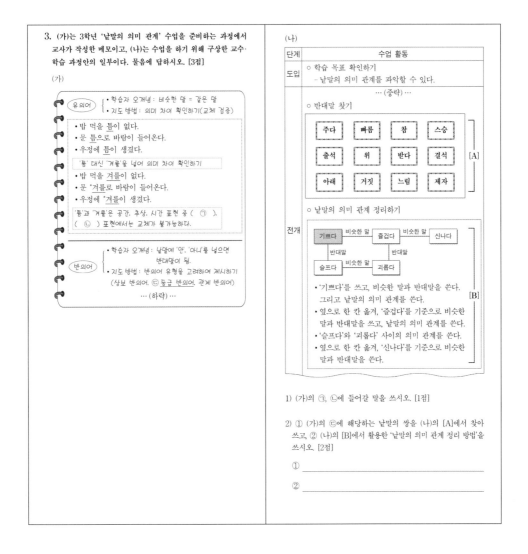

1)번은 낱말의 의미 관계 중 유의어의 의미 차이에 관한 문항이다. 그리고 2)번은 반의어 유형 중에서 등급 반의어의 예와 낱말의 의미 관계 정리 방법을 이해하는지 알아보는 문항이다.

5) 문학 문항

다음은 2023학년도 초등 임용 시험 중 문학 영역 관련 문항이다. 2학년 문학 수업을 위한 교사 협의회 자료와 협의회에서 논의한 시 작품을 읽고 답하는 문항이다.

3. (가)는 2학년 문학 수업을 위한 수업 협의회의 일부이고, (나)는 수업 협의회에서 논의한 작품이다. 물음에 답하시오. [4점]

(가)

이 교사 : 다음 주 시 낭송 수업은 어떻게 진행하실 건가요?
김 교사 : 학생들이 교과서에 있는 윤동주의 동시를 좋아해서 윤동주의 다른 시를 읽어 보려고 해요. 낭송 지도를 할 때 유의할 점이 있을까요?
박 교사 : 낭송 지도를 할 때는 시 작품의 내용적 측면과 형식적 측면을 고려할 수 있어요. ㉠내용적 측면을 고려할 때에는 시의 느낌을 생각하면서 전체 내용을 파악하는 것이 중요합니다.
이 교사 : 낭송을 하려면 ㉡시 작품에서 제재나 청자, 때로는 자기 자신에 대한 화자의 태도를 파악하는 것도 필요해요. 「귀뚜라미와 나와」에서는 자신의 비밀을 말하는 내밀한 목소리를 확인할 수 있어요.
김 교사 : 이 시에서는 '귀뚜라미'를 해석하는 게 중요하다고 생각해요. 선생님들은 '귀뚜라미'를 어떻게 해석하셨나요?
이 교사 : 1연에서 '귀뚜라미'는 처음 만난 낯선 존재라고 생각했어요. '귀뚜라미'를 통해 '나'는 '나'의 [A] 외로움을 인식할 수 있지요.
박 교사 : 그런데 5연에서 '귀뚜라미'는 '나'의 외로움을 달래 주는 상대로 해석이 되어요. 3연에서 '우리 [B] 둘만 알자고 약속'을 했거든요.
김 교사 : 두 분처럼 ㉢'귀뚜라미'를 다양하게 해석할 수 있는 것을 보니, 시어의 의미는 지시적인 의미와 구별되는 특징이 있군요. 그렇다면 형식적인 측면에 대한 지도는 어떻게 해야 할까요?
박 교사 : 시 낭송하기에서는 시의 율격을 지도할 필요가 있어요. 학생들이 「귀뚜라미와 나와」만으로 율격을 이해하기에는 어려울 것 같으니, 다른 동시를 함께 활용하는 것이 어떨까요?
이 교사 : 윤석중의 「무엇일까요」가 좋을 것 같습니다. '귀뚤 귀뚤/귀뚤귀뚤'과 '우리 우리 집에서,/제일 제일 큰 것은 무엇일까요.'에 ㉣공통적으로 나타나는 표현상의 특징에 주목하여 율격을 지도할 수 있어요.

(나)

귀뚜라미와 나와

윤동주

귀뚜라미와 나와
잔디밭에서 이야기했다.

귀뚤귀뚤
귀뚤귀뚤

아무게도 알려주지 말고
우리 둘만 알자고 약속했다.

귀뚤귀뚤
귀뚤귀뚤

귀뚜라미와 나와
달 밝은 밤에 이야기했다.

1) (가)에서 ① 박 교사가 시 낭송 지도를 위해 ㉠을 의도한 이유를 쓰고, ② ㉡에 해당하는 용어를 쓰시오. [2점]

① _____

② _____

2) ① (가)에서 ㉢이 [A], [B]처럼 해석되는 이유를 일상 언어와 구별되는 시어의 특징을 들어 쓰고, ② (가)의 ㉣에 해당하는 것을 쓰시오. [2점]

① _____

② _____

1)번은 시 낭송 지도 방법과 관련하여 교사의 의도와 시 작품에서 제재나 청자 및 자기 자신에 대한 화자의 태도가 무엇인지를 묻는 문항이다. 그리고 2)번은 일상 언어와 구별되는 시어의 특징과 시에 나타난 표현상의 특징을 이해하는지 알아보는 문항이다.

곽병선·이혜영(1986), 『교과서와 교과서 정책』, 한국교육개발원.

교육과학기술부(2008), 『초등학교 교육과정 해설(Ⅲ) 국어, 도덕, 사회』, 교육과학기술부.

교육과학기술부(2009), 『교육과학기술부 고시 제2009-41에 따른 초등학교 교육과정 해설 - 총론』, 교육과학기술부.

교육과학기술부(2011), 『국어과 교육과정, 교육과학기술부 고시』 제2011-361호 [별책 5], 교육과학기술부.

교육과학기술부(2012), 『초·중등학교 교육과정 총론』, 교육과학기술부 고시 제2012-14호 [별책 1], 교육과학기술부.

교육부(1992), 『국민학교 교육과정 해설(Ⅰ) - 총론, 국어, 수학 -』, 교육부.

교육부(1992), 『제6차 국민학교 교육과정』(교육부 고시 제 1992-16호), 교육부.

교육부(1997), 『초등학교 교육과정 해설(Ⅰ) - 총론, 재량활동 -』, 교육부.

교육부(1997), 『초등학교 교육과정 해설(Ⅲ) - 국어, 도덕, 사회 -』, 교육부.

교육부(2014), 『2015 문·이과 통합형 교육과정의 총론 주요사항 발표』, 교육부.

교육부(2015), 『국어과 교육과정』, 교육부 고시 제2015-74호[별책 5], 교육부.

교육부(2015), 『초·중등학교 교육과정 총론』, 교육부 고시 제2015-74호[별책 1], 교육부.

교육부(2015), 『초등학교 국어 6-2 교사용 지도서』, 미래엔.

교육부(2017), 『국어과 교육과정』, 교육부 고시 제 2015-74호[별책 5], 교육부.

교육부(2021), 『2022 개정 교육과정 총론 주요사항(시안)』, 교육부.

교육부(2022), 『국어과 교육과정』(교육부 고시 제2022-33호 [별책5]), 교육부.

교육부(2022), 『초·중등학교 교육과정 총론』, 교육부.

교육부(2023), 『초등학교 국어 1-1 교사용지도서』, 교육부.

교육부(2024), 『초등학교 국어 1-2 교사용 지도서』, 미래엔.

교육부·경북교육청(2021), 『한글 한마당』, 교육부·경북교육청.

군정청·문교부(1946), 『초중등학교 각과 교수요목집』, 군정청·문교부.

권동택(2003), 「초등교육의 관점에서 본 기초교육의 의미」, 『초등교육연구』 16(2), 한국초등교육학회.

* 이 책의 일부는 '류덕제·황미향·윤준채·진선희·이수진·박창균(2017), 『초등 국어교육의 이론과 실제』, 보고사.'의 내용을 수정·보완하였음.

김대현(2011), 『교육과정의 이해』, 학지사.

김병수(2008), 「초등학교 국어수업에 대한 현상학적 분석」, 『한국초등국어교육』 37집, 한국초등국어교육학회.

김정효·조연순·이성은·김경자·김민경·정혜영·정광순·송현순·이경희(2005), 『초등교육이란 무엇인가?』, 교육과학사.

김창원 외(2015), 『2015 개정 교과 교육과정 시안 개발 연구Ⅱ : 국어과 교육과정』, 한국교육과정평가원.

노명완(1989), 『국어교육론』, 한샘.

노명완·박영목·권경안(1988), 『국어과교육론』, 갑을출판사.

노명완·박영목·권경안(1991), 『국어과교육론』, 갑을출판사.

노명완·이차숙(2002), 『문식성 연구』, 박이정.

동아출판사(1990), 『새한한사전』, 동아출판사.

로버트 E. 오웬스 저, 이승복·이희란 역(2013), 『언어발달』, 시그마프레스.

류덕제(2011), 『학습자 중심 문학교육의 이해』, 보고사.

류덕제·박창균·윤준채·이수진·진선희·황미향·김미향·김상한·정우기·정우철·최규홍·하근희(2014), 『초등 국어과 교육론』, 보고사.

류덕제·황미향·윤준채·진선희·이수진·박창균(2017), 『초등 국어과교육의 이론과 실제』, 보고사.

민경철·정민애·정보인·강대혁(2008), 「학령전기 아동의 글씨 쓰기 명료도와 시지각 능력과의 상관관계」, 『대한작업치료학회지』 16(3), 대한작업치료학회.

박공미(1997), 『초기독서 교재의 분석』, 이화여대 석사학위논문.

박붕배(1987), 『한국국어교육전사』(상), 대한교과서 주식회사.

박순경(1996), 「교육과정 이해에 있어서의 '텍스트 읽기'의 의미」, 『교육학연구』 34(1), 한국교육학회.

박영목·한철우·윤희원(1996), 『국어교육학 원론』, 교학사.

박영목·한철우·윤희원(2009), 『국어교육학원론』, 박이정.

박정진(1997), 『초등학교 입학 초기 아동의 문식성 수준에 관한 조사 연구』, 연세대 석사학위논문.

박창균(2020), 「학습 지원 전략으로서 국어과 과정중심평가 방안」, 『현장중심 초등교육연구』 제2권, 대구교육대학교 초등교육연구소.

방상호·윤준채(2021), 「기초 문해력으로서의 읽기 유창성 발달: 초등학교 1학년 학생들을 중심으로」, 『한국초등국어교육』 72집, 한국초등국어교육학회.

서울대교육연구소(1998), 『교육학 대백과 사전』, 하우출판사.

서울대학교 국어교육연구소(1999), 『국어교육학사전』, 대교출판.

손영애(2004), 『국어과교육의 이론과 실제』, 박이정.

신헌재·이재승·임천택·이경화·권혁준·김도남·박태호·선주원·염창권·이수진·이주섭·이창근·전제응·진선희·천경록·최경희·한명숙(2015), 『초등 국어교육학개론』, 박이정.

심가영·설아영·조혜숙·남기춘·배소영(2015), 「초등학생의 철자 발달과 오류 패턴 분석」, 『언어치료연구』 24(2), 한국언어치료학회.

엄태동(2003), 『초등교육의 재개념화』, 학지사.

이경화(2006), 「균형적인 기초문식성 교육 내용 연구」, 『국어교육』 120호, 한국어교육학회.

이경화(2012), 「초등 국어교육의 특성과 초등교원 양성대학 국어 교과과정의 정합성」, 『국어교육』 139, 한국어교육학회.

이경화(2017), 『문해 능력 증진을 위한 한글 교육 운영 방안』, 한국교육개발원.

이경화·김명순·김상한·이수진·최규홍·이경남·강서희·박혜림(2018), 「웹 기반 한글해득 표준화 진단 검사도구 개발 연구」, 『청람어문교육』 67집, 청람어문교육학회.

이경화·이수진·김지영·강동훈·최종윤·최규홍(2019), 『세상을 향한 첫걸음 한글 교육 길라잡이』, 미래엔.

이경화·이수진·이창근·전제웅(2008), 『한글 깨치기 비법』, 박이정.

이민아·허미선·이수진·이경화(2021), 『한글, 놀이로 배워요』, 미래엔.

이삼형(2011), 「생애교육으로서의 독서교육」, 『국어교육학연구』 41, 국어교육학회.

이삼형·김중신·김창원·이성영·정재찬·서혁·심영택·박수자(2002), 『국어교육학』, 소명출판.

이삼형·김중신·김창원·이성영·정재찬·서혁·심영택·박수자(2007), 『국어교육학과 사고』, 역락.

이상태(1993), 『국어교육의 길잡이』, 한신문화사.

이성영(1995), 『국어교육의 내용 연구』, 서울대학교출판부.

이성영(2009), 「국어교과서 정책」, 『국어교육학연구』 36, 국어교육학회.

이수진(2014), 「초등교사의 국어교과 전문성 신장을 위한 연수 프로그램의 방향」, 제31회 한국초등국어교육학회 전국학술대회 자료집, 한국초등국어교육학회.

이수진(2015), 「학습전략교육으로서 초등 읽기·쓰기교육 연구」, 『학습자중심교과교육연구』 15(7), 학습자중심교과교육학회.

이수진(2018), 「기초적 쓰기 부진 진단과 중재 방안」, 『청람어문교육』 65, 청람어문교육학회.

이수진(2020), 「놀이 중심의 초등 한글 교육」, 『한어문교육』 41, 한국언어문학교육학회.

이수진(2021), 「한글책임교육을 위한 증거기반 교수의 지원 체제 구축」, 『한국초등국어교육』 72, 한국초등국어교육학회.

이승미·박순경·김중훈(2017), 「초등학교 1학년 학생들의 한글 해득 수준 향상을 위한 지원 요구 분석」, 『교육과정평가연구』 20(3), 한국교육과정평가원.

이승복·이희란(역)(2013), 『언어발달』, 시그마프레스.

이영수(2007), 「'읽기'와 '쓰기'의 신경생리학적 고찰」, 『한국출판학연구』 52, 한국출판학회.

이재승(1998), 『국어교육의 원리와 방법』, 박이정.

이재승(2004), 『아이들과 함께 하는 독서와 글쓰기 교육』, 박이정.

이재승(2005), 『좋은 국어 수업 어떻게 할 것인가?』, 교학사.

이차숙(2005), 『유아언어교육의 이론과 실제』, 학지사.

이홍우(역)(2007), 『민주주의와 교육』, 교육과학사.

이홍우·유한구·정성모(2004), 『교육과정이론』, 교육과학사.

전병운·김희규·박경옥·유장순·정두영·홍성두(2013), 『장애학생을 위한 국어교육의 이론과 실제』, 학지사.

정동화·이현복·최현섭(1984), 『국어과교육론』, 선일문화사.

정옥분(2005), 『아동발달의 이론』, 학지사.

정진권(1989), 「국어과교육론 서설」, 『야천 이병호박사 회갑기념논문집』, 야천 이병호박사 회갑기념논문집간행위원회.

정혜승·박정진·서수현·유상희(2008), 『교과학습 능력 향상을 위한 전략적 학습자 만들기』, 교육과학사.

진선희·이향근(2021), 『초등시교육론』, 박이정.

천경록(1999), 「읽기의 개념과 읽기 능력의 발달 단계」, 『청람어문교육』 21, 청람어문교육학회.

천경록·임성규·염창권·김재봉·선주원(2001), 『초등국어과 교육론』, 교육과학사.

최미숙·원진숙·정혜승·김봉순·이경화·전은주·정현선·주세형(2008/2009), 『국어교육의 이해: 국어교육의 미래를 모색하는 열여섯 가지 이야기』, 사회평론.

최미숙·원진숙·정혜승·김봉순·이경화·전은주·정현선·주세형(2015/2016), 『국어교육의 이해 : 국어 교육의 미래를 모색하는 열여섯 가지 이야기』, 사회평론.

최윤정(2007), 「교과서 속의 어린이상(像)과 국가」, 『국어 교과서와 지배 이데올로기』, 글누림.

최현섭·최명환·노명완·신헌재·박인기·김창원·최영환(1996/2002), 『국어교육학개론』, 삼지원.

최현섭·최명환·노명완·신헌재·박인기·김창원·최영환(2005), 『국어교육학개론』, 삼지원.

한국교육과정평가원(2022), 『2022 개정 국어과 교육과정 시안 개발 연구 토론회 자료집』, 한국교육과정평가원.

허승희·박동섭·강승희(1999), 『아동의 상상력 발달』, 학지사.

허재영(2013), 『국어과 교재의 이해와 교과서의 역사』, 경진.

황정현·양태식·엄해영(1997), 『초등국어과 교육론』, 박이정.

Apple, D., & Krumsieg, K.(1998), *Process education teaching institute handbook*, Corvallis, OR: Pacific Crest.

Berninger, V. W., Abbott, R. D., Jones, J.M., Wolf, B. J., Gould, L., Anderson, M., & Apel, K.(2006), Early development of language by hand: Composing, reading, listening, and speaking connections: three letter-writing modeds: and fast mapping in spelling. *Developmental Neuropsychology*, 29(1), 61-92.

Berninger, V. W., Vaughan, K., Abbott, R. D., Brooks, A., Begay, K., Curtin, G., Byrd, K., & Graham, S.(2002), Teaching spelling and composition alone and together: Implications for the simple view of writing. *Journal of Educational Psychology*, 94, 291-304.

Cohen J. H., & Wiener, R. B.(2003), *Literacy portfolios: Improving assessment, teaching and learning.* Upper Saddle River, NJ: Merrill Prentice Hall.

Darling-Hammond, L., Ancess, J., & Falk, B.(1995), *Authentic assessment in action: Studies of schools and students at work.* New York: Teachers College Press.

Englemann, S.(1980), *Direct instruction.* NJ: Prentice-Hall.

Gall, M. D.(1981), *Handbook for evaluating and selecting curriculum materials.* Allyn & Bacon.

Jett-Simpson, M., & Leslie, L.(1997), *Authentic literacy assessment: An ecological approach*, Allyn & Bacon.

Kim, Y. S., Otaiba, S. A., Folsom, J. S., Greulich, L., & Puranik, C.(2014), *Evaluating the dimensionality of first grade written composition*, Journal-F Speech Language and Hearing Research, 57(1), 199-211.

Luria, A. R., & Tzvetkova, L. S.(1990), *The Neuropsychological Analysis of Problem Solving*. New York: Routledge.

National Reading Panel(2000), *Report of the National Reading Panel: Teaching children to read: An evidence-based assessment of the scientific research literature on reading and its implications for reading instruction*. National Institute of Child, Health and Human Development.

Raphael, T. E., & Hiebert, E. H.(1996), *Creating an integrated approach to literacy instruction*. Fort Worth, TX: Harcourt Brace College Publishers.

Rosenshine, B.(1976), Classroom instruction, In N. L. Gage(Ed.) *The psychology of teaching methods*(pp.335-371), Seventy-fifth Yearbook of the National Society for the Study of Education. Chicago: University of Chicago Press.

Serafini, F.(2000/2001), Three paradigms of assessment: Measurement, procedure, and inquiry. *The Reading Teacher, 54*, 384-393.

Sulzby, E.(1994), Children's *Emergent Reading of Favorite Storybooks*, in *theorey and Processes of Reading*(4th ed.), R.B Ruddell, etc, National Inst. on Early Childhood Development and Education, Washington, DC.

Vygotsky(1986), *Thought and Language*, MA: MIT Press.

https://www.kice.re.kr/boardCnts/list.do?boardID=1500213&searchStr=&m=030307&s=kice(한국교육과정평가원 기출문제 초등교사임용시험)

찾아보기

집필진 소개

황미향
대구교육대학교 국어교육과 교수
경북대학교 대학원 문학박사
『학교 문법과 문법 교육』(공저),
「문법 교육에서 '탐구'의 의미」(논문) 외 다수

윤준채
대구교육대학교 국어교육과 교수
조지아대학교 대학원 철학박사
『독서교육의 이해』(공저),
「초등 국어 교과서의 텍스트는 흥미로운가」(논문) 외 다수

진선희
대구교육대학교 국어교육과 교수
한국교원대학교 대학원 교육학 박사
『문학과 사랑의 교육학』(저서),
「인공지능시대 문학 독서 교육의 쟁점」(논문) 외 다수

이수진
대구교육대학교 국어교육과 교수
한국교원대학교 대학원 교육학 박사
『작문교육론』(공저),
「한글, 놀이로 배워요」(공저) 외 다수

박창균
대구교육대학교 국어교육과 교수
고려대학교 대학원 교육학 박사
『의사소통의 이해와 실천』(공저),
「학습 지원 전략으로서 국어과 과정중심평가 방안」(논문) 외 다수

초등국어교육론

2024년 2월 29일 초판 1쇄 펴냄

지은이 황미향·윤준채·진선희·이수진·박창균
펴낸이 김흥국
펴낸곳 보고사

등록 1990년 12월 13일 제6-0429호
주소 경기도 파주시 회동길 337-15 보고사
전화 031-955-9797
팩스 02-922-6990
메일 bogosabooks@naver.com
http://www.bogosabooks.co.kr

ISBN 979-11-6587-682-1 93710

정가 17,000원
사전 동의 없는 무단 전재 및 복제를 금합니다.
잘못 만들어진 책은 바꾸어 드립니다.